KB067111

_____ 님의 소중한 미래를 위해
이 책을 드립니다.

다가올 미래,
부의 흐름

돈의 흐름을 아는 사람이 승자다

다가올 미래
부의 흐름

곽수종 지음

메이트북스

메이트북스 우리는 책이 독자를 위한 것임을 잊지 않는다.
우리는 독자의 꿈을 사랑하고,
그 꿈이 실현될 수 있는 도구를 세상에 내놓는다.

다가올 미래, 부의 흐름

초판 1쇄 발행 2022년 10월 5일 | **초판 4쇄 발행** 2022년 11월 16일 | **지은이** 곽수종
펴낸곳 (주)원앤원콘텐츠그룹 | **펴낸이** 강현규 · 정영훈
책임편집 안정연 | **편집** 박은지 · 남수정 | **디자인** 최정아
마케팅 김형진 · 유경재 | **경영지원** 최향숙 | **홍보** 이선미 · 정채훈
등록번호 제301-2006-001호 | **등록일자** 2013년 5월 24일
주소 04607 서울시 중구 다산로 139 랜더스빌딩 5층 | **전화** (02)2234-7117
팩스 (02)2234-1086 | **홈페이지** www.matebooks.co.kr | **이메일** khg0109@hanmail.net
값 18,000원 | **ISBN** 979-11-6002-383-1 03320

부자가 되는 가장 가까운 길은
부를 경영하는 데 있다.

• 세네카(고대 로마의 철학자) •

엄혹한 현실,
돈의 흐름을 타고 가야 한다

매번 책을 쓸 때마다 듣는 소리가 있다. '베스트셀러' 책을 한번 써보라는 힐책 아닌 힐책이다. 글 재주가 없는 모양이다. 머릿속에서 하고픈 말은 많은데, 막상 글 쓰는 재주는 또 다른 건가 싶다. 그럼에도 이번에 또다시 한 권의 책을 썼다. 책 제목은 『다가올 미래, 부의 흐름』이다.

'돈'이란 어디에서 어디로 흘러갈까.

서점을 방문하면 수많은 책들이 주식을 얘기하고, 부동산 관련 투자서들이 독자들에게 손짓을 한다. 저 책들을 다 읽고 그대로 따라하면 다들 부자가 될까. 그렇다면 대체 어느 것이 정답일까. 돈의 흐름을 제대로 아는 이라면, 나만 알면 되지 무엇하러 다른 사람들에게 다 알려줄까. "If you are so smart, why aren't you rich?"

언젠가 한번은 유명한 심리학자에게 "투자자들의 위험에 대한 심리를 분석·판단해서 그들에게 적합한 업종을 추천하면 어떻겠는가" 하고 제안한 적이 있었다. 함께 학술 논문을 써보자는 제안을 그가 교묘히 자신의 강연 작품으로 써버리고 말았다. 그런데 이것도 명답이었으면 그가 벌써 돈방석에 앉아서 투자자들의 심리 분석과 업종 선택에 지침을 하달(?)하고 있어야 하는데, 현실은 그렇지 않다.

돈 버는 일은 운명소관일까. 아무리 답을 찾으려 해도 정답은 없다.

경제에서 돈의 흐름은 아주 간단하다. 일단 돈은 물건을 들고 다니기 귀찮아서 만들어낸 발명품이다. 흔히들 '낙수효과(落水效果, Trickle down effect)'를 강조하기도 하고, '분수효과(噴水效果, Trickle up effect)'를 주장하기도 한다. '소득주도 성장'은 실패했다고 믿는 사람들에게 후자가 틀린 말일까. 그렇다고 "부자들이 돈을 쓰면 경제가 살아난다"는 말도 맞는 말만은 아닌 듯하다. 예컨대 부자들은 재래시장에 가서 장을 보기보다 명품 샵에서의 소비를 선호하지 않을까.

돈의 흐름을 이야기할 때 이 2가지 효과(낙수효과와 분수효과)는 모두 옳다. 돈은 어찌되었건 수요와 공급에 따라 움직인다. 일반적인 생필품을 거래하는 시장에서도 수급에 따라 움직이고, 사치재와 같은 희소성이 큰 재화와 서비스를 찾아서도 움직인다. 모두가 인간의 본능적 욕구에 충실할 따름이다.

전자는 규모가 작지만, 수요와 공급의 규모가 크다. 후자는 규모는 작지만, 공급이 한정되어 있다 보니 돈의 거래 규모가 전자에 비해 매우 크다. 하지만 둘 다 수요와 공급의 원칙에 준해서 움직이는 것은 같다.

희소한 자원은 공급이 제한되어 있으니 가치가 상대적으로 높다. 가치가 크다 혹은 높다는 것은 돈으로 측정되는 거래 단위가 높고 크다는 의미다. 그러다 보니 이를 가공하는 사람들의 임금 또한 높다. 즉 어떤 재화와 용역의 가치가 높다면 이를 생산·판매하는 사람들의 노동임금도 높다.

반면에 생필품 등은 생산과 공급이 일반적으로 희소하거나 제한적이지 않다 보니 가치가 상대적으로 낮다. 계절적 요인이나 기타 사이클적인 내용이 수급을 어지럽게 하지만 않는다면, 가치는 일반적이고 거래 단위도 변동성이 크지 않다. 그러니 낮은 가치의 재화와 용역을 생산·판매하는 사람들의 노동임금은 상대적으로 낮을 수밖에 없다.

노동에서는 이 차이를 '숙련도'라고 한다. 그리고 임금은 한계 노동생산성으로 표현되는데, 이는 한 단위 노동을 더 투입했을 때 증가하는 생산량의 변화를 의미한다. 임금 노동자의 소득원은 대개 2가지다. 하나는 상속이나 증여, 로또 당첨과 같은 불로소득이고, 다른 하나는 개인별 노동에 따른 임금 소득이다.

상속과 증여를 기대할 수 없는 개인이 30세부터 65세까지 35년간 가장으로서 외벌이를 한다고 가정해보자. 평균 연봉을 8,000만 원이라고 하면 '35×8,000만 원'은 28억 원 정도 된다. 여기서 근로소득

세, 국민연금, 의료보험 등이 약 50% 정도를 차지한다고 가정하면, 14억 원 정도가 삭감된다. 그렇다면 남는 건 14억 원 정도다. 자녀를 한 명이라고 가정하면 대학 졸업 때까지 약 3억 원 정도의 비용이 들고 주택 비용을 서울 평균 5억 원이라고 하면 총 8억 원을 삭감해야 한다. 그러면 6억 원이 남는다.

지역별·세대별로 차이가 있을 수 있겠지만, 일반적이고 대략적인 추정이라 생각하고 이야기를 이어 나가보자.

이 6억 원 가운데 식비, 해외여행, 취미활동, 부모님 지원 등에 어느 정도의 비용이 지출될까. 거의 전부를 사용한다고 보면, 65세 은퇴 시에 노동자의 손에 쥐는 현금은 0원이고, 미혼인 자녀 한 명과 아파트 한 채(가격이 폭등했을 것으로 기대하고 싶지만), 그리고 남아 있는 20년의 노후생활이다. 향후 국민연금을 받을 수 있을지 모르지만, 20년의 노후생활이 그다지 밝지만은 않을 듯하다. 그러니 주택연금이라도 받아야 하지 않을까.

이렇게 부모세대로부터 일정한 상속이나 증여를 받지 못하는 사람들과 받는 사람들의 차이가 빈부의 차이를 결정하는 중요한 변수가 된다. 최고 교육 수준도 영향을 받는다. 사회 문제로 정의하면 '양극화'는 초고령화와 함께 더욱 심각해질 수밖에 없다는 것이다.

간단히 말하자면, 투자적 관점에서 돈의 흐름은 2가지 방향으로 바라볼 수 있다. 하나는 본질론으로서 '돈은 어디서 어디로 흐르는가'이다. 다른 하나는 '각 개인의 인생에서 돈이란 현재와 미래의 시간, 즉 평생소득과 평생소비의 추세변화 속에서 어떻게 분배할 것인가'이다.

전자는 일반론적이다. 앞서 얘기했듯이 돈은 수급의 방향에 따라 돌고 돈다. 어떠한 개인의 간섭이나 선호도 돈의 방향과 크기를 변화시킬 수 없다. 진실된 돈의 순환이다. 그냥 시장에서 일어나는 재화와 용역의 수급에 따라 돈이 가치 척도의 수단으로 이동하는 '돈 본연의 모습'일 뿐이다.

이렇게만 돈이 흐른다면 경제활동에 별 큰 문제가 없을까. 역시 2가지 문제점이 발생한다. 먼저, 인간의 본능에 따라 이 순환을 순수하게 그대로 내버려두지 않는다. 누군가에게는 생산과 공급을 줄이거나 늘리거나, 혹은 수요가 몰리거나 수그러들거나 하는 변화가 일어나게 된다. 다음으로는, 정부의 정책도 한몫 거들 수 있다. 시장이 발전하면서 봉건주의를 붕괴시킨 자본의 크기가 더욱더 커지게 된다. 원래 가지고 있는 진실된 돈의 특성과 흐름은 이 2가지 요인에 의해 쉽게 방향이 틀어진다. '부자가 더 큰 부자가 되고' '정부의 정책이 친기업 정책'으로 집중되면서, 일반적인 돈의 흐름은 정상궤도를 이탈해버린다.

당연히 정상궤도를 이탈한 돈의 흐름을 두고 자본주의는 정당성과 당위성을 부여한다. 17세기 네덜란드의 '동인도 주식회사'가 이와 같다. 중세 이후 종교의 벽을 부숴버리고 새롭게 등장한 인본주의 서양 철학의 본질은 어쩌면 이처럼 진실된 궤도를 이탈한 돈, 즉 자본과 관련된 시장의 왜곡과 권력의 집중이 핵심 주제였을 법하다.

'돈에도 철학이 있을까.' '돈에도 눈이 있을까.' 이 책을 쓰면서 내가 가진 목적은 이 2가지 문제에 대한 답을 찾는 게 아니다. 그 정도로 해박하지도, 명철하지도 않다. 단지 '머지않은 미래에 새로운 자본주의 체제는 어떻게 돈을 운용할 것인가'를 나름 정리하고자 했다. 그 흐름을 타고 가다 보면, 그리하여 호랑이 등에서 떨어지지만 않는다면, 은퇴 후 적어도 25년을 더 지탱해야 하는 개인이 정부를 믿고 의지하기보다 각자도생할 수 있을 것이다, 그런 관점에서 만일 각 개인이 스스로를 책임질 수밖에 없다는 엄혹한 현실을 가정한다면, 어떻게 시장을 읽고, 어떻게 시장에 역행하지 않고 순행할 것인지에 대해 철저한 개인적 판단을 이 책에서 정리했다.

글 재주가 없다 보니, 바로 답을 제시하기보다는 숨은그림 찾기처럼 독자 스스로가 한 번쯤 깊이 생각해 글 속에서 답을 찾기를 부탁한다. 그 이유는 다음과 같다. "I am neither that smart nor intelligent like you all."

곽수종

CONTENTS

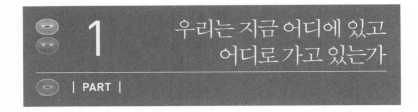

PART 1 우리는 지금 어디에 있고 어디로 가고 있는가

| 1장 |
_____ **다가올 미래, 우리는 어떤 길을 가고 있는가**

2 | PART | 다가올 미래,
돈의 흐름이 바뀐다

PART 1

우리는 지금
어디에 있고
어디로 가고 있는가

인류는 단 한 번도 역사를 거꾸로 거슬러 간 적이 없다. 코로나19 팬데믹이 2019년 12월 말 WHO에 의해 공식화된 이후 세계경제는 금세기 최고의 위기에 맞닥뜨렸다. 흑사병, 콜레라, 천연두 등이 창궐했을 때 세계는 이보다 훨씬 더 열악했었다. 보통 15년 걸린다는 백신 개발이 1년여 남짓 만에 개발되었지만, 아직 완벽하지는 않다. 공급망이 끊어지고, 물류 이동뿐만 아니라 사람의 이동이 막히면서 세계경제는 생산과 소비의 선순환이 중단되다시피 한 상황이다.

그래도 우리는 움직이고 있다. 정부는 돈을 풀어 경제가 호흡을 하도록 했고, 사람들은 재화와 서비스를 소비하면서 세계경제가 최소한의 호흡만이라도 할 수 있게끔 지난 2년간 최선을 다한 것도 사실이다.

그 와중에 디지털 정보통신 기술과 바이오 기술은 급격한 성장을 시작했다. 전기 자동차 산업이 내연기관 자동차를 대체하기 시작했고, 우주항공 산업이 새로운 시공간의 지평을 열기 시작했다. 바이오와 신약 산업은 초고령화 시대를 우려하는 시대에 그동안 난치병으로 고민하던 다양한 질병들을 점령함으로써 평균수명을 연장하고 있다.

기후환경, 경제, 정치, 사회, 문화 등 변화하지 않는 것이 없다. 미 연준의 금리인상과 통화긴축으로 세계경제가 일시적 긴축발작을 경험하고 있지만, 완벽한 운명이 없듯이 완벽한 위기도 없다. 우리는 분명 또 다른 더 나은 문명으로 진화하고 있다.

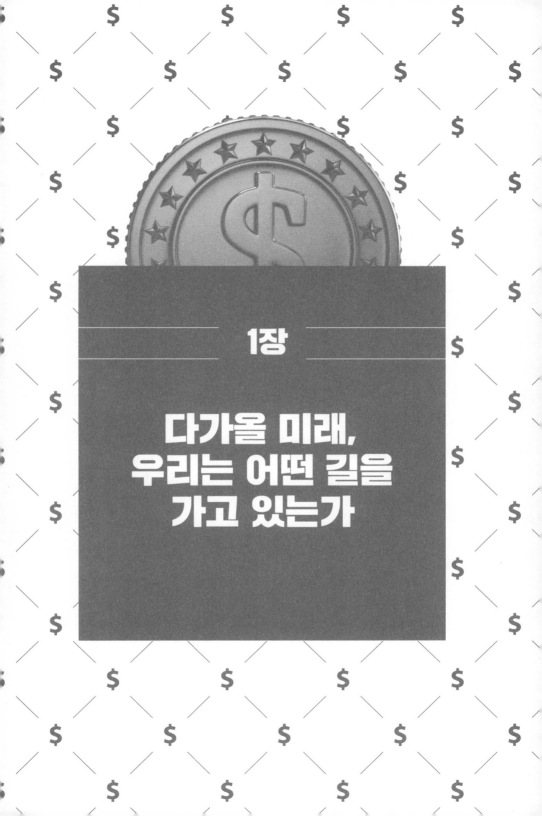

1장

다가올 미래,
우리는 어떤 길을
가고 있는가

$

"해결할 바가 없으면 다시 돌아오는 것이 맞다. 해결할 바가 있으면 빠르게 하는 것이 길이다." 우리가 살아가면서 난제를 만났을 때는 그 의미부터 정확하게 파악하는 것이 옳다. 21세기에 진입한 지 22년의 시간이 지났다. 세계는 어떤 모습으로 바뀌어 가고 있는가. 어떤 길을 가고 있는가. 어려운 문제를 만난 것임은 틀림이 없다. 팬데믹이 창궐하고, 아직도 러시아-우크라이나 국지전이 벌어지고 있다. 미중 간 갈등은 포괄적이고 첨예한 대립을 예고하고 있다. 모든 게 '상대'가 있어 일어나는 일이다. 비와 천둥이 함께 일어나는 형상이다. 이런 때일수록 우리는 희망을 찾는다. '어둠이 짙을수록 새벽은 밝다.' 멀지 않은 언젠가는 이 길다란 고민의 터널을 지나게 될 것이다. 그때는 우리가 사는 세상이 지금과 같을 것이라 믿는 사람은 없을 것이다. 그 '변화'의 칸 끝에 우리가 서 있는 모습이다.

경제, 사회, 문화 등 대부분의 인간의 삶과 관련된 변화를 유심히 살펴보면 일정한 주기가 있다. 예를 들어 주역이나 명리학과 같은 분야에서는 대운이 10년마다 돌아온다고 한다. 경제학에서도 이른바 10년 주기설이 있다. 길게는 50년까지 보는 경기 사이클 이론도 있다.

 1998년 아시아 외환위기, 2008년 미국발 서브프라임 금융위기, 2019년 말의 예상치 못했던 코로나19 팬데믹 등 대개 10년을 단위로 벌어진 세계의 질서변화를 보면 크게 틀리지 않는다. 1989년 베를린 장벽 붕괴, 1991년 구 소련의 붕괴, 2001년 월드트레이드센터 붕괴, 2011년 EU 재정위기에 따른 유럽경제 붕괴, 2021년 러시아-우크라이나 전쟁 등 정치사회적인 변화도 10년을 주기로 한다.

 정치와 경제는 서로 직간접적인 관계를 갖는다. 1945년 2차 세계

25
1장 다가올 미래, 우리는 어떤 길을 가고 있는가

대전 이후 세계 통화질서도 이와 같은 10년 단위의 변화를 거듭했다. 1975년 브레튼우즈체제의 붕괴 이후 1985년 플라자합의 등이 그렇다.

그렇다면 이러한 10년의 변화들은 무엇을 의미하는가. 10년이면 강산도 변한다고 하는데, 더 크게 보면 세계의 경제·정치·문화·무역·사회·환경 등 모든 질서는 이러한 사이클을 타고 50년, 100년, 200년 단위로 국가 흥망과 같은 또 다른 무언가를 나타낸다. 국가의 존망은 500년 주기라고 한다면 지나친 추측일까.

세상에서 변하지 않는 것은 없다. 그렇다면 현재 우리도 무언가 변화의 시기에 서 있는 것은 분명하다. 우리가 궁금해하는 것은 '그 변화가 과연 무엇일까' 하는 것이다. 왜냐하면 그 변화를 잘못 해석하면 우리가 가지고 있는 그 무엇을 한순간에 다 잃어버리거나, 큰 손해를 볼 수 있기 때문이다.

변화의 방향을 보는 건 결코 쉬운 일이 아니다. 국가와 기업, 개인은 늘 불확실성의 문제에 직면한다. 바로 이것이 '위기 관리(contingency plan)'가 학문적으로 중요한 이론으로서 의미를 갖는 이유다.

물은 높은 곳에서 낮은 곳으로 흘러 바다에 이른다. 이런 과학적이고 물리적인 변화를 이해하기란 어려운 일이 아니다. 천재지변이 아닌 이상 사람들에 의해 일어나는 변화보다 상대적으로 쉽다. 개인 각자를 원자의 운동으로 보면 더욱 그렇다. 우리도 이 자연의 법칙에 좀더 근접한다면, 최근 우리나라에서 일어나는 변화의 방향을 한

번쯤은 추정해볼 수 있지 않을까. 경제학의 한 분파인 계량경제학의 논리는 물리학의 모델을 따르는 경우가 많다.

———— 위험을 얼마나 감수하느냐에 따라
———— 상황이 달라진다

인류 문명학자인 유발 하라리(Yuval Harari)는 팬데믹의 영향을 놓고 AC(After Corona 19)와 BC(Before Corona 19)로 나눴다. 충분히 가능한 분류다. 팬데믹이 퍼지기 전에 전조현상이 있었다. 사스와 메르스, 조류독감 같은 질병들이 10년 전부터 하나씩 나타나기 시작했다. 코로나19와 같은 팬데믹이 퍼질 것은 예상치 못했을 것이다. 하지만 사스 등의 질병들은 자칫 팬데믹이 일어날 수 있다는 전조현상이었음을 사후적으로 받아들일 수 있다.

인간의 뇌는 부정적인 효과를 더 오래 기억한다. 따라서 앞으로 코로나19 II와 같은 다른 팬데믹이 출현할 가능성이 높아졌다고 볼 수 있다. 이 경우를 대비해서 '위기관리'를 하는 것을 금융 용어로는 '헤징(hedging)'이라고 한다.

팬데믹의 파급효과는 우리가 현재 경험하는 바이다. 물류가 막히고(supply chain shock), 가치사슬이 꼬이기 시작했으며(value chain shock), 경기가 침체함에도 유가, 곡물가, 철 및 구리 같은 원자재 가격은 천정부지로 치솟는다. 우리는 이러한 변화가 무엇을 의미하는

지 이해하고 있을까. 최근 일어나는 일련의 지구상 충격들은 분명히 '변화'의 방향을 크게 보여주고 있다.

다만 우리가 생각해야 할 것은 다음과 같은 것들이다. 이러한 엄청난 변화를 어떻게 해석하고 대응해야 하는가. 과연 지난 역사의 경험을 바탕으로 국민들의 의식, 기업가 리더들의 인식이 적극적인 해법 찾기에 나서 변화에 순응할 경우 언젠가는 이 위기가 해결될 것인가. 내가 가지고 있는 자산은 어떻게 위기관리를 통해 손실과 비용을 최소화할 수 있을까.

기업이 수익을 내는 방법은 크게 3가지다. 첫째는 매출이익을 크게 갖는 것이다. 이때 '생산비용은 일정하다'는 가정을 전제로 한다. 둘째는 비용을 최소화하는 것이다. 기술혁신, 공정관리 등을 통해 기업가 정신이 발휘된다. 셋째는 이 2가지가 동시에 일어나는 것으로, 매출이익이 최대가 되면서 비용은 최소화되는 경우다.

기업의 이야기지만 개인도 마찬가지다. 월소득이 매출이익이고, 식료품비, 유류비, 교육비 등은 비용들이다. 수익이 일정하기에 비용을 줄이면 수익이 늘어난다. 아니면 급여상승이 물가상승보다 크게 되면 역시 소득이 늘어난다. 이때 잉여소득을 어떻게 분배하는가는 개인의 판단에 의존한다.

위험을 두려워하는 사람들은(risk averter) 보수적으로 저축비중을 늘릴 수 있다. 위험에 중립적인 개인들은 저축과 주식, 채권, 금 및 부동산 등 다양한 자산의 포트폴리오 비중을 고루 분배한다. 하지만 공격적인 위험을 선호하는 사람들은(risk lover) '고위험, 고수익' 원칙을 믿으며, 시장에서 가장 위험한 잭팟 산업에 투자하는 것을 주저하지 않는다. 유정개발, 금광개발, 벤처 및 스타트업 기업 창업 등이 잭팟 산업이라 할 수 있다.

각자 개인의 성향에 따라 일반적으로 이 3가지 선택지 중 하나를 결정할 것이다. 여기서 간과해선 안 될 것은 '위험을 선호하는 사람'들은 자신의 성공이 '늘 성공'할 것으로 전제할 경우에 자산의 축적과 가치 변화가 매우 큰 변동성을 가진다는 점이다. 이른바 '굵고 짧게 갈 것인가, 아니면 길고 가늘게 갈 것인가'를 선택해야 한다. 참고로 북유럽 3개국 국부펀드는 후자를 따른다. 특히 친환경적이고 시장의 가치와 신뢰가 높은 국가의 채권 매입에 관심이 크다. 이들은 수익률 3%면 충분하다고 간주한다.

한 국가의 정치·경제·사회·문화적 변화는 또 다른 국가 혹은 주변에 지정학적으로 이해관계가 얽혀 있는 국가들의 정치·경제·사회·문화적 변화와 관련이 깊다. 이웃사촌이 친가족보다 좋을 때도 있고 더 나쁜 경우도 있는 것처럼, 한 국가의 힘이 강할 때 또 다른 국가 혹은 많은 주변국들의 이해관계가 상충될 때는 갈등과 긴장이 발생한다. 바로 이것이 전쟁의 단초다.

사람도 마찬가지다. 힘 있는 사람이 큰 소리를 내면 그렇지 못한 사람들은 힘 있는 사람의 주장을 따라가기 십상이다. 그러다가 '힘' 있는 자의 행동이 부패하고 타락하면 사회와 국민이 모두 나서 부패한 세력을 뒤집어버린다. '혁명'이 인류 역사에 빈번하게, 그리고 정치와 경제제도 발전 과정에서 자주 나타나는 이유이기도 하다.

국가, 기업, 개인은
모두 이해관계로 얽혀 있다

국가는 패권이, 기업은 수익과 시장 점유가, 개인은 부의 축적 등이 주된 관심사다. 세계 패권을 거머쥔 국가와 마찬가지로, 기업이나 개인도 타의 추종을 불허하는 지위를 갖길 원한다. 하지만 누구나 다 패권을 거머쥘 수는 없다.

전 세계 287개국이 있다면, 그중 10%의 나라가 패권을 선점한다 해도 틀리지 않다. G20이 그렇다. 하지만 이 국가들도 패권을 서로 나눠가질 생각은 없다. 기업과 개인도 크게 다르지 않다. 상위 10%의 기업과 개인이 전 세계 물류와 수익 및 부의 60% 이상을 차지하고 있다.

국가는 세계 리더로서의 힘을 가질 때 대부분의 기술문명을 선도한다. 이때 글로벌 표준화와 룰세팅에서 자신들의 이해관계를 강하게 대변할 수 있다. 국가와 국가의 구성원인 기업과 개인의 자산축적도 늘어간다. 국가는 기업의 이해관계를 지원한다. 유럽 중상주의 시대와 식민지 시대, 제국주의 시대가 그랬었다.

물론 그 다음 질문이 있다. "영원한 패권국가가 있는가. 세계 1위의 기업이 영속하는가." 옛말에 "부자가 3대를 못간다"고 했다. 개인도 100년의 부를 이어가기가 쉽지 않다는 말이다. 그렇다면 국가와 기업의 패권 변화의 사이클은 100년, 500년을 단위로 볼 수 있지 않을까.

적어도 중국의 경우 100년의 대계를 세우는 듯하다. 중국은 1921년 공산당 창당 이후 100년이 지날 때 GDP 규모에서 일본을 제쳤다. 제조업 강국이 되겠다는 약속은 허언이 아니었다. 1949년 중국의 공산화 이후 100년은 2050년이다.

어쨌든 중국은 2050년을 기준으로 미국을 완전히 능가하겠다는 야심찬 포부를 가지고 있다. 중국의 국가 부, 즉 패권에 관한 이해관계는 '일대일로(一帶一路)'라는 개념에 담겨 있다. 중국의 시진핑 국가주석이 2013년 8월 카자흐스탄에서 '실크로드 경제벨트'에 대한 제안을 하면서 '일대일로'의 서막이 열렸다. 이 정도의 설명만으로도 미국의 현재와 미래에 가장 큰 경쟁 상대는 결국 '중국'임을 알 수 있을 것이다.

21세기 이후 세계 대결은 인종적으로 보면 '백인 대 아시아인'의 대결이 아닐까. 그렇다면 러시아는 어느 쪽일까. 구 소련의 흐루쇼프의 입장을 생각하면 당연히 '백인' 쪽이다. 러시아-우크라이나 전쟁의 '겉'과 '속'을 살펴야 하는 이유다. 1839~1942년 제1차 아편전쟁 이후 중국과 유럽, 미국과 중국 간의 관계를 살펴보면, 미·중 간의 경쟁은 앞으로 더욱 치열해질 수밖에 없다.

혼자는 어렵다. 그래서 주변 국가들과 '동맹'을 찾는다. 이들 강대국과 긴밀한 정치경제적 상관관계를 갖는 우리는 '고래 싸움에 새우 등 터지는' 꼴이 될 수 있다. 어쨌든 미국과 중국은 이러한 '힘(Power 혹은 Authority)'을 갖기 위한 충분조건(정치제도, 경제체제, 군사력 및 안보 등)을 하나씩 채워가는 중이다.

부의 분배는
자본의 크기에 따라 움직인다

'변화의 동기'는 어쩌면 이러한 '힘'을 갖기 위한 것이다. 조셉 나이(Joseph Nye) 전 미 국방부 차관은 '힘'을 하드파워(군사력)와 소프트파워(AI, IoT, 디지털 정보통신, 비메모리 반도체 등), 그리고 스마트 파워로 나눈다. 대테러 전쟁은 스마트 파워로 치러진다. 스마트 파워는 하드 파워와 소프트 파워를 모두 지혜롭게 운용하는 힘이다. 국가가 스마트 파워를 가지면 경제패권과 외교·군사적 패권도 병행된다. 경제도 이제 안보, 즉 국가의 '힘'으로 정의된다.

예를 들어 세계 기축통화국은 세계에서 가장 힘 있는 국가가 된다. 2차 세계대전 이후 미국이 강자로 부상하기 전에는 네덜란드와 영국이 있었다.

네덜란드의 경우 1602년 비록 영국보다 2년 늦게 동인도 주식회사를 설립했지만, 세계 최초의 주식회사 형태로 설립되었고, 1609년에는 암스테르담에 증권거래소가 설립되기도 했다. 뉴욕 증권거래소가 1792년 월가에서 첫 거래를 시작한 것으로 보면 무려 200년이나 앞선 시점이다.

경제가 발전하면 뒤이어 교육이 발전한다. 뛰어난 교육을 배경으로 이루어진 기술혁명을 앞세워 조선기술에 탁월했던 네덜란드는 세계 무역의 중심국이었다. 당연히 당시 네덜란드는 국제금융의 중심지였고, 길더화가 세계 기축통화였던 셈이다.

그러다 1651년에 영국의 항해 조례 발표를 계기로 네덜란드는 영국과 세 차례에 걸친 전쟁을 벌인다. 결국 이 전쟁에서 패하면서 패권은 영국으로 넘어갔다.

19세기 인도와 중국과의 교역에서 기축통화는 '은'이었다. 세계의 은이 중국으로 향했고, 유럽 열강들은 불평등 무역을 주장하면서 '아편전쟁'을 야기했다. 중국도 세계 기축통화의 대부분을 차지하던 때가 있었다. 당시 인도와 중국의 GDP 규모는 50%를 약간 초과했다.

하지만 청은 무너졌고, 영국의 '지지 않는 패권'도 근대 미국으로 넘어갔다. 1·2차 세계대전 이후 유럽 경제는 결국 전쟁으로 인한 재정결핍에 직면했고, 파운드화의 가치가 하락하면서 패권은 군비 지원을 외상으로 공급했던 미국으로 넘어가게 된다.

이처럼 패권의 이동에는 항상 '돈', 즉 '자본'의 이동과 군사력, 교육, 정치제도의 변화가 동시에 일어났다. 이렇듯 자본, 교육 및 기술 발전을 토대로 한 군사 및 외교적 전략이 국가 이해관계, 즉 '패권'의 3가지 충분조건인 셈이다. 전자는 기업들이 채우고, 후자는 국가가 나선다. 국민은 이들 2개 거대 조직의 구체적이고 실질적인 구성원이다.

하지만 부의 분배는 자본의 크기에 따라 움직인다. 따라서 시대 질서의 변화에는 늘 '양극화' 문제, 즉 '부의 불평등 분배 문제'가 동반된다.

신자본주의의 등장은
결국 양극화의 정점을 이끈다

경제학을 소위 '학파'라는 개념으로 이론적으로 논하면 크게 3가지 부류로 나눌 수 있다. 고전학파, 케인스 학파, 칼 마르크스의 사회주의 학파다.

먼저 애덤 스미스의 『국부론』을 필두로 하는 '자유주의 시장경제'와 '보이지 않는 손'에 의한 시장질서를 강조하는 '고전학파'가 있다. 밀턴 프리드먼을 필두로 하는 '시카고 학파'는 자유시장경제 체제를 근간으로 통화정책을 강조하는 '신고전학파'로 불린다. 그 뒤를 이어 1930년 대공황 당시 미국과 유럽의 패권 다툼에서 미국경제에 '정부의 직접적인 참여를 통한 문제 해결'이라는 해법을 제시한 존 메이너드 케인스의 '케인스 학파'가 생겨난다.

미국의 독립전쟁이 일어났던 1776년 애덤 스미스의 『국부론』이 출간된다. 봉건주의 시대가 저물고 중상주의 시대, 근대적 자본주의 시대가 열리던 당시, 스미스는 인간은 이기적인 존재임을 언급한다. 아울러 그 누구도 이기적인 인간의 도덕적 윤리 기준을 강요할 수 없다는 점도 강조한다. 중상주의의 발전은 산업혁명으로 더욱 자본주의화되었다.

1830년에 이르러 절정에 이른 영국의 산업혁명이 독일 등 유럽 전역으로 퍼지면서 1867년 칼 마르크스의 『자본론』이 출간된다. 세 번째 경제학의 '사회주의 학파'가 나온 것이다. 칼 마르크스의 논리는 단순하다. 상품생산에서 출발해 축적된 자본의 본질을 강조하는 자본주의 시장경제 체제가 결국에는 자체 모순에 의해 붕괴된다는 것이다.

케인스 학파와 사회주의경제 이론은 교집합이 존재한다. 정부의 적극적인 시장 간섭이다. 케인스는 모든 것을 정부가 관할할 필요가 있다고 주장하기도 했다.

1991년 구 소련의 붕괴는 사회주의경제 체제의 완전한 붕괴로 단언하기 어렵다. 잠시 동면기일 뿐이다. 1970년대 이후 등소평의 '흑묘백묘'론과 선부론은 중국이 공산주의를 포기한다는 내용이 아니다. 공산주의 체제를 완성하기 위해 실질적이며 실용적인 정책을 재정비하겠다는 의미일 뿐이다. 자본주의 내부의 양극화 문제는 칼 마르크스가 얘기한 '언제든지 스스로 자체 모순으로 붕괴'될 수밖에 없는 단초가 된다. 사회주의 혁명, 즉 궁극적인 공산주의 체제가 가장 안정적인 정치 및 경제체제라는 믿음에는 어떠한 변화도 없다고 보는 것이다. 바로 이 점이 사회주의의 한계다.

'변화'는 상품과 자본의 이동뿐만 아니라 사람의 이동을 모두 포함한다. 기술의 발전이 '변화'를 더욱 재촉한다. 현대 경제체제에서 신자본주의 등장은 결국 양극화의 정점을 맞이하는 수순으로 움직인다. 거대 자본은 거대 자본 수익을 가져온다. 큰손은 금융시장에서 '보이지 않는 손'의 역할을 완전하게 보장받는다. 결과는 자본가와 비자본가, 10 : 90 혹은 양극화의 심화다.

19세기 산업혁명기에 등장한 칼 마르크스의 이론은 오늘날에도 여전히 유효하다. 다만 칼 마르크스도 자본주의 시장경제 체제에서 지속적인 투자와 성장이 사회주의 혁명의 선제적 조건임을 강조했다. 1970년대 중후반 중국의 문호개방을 어쩌면 칼 마르크스의 이론을 새롭게 해석한 것이 아니라 정확히 해석한 것으로도 볼 수 있다.

변화의 핵심은
힘을 갖기 위한 투쟁이다

대개 자본주의 시장경제에서는 사회주의 경제와 달리 '자산시장에서의 버블붕괴'가 있다. 경제가 무너지면, 그때까지 유지하던 정치·군사·사회적 제도에 균열이 일어난다. 그러다 전쟁이 일어나면 승리를 해야 하는 동기부여가 상실된 국가가 패하게 된다.

여기서 '동기상실'은 부패와 버블붕괴 등과 같은 도덕과 윤리적 가치 문제는 물론 시장경제 그 자체가 가진 모순의 위기에서 비롯된다. 미국 독립전쟁의 이념적 논리를 제공한 토머스 페인(Thomas Paine)의 저서 『상식(Common Sense)』도 이러한 내용을 담고 있다.

우리가 지금 맞닥뜨린 21세기 세계 정치질서의 변화는 과거 수없이 반복되어온 역사적 '변화'와 '혁명'의 내용을 포함하고 있다. 예를 들어 세계경제의 대공황과 대불황의 역사도 약 17번 가운데 11번이 전쟁으로 해결을 지었다. 물론 이 같은 대공황 또는 대불황의 위기는 '부동산 버블붕괴' 문제가 단초인 경우가 대부분이라는 점도 눈에 띈다.

개인의 부의 축적은 우리가 가진 노동을 제공하고, 소득에서 저축한 잉여 자본으로 자본 소득을 일으키는 구조다. 하지만 정치권력의 이동, 개인의 능력(학력, 성 차별, 지연, 학연, 인맥 등) 차이, 기업의 기술 차이가 일반 노동자들의 소득과는 비교할 수 없는 거대자본, 큰 손들을 만들어낸다.

영국 혁명, 프랑스 혁명을 비롯한 수많은 사회적 혁명은 10 : 90의 기울어진 운동장을 더 이상 인정할 수 없을 때 '민중봉기'로 일어났다. 정치 정당들은 이러한 변화를 타고 권력을 잡기도 하지만, 결과론적으로 그들이 당초 민심의 변화를 정확히 정치에 반영시키는 데는 관심이 없다고 봐야 하지 않을까. 더욱 아이러니한 것은, 경제 대공황 혹은 대불황 같은 위기가 발생할 때 자본을 축적하는 것은 90%의 일반 시민들이 아니라 10%의 큰 자본가라는 점이다.

큰 그림에서 보면, 어느 국가나 자국의 지위에 도전하는 국가와 '전쟁'을 한다. 기업 간의 관계에서도 그렇고, 개인 간의 관계에서도 마찬가지다. 민간(기업 및 가계)에서는 이를 '경쟁'이라 부른다. 처음에는 사회·문화적 갈등에서부터 시작해 경제·정치·외교·안보적인 측면으로 조금씩 판이 움직인다. 그러다 합리적 합의점을 찾지 못하면 '전쟁'으로 결판을 냈다. 적어도 인류 역사에서 이러한 양상은 반복적으로 거듭되어왔다.

21세기 또 다른 변화의 한 축인 미중 간의 갈등을 보면, 바로 앞서 이야기한 사회·문화적 갈등에서 경제적 경쟁과 충돌로 이어지는 형국이다. 미중 간의 갈등은 인권 문제에서 무역수지 적자와 재정수지 적자 문제가 단초가 된다. '보이지 않는 전쟁', 즉 경제와 사회문화적 전쟁이 더욱 치열하게 전개되다가 결국은 '하드웨어' 전쟁으로 이어질 수 있다. 마치 오리가 물 밑에서 물갈퀴를 빨리 움직이듯, 실질적 경쟁은 다차원적일 수밖에 없다. 그러다가 서로 간의 팽팽한 줄당기기가 어느 정도 한계점에 도달하면 '하드파워'의 대결로 나선 것은 오랜 역사의 교훈이다.

물론 '서로가 상대방을 충분히 전멸시킬 수 있는 핵을 보유한 상태에서 과연 재래식 무기만으로 전쟁이 가능할까' 하는 의구심도 든다. 어쩌면 직접적인 당사국 간의 전쟁보다 제3의 국가에서 대리전을 할 수도 있다. 러시아-우크라이나 전쟁, 대만에 대한 중국의 위협, 남북한 간의 긴장 관계가 그렇다.

드와이트 아이젠하워(Dwight Eisenhower) 미국 대통령은 퇴임 당시 미국의 미래 문제는 '군산복합체'에 있다는 점을 강조했다. 과거 식민지 쟁탈의 제국주의적 세계질서와 2차 세계대전까지는 국가의 경제적 이해관계가 '무력 혹은 무장의 힘'을 통해 이루어졌지만, 1960년대 이후에도 세계질서가 이 같은 군사력 우위의 분위기가 지속될지 의문을 제기한 것이다.

한 국가, 기업, 혹은 개인이 힘을 가지면 무엇이 좋은가. 이걸 모르는 국가, 기업, 개인은 없다. 그렇다면 2022년이 아니라 2000년 이후 세계질서의 변화는 그 방향성이 점차 분명해지고 있다. 예를 들어 그동안 세계적으로 경제위기가 두 번 이상 있었다. 노동력 중심에서 자본집약적 산업으로 산업구조의 전환이 빠르게 일어나고 있다. 로봇, 우주항공, 전기자동차, 드론, AI, IoT 등 기술도 발전했다.

이런 변화의 핵심은 간단하다. '힘'을 선점하기 위해서다. 담론적으로는 '변화'이고 '혁신'이라고 하지만, 실질적이고 실체적인 내용은 '힘'을 갖겠다는 것이다. 그 가운데서도 경제적 이해관계가 최우선이다.

모든 국가의 통화가 자국 통화를 기축통화로 삼을 때 세계 패권은 유지된다. 유입된 자본을 가지고 교육과 기술개발, 문화에 투자하면서 또다시 패권을 강화하는 수순인 셈이다. "중국인이 피운 아편 담배 연기가 오늘날의 미국을 있게 했다"라는 말은 허언이 아니다.

지금 우리는 어디에 있고
어디로 가고 있는가

21세기 중반 이후 세계질서는 앞에서도 언급했듯이 '백인' 대 '아시아인'의 경쟁이 될 수 있다. 우리는 지금 그러한 전환기에 서 있다. 크게 보면 500년 역사의 반복 속에 미국이라는 국가가 마치 그 권위에 커다란 도전을 받고 있는 것처럼 보여진다. 하지만 미국이 멸망 과정에 있다고 보는 것은 지나치다. 마찬가지로 중국이 패권국이 될 것이라는 논리도 합리적인 명제는 아니다.

중국은 국제 경제질서에서 책임과 신뢰의 중요성을 역사적으로 제대로 이해한 적이 없던 나라다. 조공을 받거나 종번체제를 가져가던 나라였고, 그러한 '습'을 쉽게 버리지는 못하고 있다. 하지만 중국의 부상이 미국과 유럽 국가에 불안한 미래가 되고 있는 것은 분명한 사실이다.

이는 1950년대 흐루쇼프가 이미 예견한 내용이다. 그는 중국의 부상을 사실상 견제하기 위해 유럽과 러시아는 더 이상 냉전체제를 고착화해서는 안 된다는 취지로 유럽국가들에 얘기했었다. 하지만 안타깝게도 그가 퇴출되면서 구 소련은 고르바초프의 등장 직전까지 브레지네프의 암흑기를 거치게 된다.

결국 1991년 구 소련의 붕괴는 구 소련 개방정책을 시행하려던 흐루쇼프의 실권이 결정적이었다. 물론 여기서 1991년 자본주의 시장경제와 민주주의 정치제도가 사회주의 정치경제체제를 완벽하게 제압한 것으로 보기엔 아직 이르다.

미국은 21세기 새로운 글로벌 리더십을 펼쳐야 한다. 20세기 냉전체제 질서를 더 이상 유지하고자 해서는 중국의 추격을 쉽게 극복하기 어려울 수 있다. 중국은 미국의 허점과 빈틈을 철저하게 파고들고 있다.

기업은 시장과 수익을 원한다. 수익이 난다면 '지옥'이라도 가서 상품과 서비스를 파는 게 기업의 본질이다. 중국시장은 세계경제의 '블랙 홀'이다. 기업이 이익을 선택할 때 정부는 그들의 이해관계를 지지하고 지켜주는 데 최선을 다한다. 다시 말하지만, 이런 방법론을 경제학으로 고전학파, 케인스 학파, 칼 마르크스가 각각 해석한 것이 바로 경제학 이론인 셈이다. 그 이상의 과도한 역할을 정부가 가지려 할 때 국민은 즉각적으로 항거하게 된다.

2020년 미국 46대 대통령 선거를 앞두고 미 의회를 점거했던 보수세력의 움직임은 세계질서의 리더로 간주되어오던 미국으로서는 치명타였다. 새로운 글로벌 질서에 새로운 모델을 제시하기보다 국내의 정치적 문제에 편향된 폭동을 보이는 것은 중국이라는 상대 앞에서는 '적전분열'과 크게 다르지 않다. 미국이 더 이상 새로운 글로벌 질서를 제시하지 못할 때 역사는 분명히 말할 것이다. "중국이 미국의 리더십을 대체할 가능성이 높아진다"고 말이다.

물론 적어도 10~50년 이내에 이런 결과가 나타날 것인가는 개인적으로 회의적이다. 흔히 정치에서 야당은 여당의 실수와 민심 이반으로 산다고 한다. 중국이 열심히 뛰는 것도 있지만, 미국이 헛발질을 계속하거나 자살골을 많이 넣는 경우 상대적으로 중국의 부상은 강하고 빠를 것이다.

중요한 것은 21세기 전환기의 길 한복판에 서 있는 우리는 우리 스스로를 '새우'로 비유해선 안 된다는 점이다. 가정이 약하면 명제와 결론이 옳지 않게 된다. 그러므로 국가의 이해관계를 스스로 축소시켜선 안 된다.

정치·경제·사회·문화 등 모든 사회 시스템이 새롭게 변화하기 시작했다. 순발력과 지구력 중 지금은 순발력이 필요하다. 순발력 있게 빨리 산업구조의 전환을 가져와야 한다. 자본력은 순발력이고, 중후장대 중화학 공업과 제조업은 지구력이라면 지나친 비유일까.

주식시장이나 부동산시장과 같은 자산시장에서 순발력이 커지면 버블이 만들어질 확률도 올라가지만, 자산소득의 상승이 국가 총생산에 기여하는 비율도 일정해진다. 소프트웨어 산업에서 스마트웨어 경제로 가야 한다. 여기에 필요한 교육과 노동조건은 정부가 적극적으로 계획해야 한다. 이는 양극화와 부의 분배에 가장 밀접한 변수들이기 때문이다.

드론, 전기 자동차, 6G, AI 등의 디지털 기술은 물론 새로운 바이오 산업의 발전은 20세기 경험을 능가한다. 궁극적으로 소득, 즉 돈이 걸린 문제다. 문화와 문명을 정립하는 국가는 패권을 가진다. 패권국의 기업과 개인은 '부'를 누리는 명분을 얻는다.

2장

지금 겪고 있는 위기의 발단과 원인은 무엇인가

"문제를 받아들이면 풀지 못할 일이 없다." 문제는 그 '문제'를 받아들이는 자세다. 위기의 단초는 인간 본능의 기저에 깔려 있는 '탐욕'이 아닐까. 하지만 자유주의 시장경제에서는 그 '탐욕'을 존중한다. 이 탐욕을 '인센티브'라 부르기도 하고, '자유'라고도 한다. 즉 노동을 하고 자본을 축적할 수 있는 '동기 부여'인 셈이다. 하이에크는 "대중은 노예의 길을 좋아한다"고 했다. 에리히 프롬은 『자유로부터의 도피』를 통해 적극적인 자아를 찾기는 더욱더 어려워지는 개인을 힐난했었다.

하지만 여기에도 정반합의 원리가 숨어 있다. 인간은 끊임없이 위기로부터의 해방을 추구해왔다. 하지만 그러면 그럴수록 또 다른 위기가 인간의 앞을 막아선다. 지금 우리가 겪고 있는 위기의 발단과 원인은 끊임없이 자유로부터의 도피 가운데에 노예의 길을 추구하려는 인간의 근시안적인 아둔함이 빚어낸 결과일지 모른다. 하지만 이 같은 투쟁은 우리의 역사 속에 경제의 자유라는 무거운 부담을 피해 다시 의존과 복종으로 돌아가기보다는 인간의 독자성과 개인성에 바탕을 둔 적극적인 자유를 온전히 실현하기 위한 거대한 몸부림일 뿐이다.

현재 위기의 4가지 변수 _
고물가, 고금리, 고환율, 고유가

우리가 경험하고 있는 위기는 4가지 변수를 포함한다. 그것은 바로 고물가, 고금리, 고환율, 고유가다.

고물가와 고유가는 서로 상관성이 높다. 고금리와 고환율도 마찬가지다. 그 원인은 무엇인가. 3가지로 살펴볼 수 있다. 첫째, 돈이 크게 풀렸다. 2008년 이후 시중에 풀린 자금이 〈월스트리트저널〉의 추정에 따르면 미국만 11.6조 달러다. 참고로 한국의 1년 GDP 총액이 1.5조 달러 규모다.

둘째, 공급사슬과 가치사슬이 경제가 좋았던 시절의 60~79% 수준이다. 물류와 사람 이동이 제한되었다. 소비가 줄어들고, 생산 비용이 증가한다. 아직 노동시장에서 임금인상 요구가 적극적이지 않지만, 곧 나타날 상황이다. 그렇다면 물가는 더 오를 수 있다. 셋째, 여기에 러시아-우크라이나 전쟁까지 한몫을 한다. 미국이 러시아를 제재하고 러시아가 독일 등 유럽 국가에 천연가스와 석유의 공급을 차단한다고 위협하고 있지만, 이들 가격은 여전히 높다.

이 3가지 요인 중에 어느 것이 변화의 진짜 변수이고 어느 것이 그 파급효과인지 면밀한 분석과 판단이 필요하다. 이러한 3가지 요인의 꼭지점에는 지정학적 관계 혹은 정치외교적 미중관계가 도사리고 있다는 것을 결코 간과해서는 안 된다.

중국과 인도는 이 와중에 러시아산 원유와 석탄을 저가에 매집하

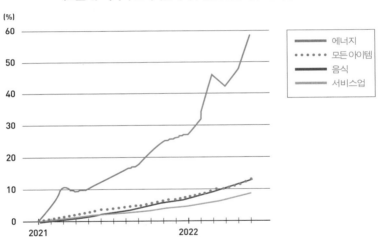

〈도표 1〉 미국의 소비자물가지수(2021년 이후 변화추세)

* 계절적 조정

자료: 미 노동부

▶ 미국 소비자물가 지표를 구성하는 전체 아이템의 가격변화는 2021년 1월 대비 약 13% 수준이다. 하지만 이 가운데 에너지 부문 물가 변한 비율은 2021년 1월 대비 무려 60% 수준에 가깝다. 식료품 부문의 경우 모든 아이템의 물가상승 부문과 일치하는 반면, 서비스업 부문 물가상승은 2021년 1월 대비 9% 수준이다. 이는 팬데믹으로 인해 관광 및 외식업 등 서비스 분야의 상대적 경기둔화를 반영하는 것으로 볼 수 있다.

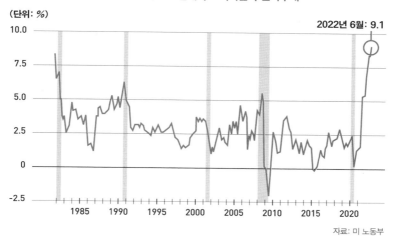

〈도표 2〉 미국의 전년대비 소비자물가 변화추세

(단위: %)

2022년 6월: 9.1

자료: 미 노동부

▶ 미국물가는 2022년 6월 기준 9.1%라지만, 중국물가는 2%다. 고유가가 소비자물가에서 차지하는 비중이 적어도 1.5%~ 2%p 정도는 된다.

고 있다. 미국으로서는 당혹스러운 내용이다.

〈도표 2〉에서 보듯 미국물가는 2022년 6월 기준 9.1%라지만, 중국물가는 2%다. 〈도표 1〉에서 보듯 고유가가 소비자물가에서 차지하는 비중이 적어도 1.5~ 2%p 정도는 된다.

이들 3가지 요인에 대해 구체적으로 요약해보자. 주목해야 할 점은 이 3가지 요인이 각각의 경제적 파급효과를 가져오기도 하지만, 서로 밀접하게 주고받는 또 다른 연립방정식 형태로 상관관계를 갖는다는 것이다. 하나의 변수 변화만 보지 말고 이 3가지 변수에 정치적 변수까지 포함시켜야 한다. 경제가 안 되면 정치라도 풀어야 하

2장 지금 겪고 있는 위기의 발단과 원인은 무엇인가

기 때문이다. 이어지는 설명에서 하나의 요인을 설명하는 데 그치지 않고 이 3가지 요인이 어떻게 상호작용하는지 살펴보기로 하자.

요인 1 _ 돈이 너무 풀리며 미국을 필두로 '돈줄'난 세계경제

첫 번째 요인부터 살펴보자. 돈이 크게 풀렸다. 필자의 전작인 『혼돈의 시대, 경제의 미래』에서도 언급했지만, 2008년 서브프라임 모기지 사태 이후 무려 11.6조 달러가 풀렸다. 미국의 1년 국내총생산 규모가 약 19조 달러라고 보면 1년 GDP의 약 63%가량이, 특히 지난 2020년 이후 한꺼번에 풀렸다고 보면 된다.

2015년 12월 미 연방준비은행이 기준금리를 0.5%p 올리면서 긴축정책, 소위 '양적완화(Quantitative Easing, QE)'에서 '통화긴축 (Squeezing)'으로 전환할 때만 해도 4년 후 '코로나19'라는 팬데믹이 전 세계경제를 덮칠 것은 상상도 못했을 것이다.

당시만 해도 갑작스러운 긴축으로 인해 개도국 환율이 급등함에 따라 신흥국 경제가 급격히 둔화되는 '긴축발작(tapering, taper tantrum)'을 걱정하던 시기였다. 기축통화국은 늘 이렇게 세계경제가 어려울 때마다 빚을 탕감받지만 개도국과 신흥국들은 마치 ATM 기계처럼 그동안 벌었던 돈을 다 토해내야 하는 암울한 상황이 된다. (결국 지금의 상황도 '긴축발작'이 개도국과 신흥국들의 가장 큰 위기요인

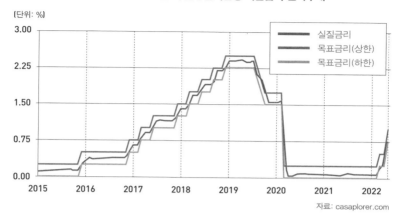

〈도표 3〉 지난 5년간 미 연방준비은행 기준금리 변화추세

(단위: %)

실질금리
목표금리(상한)
목표금리(하한)

자료: casaplorer.com

▶ 2020년 이후 미국의 실질금리는 마이너스를 기록한다. 실질금리는 명목금리에서 소비자물가, 즉 인플레이션을 뺀 값이다. 0.25%의 명목금리에서 소비자물가 2%를 빼면 실질금리는 −1.75%다.

이라 할 수 있다.)

돈이 무작정 풀리면, 돈값은 떨어진다. 사과가 많이 열려 수확이 늘어나면 사과값이 떨어지는 것과 같다.

그렇다면 돈값은 무엇일까. 금리다. 돈을 사면(=빌리면) 지불하는 대가가 바로 이자, 즉 금리다.

〈도표 3〉에서도 2020년 이후 미국 실질금리는 마이너스를 기록한다. 실질금리는 명목금리에서 소비자물가, 즉 인플레이션을 뺀 값이다. 0.25%의 명목금리에서 소비자물가 2%를 빼면 실질금리는 −1.75%다. 돈값, 즉 금리가 떨어지면 빚을 갚기 쉬워진다. 흔한 게 돈이라서 그렇다. 그러니 채무자가 채권자보다 유리하다. 따라서 기

축통화국인 미국 입장에서는 늘 재정적자에 무역적자까지 쌍둥이 적자국으로서 빚을 탕감받기가 쉬워진다.

돈값이 떨어지면 돈을 빌리기도 쉽다. 돈을 빌리면 그 돈으로 자산을 매입하거나 소비를 한다. 하지만 코로나19 팬데믹이 덮친 2020년부터 지금까지 소비는 크게 늘지 않았다. 〈도표 4〉를 참조해보자. 2020년 의류 및 식품소비, 개인 보건위생 및 교육비 등 모든 소비지출이 음의 숫자인 반면, 기부와 출판물의 소비가 늘어난 것뿐

〈도표 4〉 2019~2020년 소비자지출 조사에 나타난 소비지출 비율

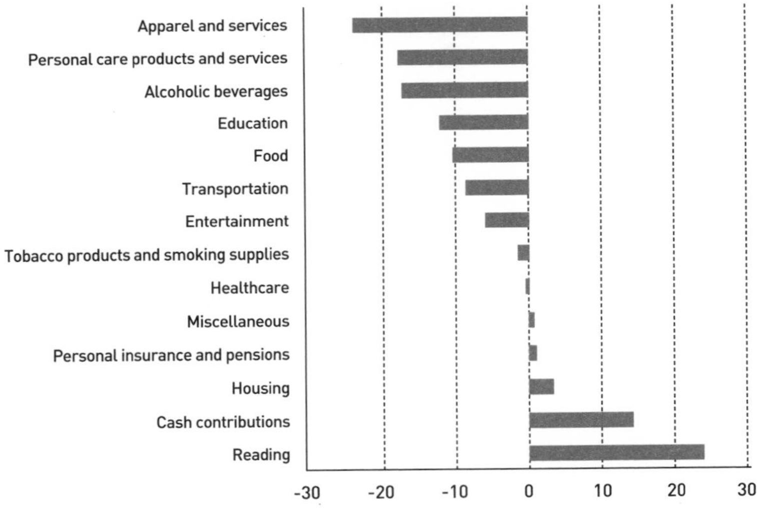

자료: 미 노동부

▶ 팬데믹이 덮친 2020년부터 지금까지 소비는 크게 늘지 않았다. 2020년 의류 및 식품소비, 개인 보건위생 및 교육 등 모든 소비지출이 음의 숫자인 반면, 기부와 출판물의 소비가 늘어난 것뿐임을 알 수 있다.

임을 알 수 있다. 출판소비가 늘어난 것은 재택근무 등이 늘어나고, 〈도표 5〉에서 보듯 고용 문제가 다소 개선되면서 나타난 파급효과인 것으로 풀이된다.

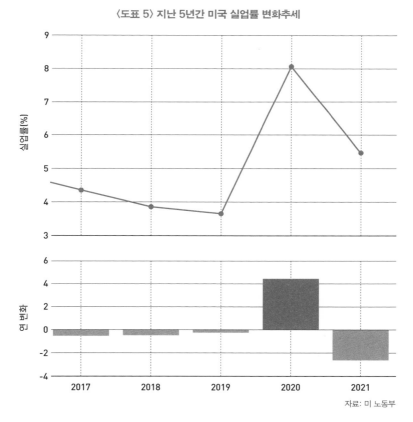

〈도표 5〉 지난 5년간 미국 실업률 변화추세

자료: 미 노동부

▶ 2020년부터 지금까지 출판소비가 늘어난 것은 재택근무 등이 늘어나고, 미국 실업률 변화추세에서도 보듯 고용 문제가 다소 개선되면서 나타난 파급효과인 것으로 풀이된다.

〈도표 6〉에서 보듯 비록 큰 비중은 아니지만 '주택구입' 지출이 늘어난 것은 팬데믹이 창궐하는 와중에도 개인들의 주택구매는 늘었다는 것을 의미한다. 2022년 5월 기준 미국 신규주택 판매건수가 전년 동월 대비 17%나 꺾이면서 주택시장 버블 이야기가 나오고 있다. 이는 미 연준이 긴축을 함에 따라 부동산시장에서의 가격반전을 과장하는 것이 결코 아니다.

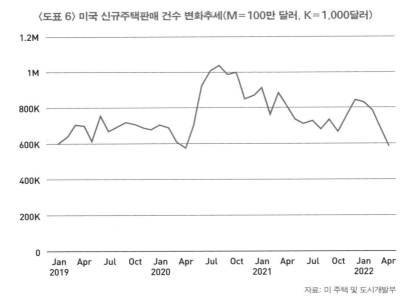

〈도표 6〉 미국 신규주택판매 건수 변화추세(M=100만 달러, K=1,000달러)

자료: 미 주택 및 도시개발부

* 계절적 조정, 판매건수

▶ 비록 큰 비중은 아니지만 '주택구입' 지출이 늘어난 것은 팬데믹이 창궐하는 와중에도 개인들의 주택구매는 늘었다는 것을 의미한다. 2022년 5월 기준 미국 신규주택 판매건수가 전년 동월 대비 17%나 꺾이면서 주택시장 버블 이야기가 나오는 것은 미 연준이 긴축을 함에 따라 부동산시장에서의 가격반전을 과장하는 것이 결코 아니다.

이와 관련해 또 다른 중요한 자산시장에서의 변화 혹은 잠재적 지연뇌관은 주식시장의 버블 문제다. 고삐가 풀린 돈은 결코 정처 없이 아무 곳이나 돌아다니지 않는다. 개인과 기업은 정확하게 목적의식(이해관계)를 갖는다.

기업은 돈 빌리는 값이 저렴하니 얼마든지 돈을 빌려서 투자에 집중한다. 즉 벤처와 스타트업 기업들에 대한 투자가 급증한다. 아마존, 테슬라, 메타, 구글, 마이크로 소프트, 로보틱스, AI, 바이오(화이자-비온텍, 모더나) 등으로 풀린 돈들이 폭포수가 떨어지듯 엄청나게

〈도표 7〉 1971년 대비 지난 10년간 다우지수와 나스닥지수의 수익률 변화

자료: macrotrends.net

▶ 1971년 대비 다우지수와 나스닥지수의 수익률을 나타내는 이 표는 2020년 이후 2년간 약 1,100%에서 300% 이상 수익증가가 있었음을 나타낸다. 이미 주식투자에서 벌 수 있는 기관들과 개인들이 엄청난 수익을 올렸음을 짐작할 수 있다.

몰린다. 전기 자동차 시대가 빠르게 앞당겨질 것이고, 드론시대가 곧 열리며, 6G와 무인 자동차를 채울 콘텐츠 시장에 대한 관심은 주가에 반영된다.

1971년 대비 다우지수와 나스닥지수의 수익률을 나타내는 〈도표 7〉을 보면, 지난 2020년 이후 2년간 약 1,100%에서 300% 이상 수익이 증가했음을 알 수 있다. 짐작하듯이, 이미 주식투자에서 벌 수 있는 기관들과 개인들은 엄청난 수익을 올렸다.

자금의 유동성은 더욱 커진다. 주식에서 나온 수익은 다시 부동산 시장으로 흘러가든지, 또 다른 자산시장을 찾는다. 채권시장은 경기가 둔화될 때 투자가 늘어나는 시장이라 주식과 채권시장은 반대로 나타난다.

여기서 문제는 2가지다. 먼저, 자산시장 버블이 일어난다. 돈의 가치가 없으니 저축으로 마이너스 금리를 택하느니 주식투자와 부동산투자가 늘어난다. 수요가 공급을 앞서면 가격이 오르듯, 주가와 부동산 가격이 오른다.

"나무가 아무리 자라야 하늘 아래"라는 말처럼 이들 가격은 로켓처럼 최고점까지 치솟은 다음엔 곧바로 수직 낙하할 가능성이 높다. 결국 자산버블이 터지면 누가 이득이고 누가 손해일까. 답은 '국가 간의 관계에서 미국이 기축통화국이면 미국은 돈값, 달러값이 저렴할 때 국가채무를 변제한다'는 것이다. 이처럼 부자가 결국 이득이다. 더 많은 정보를 가지고 재빨리 움직일 수 있는 말을 가지고 있기 때문이다.

이 지점에서 두 번째 문제가 발생한다. 상장된 미국 주식의 81% 정도를 10%의 미국 국민이 보유하고 있다. 2019년 OECD 통계에 따르면 부의 분배에서 미 상위 10%가 국가 부의 79.06%를 차지한다. 소득 양극화는 또 다른 형태의 양극화를 강화시킨다. 사회 계층 갈등과 세대 갈등이 심화된다. 출산율이 떨어지고(미국의 경우 재택근무 등으로 30대 여성들의 출산율이 늘어났다), 소득 배분율로 하위 30%는 상대적 소득 감소를 절감하게 된다. 소비자물가가 급격히 올랐기 때문이다. 엥겔지수, 즉 식품비가 전체 지출에서 차지하는 비중이 하위소득계층에서 크게 늘게 된다. 소득이 상대적으로 낮은 데 비해 식품류 물가가 오르다 보니 상대적인 엥겔지수는 높아지기 때문이다.

1차 세계대전 직후 대공황 이전 1921년 워런 하딩(Warren Harding) 대통령(공화당) 당시 미국 소비자물가상승률이 -10.5%였다. 경기가 얼마나 뜨거웠는지 짐작하게 되는 대목이다. 하딩 대통령에서부터 조지 부시 주니어 대통령까지 15명의 대통령 가운데 9명이 공화당 소속이고, 6명이 민주당 소속이었다.

1945년 2차 세계대전 직후 33대 트루먼 대통령(민주당 소속)에서 부터 45대 도널드 트럼프 대통령(공화당)에 이르기까지 미국 GDP 연평균 성장률은 2.83%였다. 최고 연간 성장률은 2차 세계대전 기간이었던 1941년부터 1943년까지의 수치인데 각각 17.7%, 18.9%, 17.0%를 기록했다.

소위 레이거노믹스 기간(1981~1989년) 동안 연평균 성장률은

3.51%였다. 같은 기간 민주당 대통령 재임기간 연평균 성장률은 2.99%였다. 반면에 공화당 대통령 재임기간 연평균 미국의 GDP 성장률 평균은 2.61%였다.

1970년대와 1980년대 초반 1·2차 오일쇼크 기간 동안 미국의 대통령은 각기 공화당 소속의 닉슨과 레이건이었다. 레이건 대통령이 2차 오일쇼크의 충격을 풀어낸 해법이 '신자유주의 정책'이었다. 정부의 규제를 철폐하고, 국영기업을 민영화하면서 시장을 개방한 것이다. '레이거노믹스'라고 부르는 이유는 구 소련의 붕괴와 자유주의 시장경제체제의 성공에 따른 것이다.

〈도표 8〉 미국 실질GDP성장률의 변화추이

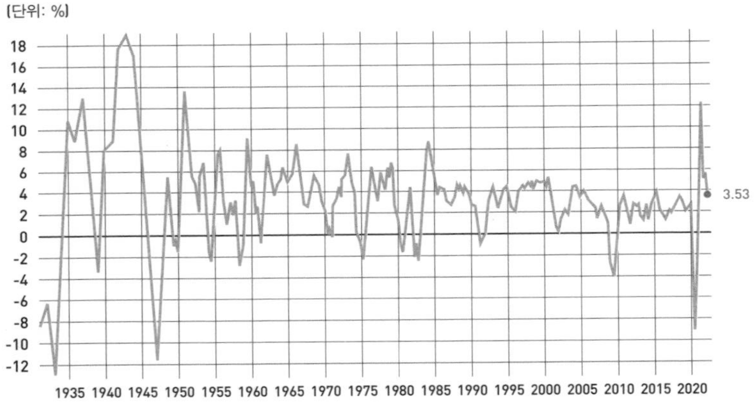

(단위: %)

자료: Multiple.com

▶ 1945년 2차 세계대전 직후 33대 트루먼 대통령(민주당 소속)에서부터 45대 도널드 트럼프 대통령(공화당)까지 미국 GDP 연평균 성장률은 2.83%였다. 최고 연간 성장률은 2차 세계 대전 기간이었던 1941년부터 1943년까지 각각 17.7%, 18.9%, 17.0%를 기록했다. 소위 레이거노믹스 기간(1981~1989년) 동안 연평균 성장률은 3.51%다. 미국 실질경제 성장률의 변화를 보면 경제에는 사이클이 존재함을 알 수 있다.

미국의 연평균 경제성장률과 S&P 500지수를 비교해보면 〈도표 8〉, 〈도표 9〉와 같다. 〈도표 8〉에서 미국 실질경제 성장률 변화를 보면 경제에 사이클이 존재한다는 것을 알 수 있다. 〈도표 9〉에서 S&P 500지수는 이러한 경기 사이클의 순환에도 불구하고 1930년 블랙 화요일과 1987년 블랙 월요일을 제외하고는 추세선이 줄곧 우상향임을 볼 수 있다.

물론 〈도표 10〉에서 실질GDP 금액의 변화를 보면, 미국경제의 장기적 추세가 S&P 500지수와 마찬가지로 우상향한다.

3개의 그래프가 보여주는 직관은 간단하다. 미국경제는 지금까지 몇 번의 우여곡절이 있었지만, 경제는 성장을 지속하고 있고, 이에

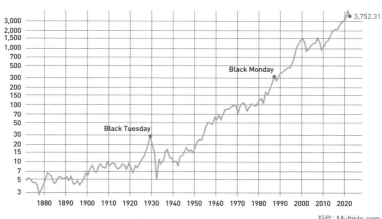

〈도표 9〉 S&P 500지수의 변화추이

자료: Multiple.com

▶ S&P 500지수는 경기 사이클의 순환에도 불구하고 1930년 블랙 화요일과 1987년 블랙 월요일을 제외하고 추세선이 우상향임을 볼 수 있다.

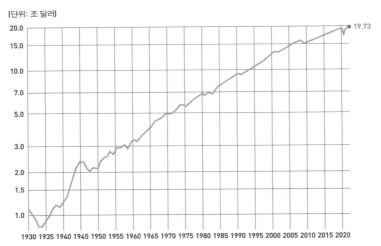

〈도표 10〉 미국 실질GDP 금액 변화추이

(단위: 조 달러)

자료: Multiple.com

▶ 실질GDP 금액의 변화를 보면, 미국경제의 장기적 추세가 S&P 500지수와 마찬가지로 우상
향한다. 미국경제는 지금까지 몇 번의 우여곡절이 있었지만, 경제는 성장을 지속하고 있고,
이에 따라 주식자산의 가치도 상승해왔다.

따라 주식자산의 가치도 상승해왔다는 점이다. 국가는 국가 총생산,
총소비, 또는 총소득이라 불리우는 GDP를 지속 성장시켜야 한다. 기
업 역시 총매출과 총수익의 지속 성장을 목적으로 하는 주주들의 이
해관계를 충족시켜야 한다. 따라서 국가와 기업의 이해관계를 같이
놓는 이유다.

하지만 문제는 2008년 이후와 2020년 이후의 미국경제의 회복과
성장 패턴은 과거 1·2차 세계대전이나 1·2차 오일쇼크 당시와는 사
뭇 다르다는 점이다. 전자의 경우는 전쟁 물자의 생산과 소비가 동

시에 이루어지면서 전쟁이 미국경제의 성장을 견인했다. 1950년 한국전쟁 직전인 1949년 미국의 연평균 경제성장률은 −0.6%에서 1950년 8.0%, 1951년 8.7%, 1952년 4.1%였다. 한국전쟁이 휴전을 한 해인 1953년은 4.7%, 1954년은 다시 −0.6%를 기록한다.

한편 현재와 같이 유가급등에 따른 공급사이드 충격(Supply shock)이라 할 수 있던 1·2차 오일쇼크 기간 동안 미국의 연평균 경제성장률은 스태그플레이션(stagflation) 불황을 나타냈다. 경제성장은 하락하는데 물가는 치솟는 상황이다. 먼저 1차 오일쇼크 효과가 나타난 1974년에 경제성장률은 −0.5%와 1975년에는 −0.1%를 각각 기록해 2년 연속 불황이었지만 물가상승률은 10%를 상회했다. 2차 오일쇼크 기간이 시작된 1979년 이후 1980년까지 연평균 경제성장률은 3.2%에서 −0.3%로 급격히 직하했다. 미국의 소비자물가는 15%에 근접했고, 영국의 경우는 20%까지 치솟았다.

먼저 1·2차 오일쇼크와 같이 공급사이드 충격이 발생해 유가가 급등하면 물가가 앙등한다는 점은 지금 상황과 같다. 경제성장이 하락한다는 점도 같다. 하지만 다른 점이 있다. 오일쇼크의 발생은 중동전쟁과 이란혁명의 결과라는 것이다. 즉 정치적 해법 찾기만 가능하다면 현재의 공급충격은 물류공급의 본질적 충격이 아니기 때문에 급속도로 성장회복이 가능하다는 점이다.

하지만 현재 코로나19 팬데믹은 천재지변의 자연적 요인에 의해 발생한 것이다. 그러니 정치적으로 해법을 찾을 수도 없다. 백신 개발이 해법이 될 수 있지만 백신 개발은 평균 15년의 시간이 필요하다. 가장 빠르게 개발한 백신이 에볼라 백신으로, 3년 만에 개발에 성공한 것이 그나마 유일하다. 그렇다면 1·2차 오일쇼크 당시와 비슷한 스태그플레이션 상황에서 우리가 주목해야 할 것은 현재 우리가 경험하는 경기침체의 근원이 본질적으로 다르다는 점이다. 따라서 정부가 재정 부담을 안고도 돈을 풀고 금리를 낮추어 경기부양책을 쓴 것이다. 물론 대공황 당시에도 그렇게 했다.

대공황 직전의 미국 단기 시장금리는 14%를 넘어선다. 뉴욕 증권거래소 90일 신용거래 금리는 9%, 4~6개월 상업어음 금리는 6%로 급등하지만 대공황 직후 2%대로 이 3가지 금리가 수렴하는 모습이다. 당시 기축통화가 금이었다는 점을 고려하더라도 대공황 직전 시장은 급격한 금리 상승을 시그널로 나타냈으며, 연방준비은행과 정부의 개입 이후 금리가 급격히 하락한 것을 볼 수 있다. 이 점 역시 현재 미 연준과 재무부의 통화 및 재정 정책과 같다. 경기부양의 유일한 대응은 돈을 헬리콥터로 뿌리는 것밖에 없다.

이런 의미에서 러시아-우크라이나 전쟁과 중국-대만 갈등, 한반도의 긴장 문제가 미래 지정학적 불확실성을 야기할 수 있는 변수가 될 것이다.

또한 중국의 변화는 단순히 중국만의 변화로 끝나지 않는다. 2차 세계대전 이후 미국이 차지하던 세계경제의 비중이 50%에서 25%대로 떨어지고, 그 공간을 중국이 빠르게 메우고 있다는 것은 '돈의 흐름'이 바뀌고 있다는 의미다.

'버블'은 마냥 팽창하지 못하기에
언젠가는 터진다

지금까지 이야기한 첫 번째 요인의 내용을 요약하면, 경제가 침체하기 시작할 때, 불황 또는 대불황, 대공황에 진입할 때 정부는 돈을 뿌리고, 당연히 돈값인 금리는 낮아지게 된다는 것이다. 경기가 후퇴한다는 의미는 기업 수익이 급락한다는 의미이기에 주가도 급락한다. 성장이 정체되면 고용도 정체되고, 물가가 오르는 반면 소득이 제자리걸음을 하게 되어 주택시장도 냉각되기 마련이다. 그러니 '돈을 풀어야 한다'는 논리와 주장이 설득력이 있다.

다만 대공황 및 대불황의 경기후퇴와, 1·2차 오일쇼크 당시의 경기후퇴, 현재 팬데믹에 따른 경기후퇴는 본질적으로 성격이 같거나 다른 점이 있다는 것이다. 그렇다면 돈을 푼다는 것이 경기후퇴의 해법이 될 수 있을까. 답은 50 : 50이다.

같은 점부터 살펴보자. 경기후퇴로 성장이 크게 후퇴하고, 실업률이 급증하며, 소비자물가가 급격히 오른다. 대공황은 스태그플레이션의 극단이다. 1·2차 오일쇼크는 공급충격에 따른 스태그플레이션의 전형이다. 현재 상황이 스태그플레이션이라는 점은 같다.

전자의 두 사례와 다른 점은 기업과 사람들의 탐욕에서 발생하거나 국가와 대륙 간 관세전쟁에서 촉발된 경기침체가 아니라는 점, 1·2차 오일쇼크와 같이 정치적으로라도 해법을 찾을 수 있는 사안이 아니라는 점이다.

2008년 서브프라임 모기지 사태에 미국과 세계경제가 모두 놀라고 2008년 11월 15일 미국에서 급작스럽게 G20 회담을 개최한 것은 1930년 대공황의 경험이 미국의 뇌리를 스치고 지나갔기 때문이다. 부동산시장의 버블이 터지면서 금융 및 자본시장이 마비되고, 이어 실물경제마저 급격히 추락하는 상황이 진행되고 있었기 때문이다.

하지만 현재 팬데믹에 따른 공급충격과 가치사슬 충격은 부동산 버블붕괴가 단초가 아니다. 그에 따른 파급효과일 수는 있다. 하지만 이러한 경제병을 고치기 위해 쓰는 백신은 동일하다. 돈을 풀고 금리를 낮추고 투자를 자극해 경기를 부양하는 것이다.

문제는 없을까. 자산시장 버블붕괴에 따른 경기침체가 아니므로 과잉통화 공급은 부작용과 후폭풍이 예상된다. '실업률 감소와 소비자물가상승 등 경기지표 호전이 경기회복 신호인가'와는 상관없이 부정적 파급효과를 차단하기 위해서는 급격히 풀린 돈을 빠르게 거둬들여야 한다. 그 결과 후행적 자산버블이 터지는 것이다. 미국 내뿐만 아니라 신흥국에서도 긴축발작이 일어난다.

신흥국 긴축발작은 신흥국 자산시장의 버블붕괴를 촉발하고, 자산시장의 도미노 버블붕괴는 큰 위험요인이 된다. 그렇다고 무작정 인플레이션 상황에서 돈을 풀 수도, 과잉공급된 상태를 그대로 둘 수도 없다. 바로 이 점에서 대공황 당시와 통화 및 재정 팽창정책의 실패 가능성이 잠복해 있다. 질병이 치료제(통화 및 재정 팽창)에 내성이 생겼거나, 아니면 잘못된 치료제를 잘못된 병원 분석 결과에 적용해 효과가 없을 수 있다. 중세와 근대에 각기 흑사병, 콜레라, 천연두가 창궐하고 장티푸스, 말라리아 등의 질병으로 팬데믹을 경험했을 때 당시 통화와 재정 팽창정책은 없었다.

돈이 엄청 풀렸으니, 돈값인 금리도 떨어지는 데다 미 연준이 금리를 더 낮추었고, 이를 통해 '돈줄'난 시장은 자본시장을 파고들었다. 1985년 이후 일본의 부동산 버블과 비슷한 상황이다. 주가가 급등했고, 부동산시장도 다시 출렁였다. 금값도 고공행진이다. 소비자물가도 급등한다. 하지만 이를 경기회복의 신호로 받아들일 수는 없다.

보통 경기회복기에는 금리가 올라 뜨거운 시장 열기는 식히는 효과가 있다. 따라서 현재 미 연준이 금리를 급격히 올리는 이유는 단순히 팬데믹에 따른 경기침체를 해소하기 위해 풀었던 돈을 거둬들이기 위함이다. 바로 이 점에서 새로운 경제학 이론이 나타날 수 있는데, 이를 흔히 현대통화이론(MMT, Modern Monetary Theory)이라 부른다.

경험론적으로 현재 물가급등의 원인은 경기가 아니라 팬데믹에 따른 공급 및 가치사슬 제약, 러시아-우크라이나 사태에 있다. 앞으로 자세히 설명하겠지만, 이 돈이 어떻게 자본시장으로 흘러 들어가면서 소위 큰손들과 개인 투자가들이 '겟놀이(money game)'를 했는지, 혹은 하고 있는지 관심을 가지고 각자 미래 자본시장의 향방을 추측하면 좋겠다. '버블'은 마냥 팽창하지 못하기에 언젠가는 터지기 마련이다.

요인 2 _ 사람과 물류의 이동에 제약이 생겼다

　캘리포니아대학교의 재레드 다이아몬드(Jared Diamond) 교수의 『총, 균, 쇠』라는 책이 있다. 이 말을 바꾸면 '전쟁, 질병, 생산'이 된다. 구석기시대부터 신석기, 청동기 및 철기시대를 거치면서 나타나는 변화는 경제적으로는 '잉여생산' 혹은 '대량생산'이 되고, 정치적으로는 '국가'의 탄생과 주변국들과의 영토 및 사유재산의 부를 확대하기 위한 '전쟁'을 나타낸다. 하지만 이 2가지는 인류가 문명 발전 차원에서 충분히 진화하거나 진보시킬 수 있는 항목이다.

　다만 세 번째 '균'은 질병으로, 인류가 적응하거나 극복할 수밖에 없는 자연재해이다. '전쟁'으로 죽은 사람들과 '질병'으로 죽은 사람들 가운데 어느 쪽이 더 수가 많을까. '질병'이다.

　인류 역사상 희생자 수가 가장 많았던 전쟁은 2차 세계대전으로 약 7,000만 명에서 1.2억 명의 인명이 희생되었고, 그 다음이 약 3,000만 명에서 5,700만 명이 희생된 13세기 몽골의 서진정복이었다. 인류 역사상 전쟁으로 인해 희생된 총 사망자 수는 정확한 숫자로 보기는 어렵지만 최소 2억 8,000만 명에서 최대 5억 2,000만 명 정도로 추정된다.[*]

　그렇다면 질병에 의한 사망자 수는 어떻게 될까. 최소 2억 명에서

---

* www.wikipedia.com, List of wars and anthropogenic disasters by death toll

〈도표 11〉 최소 100만 명 이상 사망한 팬데믹과 유행병에 의한 사망자 수

순위	풍토병/팬데믹	질병	사망자 수	글로벌 사망자 수	지역 사망자 수	년도	지역
1	Black Death	Bubonic plague	75-200 million	17-54%	30-60% of European population	1346-1353	Europe, Asia, and North Africa
2	Spanish flu	Influenza A/H1N1	17-100 million	1-5.4%	-	1918-1920	Worldwide
3	Plague of Justinian	Bubonic plague	15-100 million	7-56%	25-60% of European population	541-549	North Africa, Europe and West Asia
4	HIV/AIDS global epidemic	HIV/AIDS	36.3 million (as of 2020)	-	-	1981-present	Worldwide
5	COVID-19 pandemic	COVID-19	6.3-26 million (as of 29)	0.1-0.3%	-	2019[c]-present	Worldwide
6	Third plague pandemic	Bubonic plague	12-15 million	-	-	1855-1960	Worldwide
7	Cocoliztli epidemic of 1545-1548	Cocoliztli	5-15 million	1-3%	27-80% of Mexican population	1545-1548	Mexico
8	Antonine Plague	Smallpox or measles	5-10 million	3-6%	25-33% of Roman population	165-180 (possibly up to 190)	Roman Empire
9	1520 Mexico smallpox epidemic	Smallpox	5-8 million	1-2%	23-37% of Mexican population	1519-1520	Mexico
10	1918-1922 Russia typhus epidemic	Typhus	2-3 million	0.1-0.16%	1-1.6% of Russian population	1918-1922	Russia
11	1957-1958 influenza pandemic	Influenza A/H2N2	1-4 million	0.03-0.1%	-	1957-1958	Worldwide
12	Hong Kong flu	Influenza A/H3N2	1-4 million	0.03-0.1%	-	1968-1969	Worldwide
13	Cocoliztli epidemic of 1576	Cocoliztli	2-2.5 million	0.4-0.5%	50% of Mexican population	1576-1580	Mexico
14	735-737 japanese smallpox epidemic	Smallpox	2 million	1%	33% of Japanese population	735-737	Japan
15	1772-1773 Persian Plague	Bubonic plague	2 million	0.2-0.3%	-	1772-1773	Persia
16	Naples Plague	Bubonic plague	1.25 million	0.20%	-	1656-1658	Southern Italy
17	1846-1860 cholera pandemic	Cholera	1 million+	0.08%	-	1846-1860	Worldwide
18	1629-1631 Italian Plague	Bubonic plague	1 million	0.20%	-	1629-1631	Italy
19	1889-1890 flu pandemic	Influenza	1 million	0.07%	-	1889-1890	-

자료: wikipedia.com, List of epidemics

▶ 이 표의 숫자는 인류 역사상 팬데믹에 따른 사망자 수가 많았던 사례 19개 질병의 숫자만 나타낸다. 전쟁에 의한 사망자 수와 질병에 의한 사망자 수 가운데 질병에 의한 사망자 수가 훨씬 클 것이다.

최대 5억 3,000만 명이다. 언뜻 전쟁에 따른 사망자 수와 비슷해 보이지만, 〈도표 11〉을 참고하면 이 숫자는 인류 역사상 팬데믹에 따른 사망자 수가 많았던 19개 질병의 숫자만 나타낸 것이다. 전쟁보다는 질병에 의한 사망자 수가 훨씬 클 것이다.

인류 문명의 3가지 핵심변수를 '총·균·쇠'라고 한다면 '쇠'는 생산이다. 철기문명은 전쟁을 위한 주요 변수로 봐야 하지 않을까. 하지만 그렇지 않다. 생산에서 쇠는 산업혁명의 거대한 물결을 일으키는 요인이다. 돌을 사용하던 구석기 시대부터 청동기와 철기로 생산활동 도구가 변화되면, 가장 먼저 생산이 늘어난다. 생산이 늘면 인구가 증가하고 생산활동 지역을 더욱 확대하면서 오지 개간과 전쟁, 그리고 물자와 사람의 이동이 빈번해지면서 결국 질병도 발생하게 된다.

생산과 경제활동에 초점을 두면 철기시대에 접어들면서 식량 및 제품 생산량이 증가하는 것은 철기를 사용함에 따른 노동 생산성이 증가하기 때문이다. 같은 시간의 노동을 하더라도 돌보다는 철을 도구로 쓸 때 당연히 생산성이 늘어난다. 문명이 발생하면서, 문자와 함께 다양한 전쟁 및 질병 치료를 위한 전략과 의료기법도 발전한다. 이들 모두가 서로 주거니 받거니 하면서 인류는 더욱 문명을 진화시켜 나갔을 것이다.

먼저, 생산량이 증가하면 '잉여'분이 생긴다. 인구가 증가하면서 이들이 사용하고 남는 식량이나 도구가 있기 마련이다. 사유재산이란 개념이 생기고, 시장이라는 장마당이 서면서 서로가 필요한 물건이나 서비스를 교환하기 시작할 것이다. 물물교환은 당연히 화폐의 발전으로 이어진다. 이어서 상거래에서 신용과 신뢰가 중요해지고, 여러 사람이 공동으로 투자하는 '주식회사' 형태도 생겨난다.

나라의 영토가 넓어지고 개발이 이루어지면서, 새로운 자연과 접촉을 하거나, 지역민들과의 소통으로 새로운 질병의 전이도 일어난다. 콜럼버스의 신대륙 발견 이후 청교도들의 이주 초기에 풍토병으로 많은 희생자가 발생한 것이 이런 경우다. 그런 점에서 '전쟁, 질병, 생산'은 각각 다른 것이 아니라 하나다.

20세기 전반기 인류학의 핵심은 인간 경험에 대한 심리적·문화적 힘 사이의 상호작용에 대한 연구였다. '돈의 흐름'을 알고자 하는데 갑작스럽게 왜 인류문명에 대한 이야기인가 할지도 모르겠다. 하지만 큰 그림에서 돈의 흐름은 문명의 흐름을 따라가고, 문명발전의 윤활유도 된다. 아울러 약 500년의 주기로 문명이 바뀌는 순환의 근본요인이라 할 수 있다.

인간 유전학 분야에서 미토콘드리아 이브(Mitochondrial Eve)는 약 10만~20만 년 전에 살았던 것으로 추정된다. 이 여성은 모든 현대 인간의 직접적이고 부정할 수 없는 모계의 가장 최근의 공통 조상으로 간주된다. 인간의 이주가 어떻게 시작되었는지 알아보는 것도 흥미로운 주제이고, 종교, 철학 및 생물학적으로 열띤 토론의 장이 될 수 있는 주제이지만 우리는 인간의 이동과 돈의 흐름이라는 관점에 초점을 맞추기로 한다.

〈도표 12〉와 〈도표 13〉은 아프리카 쿠시족이 인도 및 유라시아 대륙으로 이동했을 것으로 추정되는 경로와 2006년 기준 2,010억 달

2장 지금 겪고 있는 위기의 발단과 원인은 무엇인가

자료: 캘리포니아 아카데미 오브 사이언스

▶ 아프리카 쿠시족이 인도 및 유라시아 대륙으로 이동했을 것으로 추정되는 경로를 보여주는
지도다. 쿠시족은 셈족과 함께 에디오피아의 원주민이었다. 이들의 이동은 기원전 8세기 말
철기문명을 사용하며, 이집트를 점령하기도 했다.

러의 자본이 어떻게 국제거래에서 이루어지고 있는지를 보여주는
지도다. 쿠시족은 셈족과 함께 에디오피아의 원주민이었다. 이들은
기원전 8세기 말 철기문명을 사용하며, 이집트를 점령하기도 했다.

〈도표 13〉의 그림에서도 설명이 되고 있지만, 약 8,000년 전부터
오늘날 인류는 농업 발전, 생산에 따른 인구 팽창에 의해 이동했다.
당시 농업혁명은 오늘날의 도시화와 같은 인적 물류 이동을 촉발했
을 것이다. 인구와 물류의 이동은 대기와 바다, 육로를 통해 전 세계
로 연결된다.

현대에서는 이러한 질병의 이동은 고속철도나 항공을 통해 거의

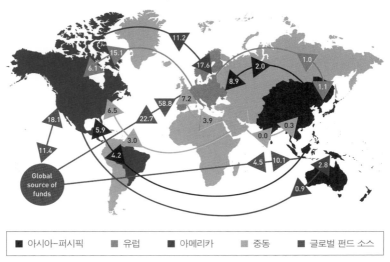

〈도표 13〉 2006년 2,010억 달러의 지역별 자본 흐름도

■ 아시아-퍼시픽　　■ 유럽　　■ 아메리카　　■ 중동　　■ 글로벌 펀드 소스

자료: bing.com

▶ 미국 투자가 176억 달러를 유럽에 투자하고 상품으로는 112억 달러를 수입했을 경우를 가정해 이 자본이 글로벌 자본거래의 승수효과를 고려했을 때 각 지역별로 파생되는 총자본의 흐름을 나타내는 그림이다. 인구와 물류의 이동은 대기와 바다, 육로를 통해 전 세계로 연결된다.

소리의 속도로 전파되는 양상을 띤다고 해도 과언이 아니다. 여행의 패턴을 이해하면 전 세계 보건당국이 주요 국제공항에 검역소 및 승객 검진 프로그램을 수립하는 데 도움이 될 수 있다.

'International journal of Health Geographics'의 저널 논문에 나오는 코로나19 바이러스의 전파경로와 파급효과를 살펴보면 중국 내 주요 지역 교통허브 도시인 우한은 중국 수십 개 도시와 직접 연결되는 항공 및 도로망을 가지고 있다. 코로나19가 팬데믹으로 정의되고 확산을 억제하기 위한 강력한 조치가 실시되었음에도 불구하고, 이미 바이러스에 노출되었을 가능성이 있는 500만 명의 사람들이 도시가 격리되기 전에 이미 우한을 거쳐 이동한 것으로 추정되었다.

이러한 사태가 봉쇄 노력을 더욱 복잡하게 만든 것은 물론, 전 세계로 코로나19 바이러스가 퍼져 나가게 된 계기가 되었을 것으로 보인다. 이는 코로나19 바이러스가 초기에 '우한 바이러스'로 불리게 된 이유이기도 하다. 이 학술지에서 중증 급성 호흡기 증후군 코로나 바이러스 2(SARS-CoV-2) 전염병 및 전 세계 관련 사건의 지리적 추적과 매핑 결과를 보여주는 동시에 세계적인 공동대응을 지원하는 방안까지 설명하고 있다.[*]

따라서 의도적이건, 아니면 실제로 심각한 상황이었던 간에 상해 도시 전체를 폐쇄한 조치로 얼마나 많은 제조 및 식품 등의 물류가 이동 정체 혹은 중단되었으며, 이로 인해 각종 물가가 상승하는 압력에 직면하게 된 점은 충분히 추정 가능하다. 러시아-우크라이나 전쟁도 중요하지만 이처럼 OPEC의 원유 증산 거부, 인도와 중국의 러시아산 석탄과 원유 저가 매집, 물류 중단이 세계 물가상승의 단초를 제공한 점 등을 자세히 들여다봐야 한다. 이는 자국의 이해관

---

[*] Kamel Boulos, M.N., Geraghty, E.M. Geographical tracking and mapping of coronavirus disease COVID-19/severe acute respiratory syndrome coronavirus 2 (SARS-CoV-2) epidemic and associated events around the world: how 21st century GIS technologies are supporting the global fight against outbreaks and epidemics. International Journal of Health Geographics 19, Article numbe 8(2020). https://doi.org/10.1186/s12942-020-00202-8

계만 생각한 결과다.

　물론 당연히 자국의 이익이 국가의 최상 목표다. 하지만 미중 간의 갈등 구조의 뿌리를 보면 이 같은 상대방의 실수를 틈탄 상대적 위상 상승은 결코 역사적으로 오래 지속될 수 없는 단기적인 '꼼수'일 뿐이고, 중국이 미국을 제치고 글로벌 패권국이 될 수 있는 '묘수'는 결코 아니지 않을까.

　사람과 물류의 이동은 이제 질병의 전파 속도를 거의 빛의 속도에 가깝게 만들고 있다. 어느 공항 허브나 항구 도시가 질병의 근원지나 파급시키는 원점이 될 때 거의 동시에 세계는 공포에 휩싸이게 된다. 만일 사람과 물류의 이동이 팬데믹이나 유행병으로 제약되면 자본의 흐름도 중단된다. 2008년 서브프라임 모기지 사태에 따른 금융시장 붕괴위험이 곧바로 실물경제로 확산되었듯이, 실물경제 흐름의 경화현상은 곧바로 자본시장의 투기시장화 혹은 동시경화를 불러올 것이다.

　간단한 예를 살펴보자. 질병전파에 따라 물류이동이 제약을 받으면, 세계경제 침체와 함께 조선산업에도 영향이 미친다. 일단 선박 주문이 하락한다. 요즈음 LNG선 호황으로 한국 조선업계의 숨통이 트인 상황이지만, 화물선(벌크선)의 주문은 동시에 하락할 수밖에 없다. 세계경제가 2008년 이후 코로나19로 침체기간이 연장되면서 회복 가능한 시점이 불투명하기 때문이다. 이때 조선시장은 선박 발주 기업이 '갑'이 되고, 이를 수주 건조해 공급하는 조선사가 '을'이 된다. 서로 간 '바게닝 파워(bargaining power, 협상력)'에서 수요자가 강해지면 계약금, 중도금 및 잔금 결제의 비율이 바뀐다.

경기가 좋았던 '골디락스(Goldilocks)' 시절 발주자는 이들 비율을 40%, 30%, 30% 등으로 요구할 수 있었다. 그러나 지금은 20%, 30%, 50% 정도다. 이런 비율은 어떤 파급효과를 불러올까. 경기가 나쁘면 환율이 1,350원을 향해 달려가듯, 2~3년의 건조기간 동안 환율변동으로 조선사는 자칫 환율 리스크를 고스란히 떠안게 되는 경우가 발생한다. 울며 겨자 먹기로 가뜩이나 경기가 좋지 않아 겨우 저가로 선박수주를 성공시켰어도 앞에서 남고 뒤에서 밑지는 상황이 되면서 조선사가 재정위기를 맞기도 한다.

이같이 사람과 물류의 이동은 자본이동과 자본시장의 움직임에 직간접적인 상관관계가 깊다. 여기서 주목할 점은 '비트코인'의 역할이다.

글로벌 경제통화인 달러화의 흐름은 미국 뉴욕연방 준비은행에서 거의 대부분을 추적하지만 비트코인의 흐름은 추적이 불가능하다. 다만 간접적인 추적은 가능하다. 표시 및 결제통화(Terra USD, UST)가 미 달러이기 때문이다.

즉 사람과 물류의 이동이 정체되면 자본의 흐름까지 막힌다. 기축통화국이 긴축통화 정책을 펼치게 되면 금리가 오르고, 신흥국과 개도국의 환율은 걷잡을 수없이 치솟을 수 있다. 만약 미국 연방준비은행이 2022년 말까지 기준금리를 4.5%대로 올린다면, 스리랑카도 이미 파산했지만 동남아 국가 중 또 다른 신흥 및 개도국에서 부도 사태가 날 수 있다.

상하이 봉쇄와 물동량 제약 여파

상하이는 세계 컨테이너 물동량 1위의 항만도시다. 상하이 정부 당국은 향후 진행될 코로나19 검사결과를 토대로 통제구역, 관리통제구역, 방어지역으로 봉쇄모델을 분리 적용했었다. 7일 이내에 양성자가 있는 지역은 통제구역, 14일 이내에 양성자가 있는 지역은 관리통제구역, 그 외에는 방어지역으로 분류해왔다.

인구 2,500만 명의 도시이자 세계 1위의 컨테이너 물동량 항구도시인 상하이는 2022년 6월 1일에서야 두 달간의 상하이 봉쇄 이후 '전면적인 정상화'를 발표, 봉쇄 조치를 해제했다. 다목적용 봉쇄조치라 보이지만, 시진핑 중국 주석의 3연임을 결정할 제20차 당대회가 하반기에 열리는 점과 중국경제의 침체 가능성에 대한 위험부담 등이 작용했을 것이다.

중국정부는 2022년 국내총생산(GDP) 성장률의 목표치를 5.5%로 보고 있으나 IMF 등 세계 주요 투자은행들은 2%대 후반까지도 문을 열어놓고 있다. 중국 국가통계국 통계에 따르면 중국의 1분기 GDP 성장률은 4.8%에서 2분기에 0.4%로 급락하면서 2022년 하반기 성장세가 반전되지 않을 경우 정치경제적 부담이 커졌다. 중국도 경기부양책이 불가피한 상황이라는 점은 중국경제가 아직도 수출 중심 국가라는 점을 의미한다.

2022년 4월 상하이 봉쇄조치로 CCFI, HRCI와 함께 3대 컨테이너 운임지수로 불리는 상하이 컨테이너 운임지수가 12주 연속 하락세를 보이고 있다. 이런 컨테이너 운임지수의 하락 원인은 크게 2가지다.

먼저, 공장 가동이 중단되면서 중국발 공급 및 수출 물량도 대폭 감소했다는 점이다. 운임지수 하락의 문제는 중국의 봉쇄에 국한되기보다 세계 물동량의 하락에 더 근본 원인이 있다. 하지만 세계 GDP의 20% 이상을 차지하는 중국에서 가장 핵심 자본시장 및 항만도시가 오랫동안 봉쇄된다는 점은 중국과 세계경제의 빠른 회복에 바람직한 처사는 아니다. 국가의 이해관계에 있어 경제안정이 정치 안정에 우선한다는 점을 시사하는 대목이다.

두 번째는 당분간 미 연준의 긴축속도나 장·단기채 금리역전 현상 등 여러 부분에서 경기침체의 신호가 보인다는 점이다. 경기둔화는 세계 물동량의 감소로 이어질 수 있기 때문이다. 이는 중국경제에 미치는 파급효과, 즉 상하이 봉쇄조치 후폭풍에 대한 정치적 긴장감이 작용한 결과다.

산업에 대한 파급효과도 컸다. 철강, 자동차(전기 자동차 포함), 식품, 원재료 등의 원활한 수급이 막히면서 과거 저가 물품을 공급하면서 세계경제에 '인플레이션 압력'을 경감시켰던 역할에서 오히려 급등시키는 악역을 자초한 셈이다. 이러한 산업측면의 파급효과는 우리나라 물류, 철강, 제조 기업들의 수익에도 커다란 부담으로 작용했다.

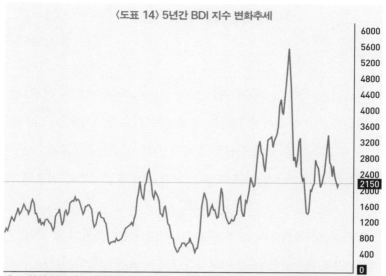

〈도표 14〉 5년간 BDI 지수 변화추세

Sep 2018 May Sep 2019 May Sep 2020 May Sep 2021 May Sep 2022 May

자료: Tradingview.com

〈도표 15〉 2019~2022년 HRCI 지수변화

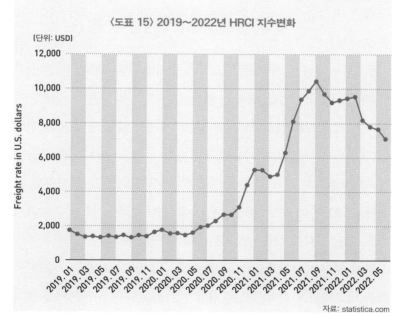

[단위: USD]

자료: statistica.com

2장 지금 겪고 있는 위기의 발단과 원인은 무엇인가

요인 3 _ 위기상황을 더욱 악화시킨 러시아-우크라이나 전쟁

에너지 가격은 소비자물가의 50%를 차지한다. 원유와 천연가스 가격상승은 인플레이션 상승의 주요인이다. 더구나 러시아-우크라이나 전쟁이 기존 식량 공급망 문제를 악화시키면서 곡물가도 오른다. 그 결과 겨울에 난방비 걱정에다 전 세계가 식량부족 공포에 직면하게 되었다.

먼저 식량 문제부터 살펴보자. 우크라이나는 '유럽의 빵 바구니'로 불린다. 러시아는 세계 비료시장에서 중요한 공급원이다. 하지만 러시아-우크라이나 전쟁으로 곡물, 비료 및 식물성 기름을 수출할 수 없게 되었고, 계속되는 전쟁은 농작물을 파괴하고 정기적인 수확을 방해하고 있다.

우크라이나에서 가장 큰 닭고기 수출기업이자 곡물과 해바라기 기름의 주요 공급기업인 MHP는 현재 상황을 '농업위기'로 설명한다. 이 기업의 존 리치(John Ritch) 회장은 "지금껏 이런 상황을 본 적이 없다"며 향후 식량위기 가능성을 지적한다. 코로나19, 전쟁, 공급망 붕괴, 중국의 코로나 '제로(zero)정책', 기후변화 등 모든 변수를 동시에 고려해야 한다. 이런 변수들은 글로벌 공급망 시스템을 악화시키고, 이런 사태를 지속시킬 가능성이 매우 높다.

한때 인도는 국가적으로 식량안보를 관리하기 위해 '밀' 수출 금지를 발표하기도 했다. 인도네시아는 가정의 식량부족 문제를 해결하기 위해 식품의 핵심 구성재료인 '팜유' 수출을 제한하기도 했다. 이 같은 인플레이션 압력은 유럽 주요 주가지수에 시시각각으로 반영되고 있다.

먼저, 2020년 우크라이나는 세계 밀 생산량 8위 국가로 2,490만 톤을 생산했다. 2020년 세계 총 밀 생산량이 7.56억 톤이니 약 3.3%를 차지한다. 1위는 중국으로 1,340만 톤이다. 그 뒤를 이어 인도 1,070만 톤, 러시아 589만 톤, 미국 497만 톤 순이다. 러시아와 우크라이나 밀 생산의 총 비중은 세계 밀 생산의 14.7%를 차지한다. 따라서 러시아-우크라이나 전쟁으로 러시아도 제재를 받고 있어 세계 밀의 약 15%가량은 공급 정체 혹은 물류 이동의 한계로 가격상승의 요인이 된다.

더욱이 밀과 같은 곡물은 계절적 요인으로 인해 생산과 정제, 이동 등 최종 소비자에게 빵이나 라면 같은 다양한 제품으로 판매되기까지 여러 부가가치 사슬도 고려할 때 이 부가가치 사슬마다 가격상승 요인이 발생하게 된다.

계절적 요인으로 인해 곡물의 주문은 대부분 소비시점보다 최소 6개월 선도입매로 한다. 곡물이 생산된 후 정미소에서 도정과정을 거치고, 이를 철도로 수송하고, 항만시설을 통해 각 국가별 수입처로 이동하기까지는 최소 6개월이 걸리기 때문이다. 철, 구리, 알루미늄 등도 마찬가지 선도입매의 중장기 계약이 주류를 이룬다. 단기적 가격변동이 수급상황에 따라 가격변화가 매우 불안정할 경우 중장기 계약이 없는 수입기업의 경우 환차 리스크와 곡물가상승의 부담을 극복하기 어렵다.

이 같은 곡물가상승으로 영국은 한 설문조사 결과 거의 '종말론적 (apocalyptic)' 식량가격 상승에 대해 향후 인플레이션 급등이라는 경고 메시지를 받고 있다고 응답했다. 영국민의 4분의 1은 인플레이션 압력과 식량 부족 우려가 악화되면서 한 끼 식사를 거를 수밖에 없다고도 응답했다.

한편 향후 6개월 동안 5명 중 4명의 영국인은 생활비 상승과 기본 필수품 비용을 감당할 수 없을 것이라고 우려하고 있다. 특히 이런 고민은 영국 중앙은행인 영란은행 총재 앤드루 베일리(Andrew Bailey)가 영국 하원 재무위원회 청문회에서 "다가오는 종말론적 식량위기"를 언급하면서 불을 붙인 격이다.

또한 2,000명의 영국인을 대상으로 입소스와 스카이 뉴스가 실시한 설문조사에서 89%가 향후 6개월 이내 생활비 위기가 엄습할 것으로 예상했다. 이런 우려는 전국적으로 비슷하지만 낮은 임금을 받는 사람들은 더 심각하게 걱정했고, 2만 파운드 미만의 소득 가계 중 절반 이상이 올해 어떻게 생계를 꾸릴지에 대해 "매우 우려한다"고 언급했다. 5만 5,000파운드 이상을 버는 가계의 경우 역시 5명 중 2명, 즉 40%보다 높은 비율로 우려를 나타냈다.

이 같은 사태는 학교 급식에도 영향을 미치고 있다. 영국의 주요 급식사들은 학교 급식 가격이 가파르게 급등하는 가운데 식사 규모를 줄여야 할지, 아니면 더 낮은 품질의 재료를 사용할지에 대해 "어려운 결정"을 할 수밖에 없다고 호소한다. 심지어 저소득 가정뿐만 아니라 중산층 가정도 학교 급식 단가 상승에 대한 우려를 표시하고 있다.

한편 '종말론적' 가격폭등이란 한 해 동안 식량가격 인플레이션이 8~10%로 지속되는 상황이다. 시장조사 기관 '칸타르'에 따르면, 영국 식료품 인플레이션은 2011년 12월 이후 2022년 4월 최고 수준인 5.9%를 기록했으며, 에너지 비용 상승 분위기에서 영국 인플레이션이 2022년 5월에는 7%로 30년 최고치를 갈아치우기도 했다. 영국 그로서리 소매업체인 마크 앤 스펜서는 식량가격 상승이 2022년 말까지 10%로 더 치솟을 수 있다고 경고한다.

아울러 고가식품 브랜드 회사의 아치 노먼(Archie Norman) 회장은 BBC 라디오 방송에서 "2022년 식량가격 인플레이션이 8~10% 수준인 것은 결코 놀라운 일이 아니다"라고 언급하며, "사람들은 지금 식료품 물가상승을 피부로 느끼고 있지만 앞으로 더 많은 사람들이 이보다 더 나쁜 최악의 상황을 경험하게 될 것이다"라고까지 언급했다. 인플레이션은 소비자물가상승은 물론 임금 상승과도 맞물려 영국을 비롯한 유럽을 걷잡을 수 없는 물가 폭등의 소용돌이 속으로 몰고갈 것이다.

천연가스는 겨울 난방용으로 사용된다. 유럽 국가들의 러시아산 천연가스, 원유와 석탄 소비량이 상당하다. 겨울이 다가올수록 러시아는 느긋한 반면, 독일과 프랑스 등 유럽 국가들은 난방비 급등을 우려할 수밖에 없다. 난방용 천연가스의 가격상승은 인플레이션 상승으로 이어진다.

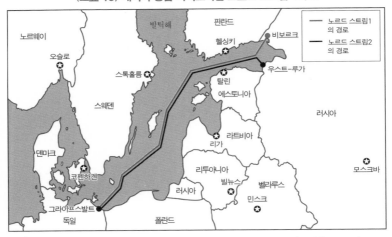

〈도표 16〉에너지 공급 파이프라인 노르드 스트림 1과 2

자료: GISreportsonline.com

▶ 겨울철이 가까워올수록 러시아는 느긋한 반면, 독일과 프랑스 등 유럽 국가들은 난방비 급
등을 우려할 수밖에 없다. 난방용 천연가스 가격상승은 인플레이션 상승으로 이어진다. 특
히 독일에 천연가스를 공급하는 중요한 노르드 스트림 1 파이프라인은 러시아가 '일상적인
유지 보수'를 이유로 2022년 7월 13일 폐쇄하기로 했다.

　　유럽 국가들은 에너지 혼란을 야기하려는 러시아의 에너지 정치
화와 욕망이 노르드 스트림 1 파이프라인 재개를 지연시키거나 심
지어 파이프라인의 무기한 폐쇄로 이어질 수 있다고 본다. 이러한
러시아의 에너지 정치화 혹은 무기화에 독일은 단기적으로는 가스
공급을 보충하고, 장기적으로는 러시아산 가스 의존도를 줄이기 위
해 노력할 것이다.

　　러시아 역시 이러한 움직임을 익히 알고 있다. 러시아는 독일과
유럽 국가 대부분이 머지않은 미래에 러시아의 에너지 수출시장이

될 수 없다는 것을 알고 있다. 푸틴은 어쩌면 기존의 경제적 레버리지를 충분히 활용할 수 있다. 러시아는 독일에 공급을 유지하기 위해서는 무언가를 대가로 받아내려 할 것이 분명하다.

러시아의 재정은 매우 양호하다. 미국과 유럽의 제재에도 불구하고 러시아의 석유수출은 우크라이나를 침공하기 전보다 늘어났다. 원유수출의 5주 롤링 평균은 2022년 2월 이후 9% 증가했다. 그 결과 러시아의 재정 흑자는 2022년 2분기에 70.1억 달러를 기록했다. 미국과 유럽의 제재로 인해 수입이 줄어들었지만, 에너지 및 원자재 수출로 인한 수입이 증가한 사실만으로도 이는 당연한 결과다. 현재 러시아산 에너지 및 원자재 수출 선적 절반 이상이 중국과 인도로 향하고 있으며, 에너지 수요는 계속 증가하고 있는데 이에 대한 제재는 없는 상태이다.

2022년 5월, 중국의 러시아산 원유 수입은 1년 전보다 55% 급증했다. 중국의 러시아 LNG 수입도 급증해 전년 대비 22% 증가했다. 인도에서는 러시아산 원유수입이 4월 이후 50배 이상 증가했으며, 현재 해외에서 수입되는 원유의 10%를 차지한다. 유럽 외에도 러시아 에너지의 또 다른 구매자가 충분히 있다는 사실은 미국을 위시한 유럽 국가로서는 당혹스러운 일이다.

러시아가 제재 부과에 대해 유럽과 서방에 보복하기를 원한다면, 지금이 바로 적기가 아닐까. 러시아는 유럽이 새로운 에너지 공급원을 찾을 수 있는 것보다 더 빨리 석유 및 가스에 대한 대체 수요원을 발견했다. 바로 인도와 중국이다. 이런 점에서 보면 불행하게도 지금 유럽에서는 푸틴이 더 나은 카드를 가지고 있다고 볼 수 있다.

유럽에 대한 미국의 약속이 무엇인지는 모르겠지만, 적어도 에너지 부문에서 러시아의 카드를 읽지 못했다면 이는 전략의 부재요, 초등학생 수준의 싸움을 시작한 것이 아닐까 싶다. 더욱이 지난 20년 동안 푸틴의 생각을 예측하기란 쉽지 않았다. 어쩌면 유럽은 그저 푸틴의 처분만 기다려야 할지도 모른다. 2022년 9월이나 10월 안에 문제가 해결된다는 보장도 없다. 러시아가 스스로 절대 카드를 쉽

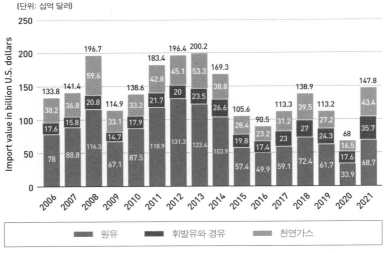

〈도표 17〉 2006~2021년 유럽 및 영국의 러시아의 에너지 의존 규모

(단위: 십억 달러)

자료: statista.com

▶ 2006년부터 2021년까지 러시아로부터 수입한 유럽 및 영국의 에너지원별 금액이다. 원유의 경우 2021년 현재 681억 달러, 무연 및 경유 수입은 357억 달러, 천연가스는 434억 달러로 총 1,478억 달러 규모다. 러시아가 이들 공급을 더욱 줄이게 되면 경제적·사회적·정치적 어려움은 더할 나위 없고, 예상치 못한 사회 및 경제적 결과로 인해 유럽경제에 혼란을 초래할 수 있다.

게 내줄 리 만무하기 때문이다. 10월 이전에 어떠한 휴전 혹은 종전에 대한 실마리를 발견하지 못한다면 유럽은 난방 없는 모스크바처럼 혹독한 겨울을 보내야 할 수도 있다. 지나친 표현일지 모르지만 사실상 '보이지 않는 3차 세계대전'인 셈이다. 2022년 7월 13일부터 16일까지 바이든 미 대통령이 사우디를 왜 방문했을까. 곰곰이 생각해볼 일이다.

독일과 다른 많은 유럽 국가들은 여전히 러시아산 에너지 수입에 크게 의존하고 있다. 〈도표 17〉은 2006년부터 2021년까지 러시아로부터 수입한 유럽 및 영국의 에너지원별 금액이다. 원유의 경우 2021년 기준 681억 달러, 무연 및 경유 수입은 357억 달러, 천연가스는 434억 달러로 총 1,478억 달러 규모다.

러시아가 이 공급을 더욱 줄이게 되면 경제적·사회적·정치적 어려움은 말할 것도 없고, 예상치 못한 사회 및 경제적 결과로 인해 유럽경제에 혼란을 초래할 수 있다. 유럽의 대미 외교관계, 특히 NATO를 비롯한 미국과 유럽 간 안보 동맹관계에서도 균열이나 틈새가 보이기 시작할 것이다.

이렇게 되면 누가 이득을 볼까. 미국과 러시아는 아프가니스탄 사태처럼 우크라이나 사태를 해결할 수밖에 없진 않을까. 적어도 그 가능성은 낮다. 여기서 변수는 독일이다.

독일의 원전 의존도 감소와
재생에너지 의존도 확대정책

'유럽의 중앙경제'라 할 수 있는 독일의 국내 상황 변화가 우크라이나 사태를 둘러싼 미국-러시아 간 갈등 해결에 핵심일 수도 있다. 1990년 독일이 통일되는 데 있어 미국의 지지가 힘이 되었듯이 이번에는 독일이 우크라이나 사태를 놓고 미국-러시아 간 갈등의 해법을 제시할 수 있다. 독일경제가 대불황 또는 고인플레이션에 진입하면, 유럽경제는 동시 다발적인 침체 국면을 이겨내지 못할 것이기 때문이다.

따라서 우선 독일이 러시아산 에너지 의존도가 어느 정도인지부터 이해해야 한다. 독일은 2021년 기준 원유의 약 35%, 천연가스의 55%, 경질 석탄 수입의 약 절반을 러시아로부터 수입하고 있다. 독일은 에너지 정책을 통해 향후 재생 가능 에너지의 비중을 늘리기 위해 노력하고 있긴 하지만 아직은 여전히 수입 화석 연료에 크게 의존하고 있다. 당장은 이 같은 상황이 불가피하다.

몇 가지 전략적 실패로 인해 독일의 에너지 위기상황이 악화되었다. 지난 수년간 독일의 많은 동맹국들은 대러시아 에너지 수입 비중을 낮춰가야 한다고 경고에 가까운 조언을 했었다. 하지만 이러한 경고는 무시되었고, 독일은 노르드 스트림 2 파이프라인 개발과 함께 러시아에 대한 의존도를 도리어 2배로 늘리기 시작했다.

지정학적으로 독일에는 적이 될 수 있는 러시아에 대한 에너지 자원의 의존은 결국 독일뿐만 아니라 유럽 및 미국 등 서방 전체에 대한 잠재적 리스크 요인임에 틀림이 없다. 석유 및 가스 등 에너지원 수입의 다양화 전략과 정책의 부재는 결국 오늘날과 같은 악순환의 고리를 초래했다.

한편 에너지원 수입의 다각화 전략 부재는 2022년 말까지 모든 원자력 발전소를 폐쇄하려는 계획에 대해서도 더욱 복잡한 환경을 만들고야 말았다. 또 다른 전략적 실패처럼 보이는 것은 어쩔 수 없다. 독일은 현재 20년 전에 비해 원자력으로 전기의 약 11%를 얻고 있다. 이에 비해 프랑스는 전기 공급의 약 70%를 원자력 발전으로 공급한다. 왜 독일은 원전을 발전시키려는 노력을 포기했을까.

1986년 우크라이나 체르노빌 원전 사고가 독일의 원전비중 감축에 불을 당겼다면, 2011년 일본 후쿠시마의 재난은 이러한 독일의 계획을 더욱 공고히 하게 만들었다. 이로 인해 메르켈 정부는 2011년 6월에 8개의 원자력 발전소를 폐쇄했으며, 나머지 아홉 곳의 운영을 2022년까지로 제한했다. 이 결정은 당시 대중에게는 인기가 있었지만 정부는 에너지 요구를 충족시키기 위해 재생에너지 정책 등 다른 대안을 추구해야 했다.

2021년 재생 에너지는 전력 생산에 사용되는 총 에너지의 41%를 공급했다. 육상 및 해상 풍력이 가장 큰 기여를 했으며 태양열, 바이오 매스 및 수력 발전이 그 뒤를 이었다. 독일은 재생 가능 에너지 개발에 상당한 진전을 이루면서, 지속적이고 적극적인 친환경 에너지 정책을 강조한 것이다.

독일의 신재생에너지원법은 2022년 7월 1일 제정되었다. 새로운 법률은 재생 가능 에너지가 2030년까지 국내 전력 수요의 80%를 충족할 수 있도록 목표를 설정했다. 재생 가능 에너지로의 전환은 탄소 배출량을 줄이고 궁극적으로 러시아로부터의 화석 연료 수입에 대한 의존도를 줄이는 정책으로 미국과 유럽 등 세계 주요국들에 있어 미래 발전전략의 한 축을 이룬다.

하지만 불행히도 단기 에너지 공급·수요 불균형을 해결하기 위한 움직임을 가속화할 수 있는 방법은 없다. 그 결과 독일은 일시적으로나마 단기 에너지 전략을 변경하기 시작했다.

'독일'의 예를 들어 설명했지만, 사실은 모든 국가에 해당되는 내용이다. 국가의 에너지 정책은 산업구조의 변화와 자본시장의 유동성 흐름과도 밀접한 관련이 있다.

3장

앞으로 경기침체와
경제위기는
어떻게 진행될까

21세기 경기침체와 경제위기의 단초보다 더욱 중요한 것은 그로 인한 '결과'다. '양극화' 문제와 '저출산' 문제, '고령화' 문제는 더욱 심각해질 것이다. 이러한 사회적 병리현상은 지속적이고 악성적인 경기침체와 경제위기를 순환적으로 발생시킬 수밖에 없다. 인류 문명의 역사는 경제침체와 위기의 돌파구를 지나오면서 진화했기 때문이다. 가까운 미래에 가장 큰 승자는 나눔에 있다. 나눔이라는 믿음을 가지면 그 국가와 사회, 혹은 공동체는 경기침체와 위기에 가장 강력한 면역체계를 갖게 된다.

우리가 맞닥뜨린 경기침체와 위기는 본질적 변화를 결코 극복할 수 없다. 본질은 위기의 진행에 앞서 원인을 잘못 해석하고 있다는 점이고, 진행의 방향도 거의 과거와 대동소이하다. 다만 덩치가 커진 글로벌 경제에 더 강력한 항생제를 투여할 뿐이다.

다가올 미래,
경제위기는 이렇게 진행된다

앞으로 경제위기가 어떻게 진행될까. 시나리오를 만들어본다면 확률적으로 가장 높은 것에 주목한다. 확률계산은 과거 데이터를 통해 추정한다.

예를 들어 세계 대공황 및 불황이 인류역사에서 17번이 있었다면 그 가운데 11번이 전쟁이라는 수단으로 해결되었다. 대부분 불황이나 대공황의 트리거는 '부동산 버블'이었다. 그렇다면 모든 경제위기의 끝은 부동산시장의 급락 혹은 버블붕괴로 나타난다. 확률적으로 부동산시장에 빨간불이 켜지면 이를 경제위기의 신호로 봐도 무방하다.

그렇다면 부동산시장의 대공황이나 대불황의 조짐은 어떻게 알수 있는가. 2008년 서브프라임 모기지 사태 당시에도 위기의 조짐은 2006년 이전부터 있었다. 시나리오를 만드는 가정을 위한 요건은 크게 4가지다. 첫째, 팬데믹 사태, 둘째, 러시아-우크라이나 전쟁, 셋째, 미국 금리인상 속도, 넷째, 세계물가 등이다.

세계 정치경제의 상황 변화가 중요하다. 결국 우리 경제가 스스로 헤쳐나갈 수 있는 부분은 이 4가지 요건이 한국경제에 커다란 파고를 가져올 때 어떻게 이들을 극복하는가의 문제다. 이것을 '경제의 펀더멘털'이라고 한다. '경제체질' 정도로 해석할 수 있겠다.

면역체계도 중요하다. 국가가 집행할 수 있는 통화 및 재정정책 등의 유연성은 일종의 면역체계이다. 이에 대한 가정에 대해서는 하나씩 살펴보자.

팬데믹은 여전히
영향력을 행사중이다

첫 번째 요건인 팬데믹 사태부터 살펴보자. 팬데믹은 2024년까지 몇 번의 파고가 있을 듯하다.

인류가 백신을 만드는 데 걸리는 시간은 평균 15년으로 본다. 가장 빨리 만든 백신이 에볼라 백신으로 3년 만에 만들어졌다. 고대부터 근대에 이르기까지 생화학적 기술의 진보와 발전이 있었기에 백신 개발은 과거 15년에서 현재는 5년 정도로 기대해봄직하다. 그렇다면 코로나19 팬데믹이 시작된 2020년 이후 5년이 지나는 2024년 말경에 지금보다 더 안전하고 효과적인 백신이 나타날 수 있지 않을까 기대해본다.

아울러 우리의 면역체계가 코로나19 변종에 적응함으로써 향후 2~3년 이내 팬데믹에서 독감과 같은 '유행병' 정도로 변화 가능하다는 점을 기대할 수도 있다.

덧붙여, 바이러스 자체가 변종을 거듭하다 자연적으로 독성이 급감하거나 자연 소멸할 수도 있다.

———
———
러시아-우크라이나 전쟁은 언제 끝날 것인가

둘째, 러시아-우크라이나 전쟁이다. 러시아-우크라이나 전쟁은 언제면 끝날 것인가.

이 전쟁은 가뜩이나 팬데믹으로 인한 '공급사슬(supply chain)'과 '가치사슬(value chain)'의 혼란으로 물가상승 압력을 받는 가운데, 또다시 유가와 곡물가 등 '비용 상승 인플레이션(cost push inflation)'에 따른 세계 전방위적 물가의 고공행진을 야기시켰다. 따라서 미 연준이 나서서 급한 불을 잡기 위해 금리를 올리더라도 막상 잔불이 남아 방심할 수 없는 것처럼, 러시아-우크라이나 전쟁의 휴전 또는 종전은 최근의 세계 고물가 폭풍에 주요 변수다.

터키에서 우크라이나와 러시아 간에 5차에 걸쳐 진행된 휴전 논의는 실질적인 효과를 기대할 수 없다. 이를 통해서는 러시아-우크라이나 전쟁의 조기 종식이나 휴전을 가늠하기 어려운 이유다. 러시아의 최소 충족조건은 아마 루한스크와 도네츠크를 점령하면서 돈바스 지역의 친러시아 정부 수립일 가능성이 높다. 굳이 오데사나 마리우풀과 같은 항구도시를 무리해서 점령하지 않을 수 있다. 이미 2014년 합병한 크림반도가 있기 때문이다.

긍정적인 시그널이 나오기는 했다. 2022년 7월 19일 기준 약 2,000만 톤의 밀, 옥수수, 보리 등 곡물들이 러시아가 점령한 항구도시에 그대로 묶여 있다는 분석도 있다. 마침 UN이 직접 나서서 세계 식량위기에 대응하자는 분위기이고, 러시아와 우크라이나 모두 이 부분에 대해서는 긍정적인 검토를 약속한 모양새다.

아울러 미국이 지난 2022년 7월 4일까지 우크라이나에 지원한 총금액이 70억 달러를 넘어선 것으로 조사되었다. 미국으로서도 베트남과 아프간 전쟁에서 실패를 경험한 바 있기에 무작정 군비 지원을 유지하기는 어려울 듯하다.

하지만 이 정도의 내용들로는 러시아-우크라이나 전쟁의 조기 휴전이나 종전의 실마리를 찾기 어렵다. 러시아-우크라이나 전쟁은 아무래도 미국과 러시아의 직간접적인 협상이 주요 변수가 될 것이다. 물론 지금까지 우크라이나와 러시아가 진행한 '평화협상'도 지지부진한 상태다.

왜 우크라이나는 EU와 NATO 가입을 위해 5,000명 이상의 민간인들을 희생시키고 있을까. 우크라이나는 무엇을 얻고 무엇을 잃기에 EU와 NATO에 가입하려 했을까.

쉽게 얻어지는 답은 아니다. 왜냐하면 러시아-우크라이나 전쟁 직전에 우크라이나의 젤렌스키 대통령과 미국의 바이든 대통령의 회담이 있었기 때문이다. 바이든 대통령이 몇 번이고 러시아의 침공 가능성을 제기했다고는 하나, 과연 EU와 NATO 가입을 서두르지 말라는 조언을 했을까.

유럽에는 러시아-우크라이나 전쟁을 중재할 리더십이 없다. 독일의 숄츠 총리도 아예 장기전을 대비하는 듯하다. 프랑스의 마크롱 대통령도 총선에서 과반수 획득에 실패해 지도력에 상처가 난 상태이다. 그렇다면 러시아-우크라이나 전쟁의 휴전 및 종전에 대한 긍정적인 시그널은 미국과 러시아 간의 물밑 협상에서 먼저 시작될 것이다. 이쯤되면 미국과 러시아가 이 전쟁의 실질적인 당사자가 아닐까.

자연적 조건도 있다. 겨울철이 되면 러시아나 우크라이나 모두 전쟁에 불리한 환경에 처하게 된다. 상대적으로 느긋한 쪽은 러시아일 수 있다. 군수 공급과 군 조직력이 강화된다면 말이다.

'장기전이냐, 단기전이냐'의 판가름은 이 2가지 조건이 어떻게 전개되는가에 달려 있다. 만일 오는 2022년 10월 유럽의 겨울철이 시작되는 시점까지 해결책을 찾는다면 유럽 난방비와 물가는 급속히 하락할 수 있다.

그런데 과연 러시아가 이러한 유럽의 고민을 한방에 해결해주기 위해 자신들의 침공 목적이 달성되지도 않았음에도 휴전이나 종전을 선택할까. 결국 러시아-우크라이나 전쟁의 시나리오는 종전 아니면 장기전이다.

그렇다면 모두 3가지 시나리오를 생각해볼 수 있다. 첫 번째는 종전이 된다면 그 데드라인은 2022년 10월이나 11월 겨울이 시작되기 전일 것이다. 미국의 안토니 블링켄(Antony Blinken) 국무장관과 러시아의 세르게이 라브로프(Sergey Lavrov) 외교부 장관의 물밑 접촉이 그 신호다.

두 번째는 장기전 시나리오다. 러시아가 우크라이나를 침공한 이유가 최소한 돈바스 지역을 점령해 친러 정부를 구성하고 크림반도와 돈바스를 잇는 러시아 라인을 구축하기 위함이라면 어느 정도의 최소 조건은 충족되었다고 할 수 있다. 하지만 우크라이나가 NATO 가입과 EU 가입을 포기하지 않는다면, 러시아 입장에서는 위험요인을 제거하지 않은 일시적 미봉책이 된다. 푸틴의 야욕이 이 정도로 끝날지는 의문이다.

세 번째 시나리오는 애초 우크라이나 전체를 과거 구 소련시절처럼 되돌리기 전까지는 러시아가 전쟁을 중도에 포기하거나 휴전할 생각이 없는 경우로서 최악의 시나리오다. 러시아로서는 지정학적 리스크를 감내할 수 없다. 만일 우크라이나가 NATO에 가입하고 핀란드와 스웨덴까지 NATO에 가입하면, 러시아는 완전히 포위된 상태가 되어버리기 때문이다.

러시아의 원유와 천연가스는 유럽국가들에 중요한 에너지 자원임에 틀림이 없다. 하지만 바이든 대통령이 원유와 천연가스 공급을 어떻게 해서든 보장해준다면 러시아나 유럽국가들이 더 이상 소모적인 전쟁에서 승리자를 찾기는 어려울 수 있다.

이번 러시아-우크라이나 전쟁의 실질적인 승자는 다름 아닌 미국과 중국이다. 2022년 10월과 11월을 잘 지켜보면 그 해답을 찾을 수 있을 것이다.

미국의 금리인상 속도에
주목하자

셋째, 미국 금리의 인상 속도다. 인상 속도를 놓고 '울트라 빅스텝(ultra big step, 1.0%p 인상), 자이언트스텝(giant step, 0.75%p 인상), 빅스텝(big step, 0.5%p 인상), 베이비스텝(baby step, 0.25%p 인상)이라는 명칭으로 나누는데, 줄여서 '하이크(hike)'라 쓰기도 한다.

앞서 지적한 대로 미 연준의 금리인상 원인은 2008년 서브프라임 이후 2020년 팬데믹을 거치면서 풀린 11.2조 달러에 달하는 통화를 긴축하고자 하는 것이다. 이른바 '스퀴징(squeezing)'이다.

2022년 안에 과연 3.5%를 넘어설까. 미 연준은 2022년 7월 26일과 27일 공개시장위원회에서 0.75%p를 올렸다. 미 기준금리는 2.25~2.5%이다. 이제 2022년 9월, 11월 및 12월 등 세 차례 더 미팅이 남아 있어 평균 0.5%p씩 올린다면 3.75~4.0%가 된다. 향후 소비자물가의 향배가 미 연준의 금리인상 속도에 매우 중요한 변수가 될 전망이다.

지나친 금리인상은 그 후폭풍도 만만치 않을 전망이다. 급격한 금리인상이 부동산시장과 주식시장 등 자본시장에 미치는 파급효과는 이미 세계경제가 잘 알고 있다.

금리의 급등은 부채 이자부담으로 연결되는데, 대개 부채의 담보물건은 부동산이다. 따라서 부동산시장이 급격히 냉각된다. 경매 물건 등 급매물이 시장에 쏟아져 나오면서 부동산 가격은 더욱 하락한다.

그 다음 수순은 금융기관이다. 우리나라의 경우 주택담보인정비율(LTI, loan to value ratio)과 총부채상환비율(DTI, debt to income) 규제로 인해 부동산 담보대출 규모가 정해진다.* 그렇다고 해도 부동산 가격이 30% 이상 빠질 경우 안전한 대출은 없다. 금리가 오른 상태에서 집값이 빠지면, 결국 주택담보대출 채무자는 이중고에 시달리기 때문이다. 이때 금융기관은 자본시장의 피라미드상 최상위에 있다 보니 피해를 보는 건 순간이고, 일반 국민 채무자들이 집과 생활터전을 잃는 피해에는 비할 바가 아니다. 1998년 외환위기 당시의 상황을 떠올려보면 쉽게 이해할 수 있을 것이다.

미국이 금리를 급격히 올리면 크게 4가지 불확실성이 발생한다. 첫째는 부동산시장 침체다. 둘째, 투자 및 기업활동이 위축되고, 노동시장도 구조조정이 불가피해진다. 셋째, 신흥국 및 개도국 환율이

---

* LTV는 집을 구매하려 할 때 대출을 받을 수 있는 최대치를 말한다. 예를 들어 10억 원인 집을 구매할 때 LTV가 60%라고, 하면 6억 원까지는 대출이 가능하다는 의미다. 현재 투기과열지구는 40%다. DTI는 총연소득에서 매년 갚아야 하는 원금과 이자가 차지하는 비율이다. 현재 조정대상지 외 수도권의 경우 60%다.

급등한다. 국내로 투자 유치된 각국의 단기자금 등이 미국으로 급격히 돌아가면서 대달러 환율이 급등하는 것이다.

마지막으로, 경기급락의 소용돌이에 휘말린다. 미 연준이 금리를 2022년 9월 이후 공개시장회의에서 평균 0.5%씩 올린다면, 2023년 미 연준의 금리인상 가능성은 적어도 상반기까지는 1.5% 정도까지 여유가 생길 수 있다. 하지만 이를 단기에 급격히 올릴 경우 시장이 5.25~5.5%의 연준 기준금리를 버티지 못할 수 있다. 이 경우 미국과 세계경제는 또 다른 경기급락의 소용돌이 속으로 휘말려들 공산이 높다. 미 연준금리가 5%를 넘어설 때 시장금리는 13% 수준을 넘어설 것으로 예상되기 때문이다. 그렇다고 미국으로서도 마냥 금리를 올리고, 마냥 강한 달러를 지향할 수도 없다. 후폭풍을 걱정해야 한다.

2022년 7월 19일 기준 30년 만기 부동산대출 고정금리는 5.73%다. 변동금리의 경우는 이보다 높다. 따라서 이 경우에는 미 연준이 금리를 급격히 올리기보다 인상을 자제하고 경기회복을 위한 시간을 가질 수도 있다.

유럽과 신흥국 등이 경기침체에 대한 두려움이 쌓이면서 환율이 크게 요동치고 있다. 유로는 달러에 비해 20년 만에 최저치로 급락하고 있다. 이는 유럽경제의 '불가피한 침체'를 시사한다. 따라서 위험을 회피하는 투자자들은 안전한 피난처인 미 달러화를 계속 선호하게 된다. 이는 다시 미 연준의 공격적인 금리인상을 당분간 지속하게 하는 동인이 되기도 한다. 그만큼 금리인상 정책이 미치는 영향이 크다는 의미다.

미국의 2022년 하반기 경기가 좋아 보이지 않는다는 것이 월가의 평이다. S&P 500은 1970년 이후 하락폭이 과대하다. 2022년에는 약 20.6% 하락했다. 범유럽 Stoxx 600지수는 16.6% 하락했고 선진국 지수인 MSCI 월드는 18%나 하락했다. 이는 2022년의 '좋은 소식'은 상반기에 끝났다는 것을 의미한다. 이제 2022년 하반기에 '나쁜 소식'들이 들릴 것인데, 과연 얼마나 나쁠지는 앞서 언급한 자연적 조건과 전쟁의 종식 여부에 달려 있다. 경제상황이 비록 부정적이라 하더라도, 투자환경에 대한 주요 투자은행들의 판단은 다소 호불호가 엇갈린다.

HSBC의 경우 인플레이션이 하반기에 어느 정도 냉각되고, 주요국 중앙은행들이 더 '균형 잡힌' 정책들을 채택할 수 있다면, 2022년 말에 더 나은 성과를 낼 여지도 다분하다고 본다. 금리인상이 가져올 후폭풍에 대한 우려와 함께 미 연준이 급속한 금리인상을 피해갈 것이라는 월가와 금융가의 기대감이 반영된 분석이다. 미 연준이 금리인상의 속도를 조절할 개연성에 대한 월가의 기대감은 여전하다. 왜냐하면 앞서 수차례 지적했듯이 작금의 소비자물가는 급격한 소비상승에 따른 경기회복의 신호가 아니기 때문이다.

물론 과거 폴 볼커(Paul Volcker) 미 연준의장이 금리를 20%까지 올렸을 때 2차 오일쇼크에 따른 공급충격에 대비한 경험도 중요하지만 그 당시 세계경제와 최근의 세계경제는 체질상 다르다고 보아야 옳다. 금리인상은 기본적으로 11.2조 달러 이상 풀려버린 미 달러화에 대한 회수 노력의 일환으로 봐야 한다.

인플레이션은
언제 멈출 것인가

넷째, 고물가의 냉각 문제다. 고물가는 크게 고유가와 곡물가 상승, 그리고 공급사슬의 정체와 혼란에서 비롯된다.

공급사슬 정체와 혼란은 팬데믹으로 인해 사람과 물류의 이동이 제한되는 상황에서 발생한다. 따라서 물가잡기의 핵심은 유가 안정이 최우선이고, 이어서 곡물가 하락이다. 이는 러시아-우크라이나 전쟁의 종식과 함께 세계경제의 둔화 움직임이 멈출 때 가능하다. 시장의 원유수급이 원활하지 않을 때 유가는 등락한다. 수요가 공급보다 많을 때 가격은 오르고, 공급이 수요보다 많을 때 가격은 하락한다.

세계유가가 고공행진을 거듭하는 이유는 2가지다. 세계 경기둔화 가능성에 따른 OPEC 회원국들의 감산과 러시아-우크라이나 사태에 따른 원유 및 천연가스 등 에너지 가격의 급등이다. 중국과 인도는 저가에 러시아산 원유와 에너지 자원을 매수하는 상황이다. 러시아-우크라이나 전쟁이 끝나면 미중 간의 첨예한 갈등이 기다리고 있는 이유다. 따라서 현재 세계경제의 흐름에 대한 전망과 시나리오는 '미중 간 갈등이 어떻게 진행될 것인가'가 핵심이다.

안토니우 구테흐스(Antonio Guterres) UN 사무총장은 식량난으로 세계적인 기아 위기를 강조하고 있다. 비료 및 에너지 가격의 급등으로 아시아·아프리카 및 북미 등에서 농산물 생산이 줄어들고, 모든 국가들이 사회경제적 충격을 받을 수 있다고 설명한다. 2022년 수차례 기근이 선포될 가능성을 지적하고, 2023년은 더욱 악화될 것을 우려하고 있다. 미국 농무부 역시 2022년 식음료 가격 인상률의 전망치를 기존의 6.5~7.5%에서 7.5~8.5%로 상향 조정했다. 특히 고병원성 조류인플루엔자가 발생하면서 가금류 가격이 2022년에는 13~14% 오를 것으로 전망하기도 한다.

〈도표 18〉 향후 세계경제 향방과 원/달러환율 변화의 시나리오들

	시나리오 1	시나리오 2	시나리오 3	시나리오 4	시나리오 5	시나리오 6	시나리오 7	시나리오 8
유가	$100 /배럴	$100 /배럴	$100 /배럴	$100 /배럴	$130 /배럴	$130 /배럴	$130 /배럴	$150 /배럴
팬데믹	강력 7파	약한 7파	강한 7파	약한 7파	강한 7파	약한 7파	강한 7파	강한 7파
금리 인상[1]	2023 H1	2023 H1	2023 H1	2023 H2	2023 H2	2023 H2	2023 H1	2023 H1
물가[2]	5%대 초반	5~6%대	4%대 중반	4%대 후반	5%대 후반	5%대 후반	6%대 초반	7%대 초반
러-우 전쟁	11월 휴전	11월 휴전	11월 휴전	11월 휴전	지지 부진	지지 부진	지지 부진	확전
원/달러[3]	1300원	1240원	1280원	1260원	1330원	1300원	1350원	1400원 ~

주: 1. 미 연준의 금리인상 기간, H1은 상반기, H2는 하반기
    2. 미국의 소비자물가
    3. 원/달러 예상 연평균 환율

▶ 기본적인 시나리오는 '시나리오 4'다. 종합적인 경제변수들을 고려할 때 '시나리오 4'가 가장 낙관적인 가정을 전제로 하고 있기 때문이다. 우리 모두 각자가 자신이 가지고 있는 정보와 지식을 바탕으로 이러한 시나리오를 구성해볼 수 있다.

현재 경제위기의 실체는 미중 간 경쟁이다

이상의 4가지 요건으로 각각의 시나리오를 요약하면 〈도표 18〉과 같다. 경우의 수는 이보다 훨씬 더 많지만, 독자들의 이해를 돕기 위해 8가지 시나리오로 요약한다. 놓치지 말아야 할 점은 경제위기는 미중 간의 경쟁과 갈등의 구조에서 살펴봐야 하고, 현재 드러난 현상들은 숨어 있는 경제위기의 실체를 참고할 수 있는 겉모습에 불과하다는 것이다.

겉을 속으로 보면 오판하게 된다. 속을 속으로 제대로 읽기 위해서는 보다 전략적이고 구체적인 경기흐름의 변화를 시나리오 분석 등을 통해 추정해야 한다.

〈도표 18〉에서 보듯이 기본적인 시나리오는 '시나리오 4'다. 종합적인 경제변수들을 고려할 때 '시나리오 4'가 가장 낙관적인 가정을 전제로 하기 때문이다. 우리 역시 각자가 가진 정보와 지식을 바탕으로 이러한 시나리오를 구성해볼 수 있다.

4장

세계 주요 투자기관과
전문가들이 보는
향후 경기전망

때로는 좋은 이별이 있듯이, 좋은 경기침체도 있다. 겉은 화려하지만 속은 공허한 경기호황을 조심해야 한다. 겉이 공허한 호황이 한도를 초과하면 그다음으로 일어나는 것은 재난이다. 경기가 좋을 때 사람들은 경기후퇴를 말하는 것을 싫어한다. 하지만 오만과 사치, 자만을 버리고 정직함과 투명함으로 가만히 호황의 속내를 들여다보면 호황 속에 숨어 있는 경기후퇴의 불씨를 환하게 볼 수도 있다. 만사가 뜻대로 이루어지는 듯 보이지만, 사실 그 비용이 엄청날 수도 있다. 2008년 미국발 서브프라임 모기지 사태 이후 미 연준이 풀어낸 유동성이 자그마치 11.2조 달러에 이른다고 한다. 이 많은 돈을 어떻게 할 것인가. 내버려두자니 돈의 가치가 떨어지고, 덩달아 팬데믹까지 발생하면서 경기후퇴 징후가 농후하니 정치인들이 조폐창의 인쇄기 버튼을 만지작거릴 수밖에 없다.

국가경제와 세계경제의 가장 바람직한 방향을 놓고 심사숙고하기보다, 당장 눈앞의 정치적 이해관계에만 집중하기 십상이다. 그러니 경제위기가 닥치면 미국만 쳐다본다. 사실 더 큰 위기는 중국발 위기다. 글로벌 투자기관과 전문가들은 자신들의 돈이 걸린, 아니면 자신들의 연봉이 걸린 미래 투자수익에 대한 전망을 제각각 내놓는다. 실수를 해도 큰 잘못으로 이어지지 않는 지혜를 찾기보다, 실수를 하면 남 탓으로 돌리고 그 잘못은 국민 모두의 것이 되어버린다. 만사는 다 때가 있는 법이다. 경기호황이 있으면 후퇴가 있고, 후퇴가 있으면 또 다른 전진이 기다리고 있다. 이것은 상식이다.

세계 주요 투자기관들이
전망하는 경제 상황

　일본의 노무라는 주요국 경제가 향후 1년 안에 경기침체에 진입할 가능성을 높게 보고 있다. 각국의 중앙은행이 급등하는 인플레이션과 싸우기 위해 통화정책을 적극적인 긴축으로 움직이면서 향후 12개월 내 세계 주요국 경제는 침체에 빠질 것으로 본다. 통화정책의 경우 신뢰성을 잃기에는 너무나 소중한 자산이므로 각국의 중앙은행들은 인플레이션에 대한 시장의 공포를 확실히 잡겠다는 취지에서 공격적 금리인상에 돌입할 수 있기 때문이다. 미국 외에도 유로지역, 일본, 영국, 한국, 호주, 캐나다 등의 경기침체가 예상된다.

　최근 발표된 미국의 주요 경제지표들을 통해 소비 및 제조업의 경제활동이 부진하다는 점이 가시화되면서 경기침체 전망이 확산되고 있다. 골드만삭스의 경우 경기침체가 기본 시나리오는 아니지만, 2분기 연속 기술적 경기침체 혹은 불황, 즉 마이너스 성장 가능성이 지적되고 있다. 주가에서 흔히 '저점 다지기'나 '더 떨어지기 전에 나타나는 머뭇거림'이라고 각각 해석될 수 있는 부분이다.

실상은 전자에 더 가깝다고 보는 것이 옳다. 물론 세계경제, 특히 미국경제는 2022년 11월 중간선거를 앞두고 '표'를 향한 유권자 구애를 위해 어떻게든 경제안정을 가시화하려 들 것이다. 따라서 원유 가격의 하락과 러시아-우크라이나 전쟁의 겨울 전 휴전 등을 이끌어낼 경우 세계경제는 금리인상의 충격을 어느 정도 흡수할 여력은 갖게 된다. 다만 다시 확산되기 시작한 코로나19 팬데믹이 시장에 얼마나 오래 그리고 강력한 영향을 미칠 것인가가 관건이다.

이 말을 다르게 설명하자면, 경기침체의 강도와 성격이 중요하다는 것이다. 미 연준은 대량 해고가 아닌 점진적 일자리 수요둔화를 바탕에 깔면서 심각한 경기침체는 발생하지 않도록 정책을 펼칠 것임을 시사했기 때문이다. 미국 내에서는 경기침체 시에도 과거와 달리 실업률 상승폭은 제한적일 것으로 예상된다.

일부에서는 미국의 경기침체 가능성이 높아지는 상황에서 미 연준의 긴축통화정책이 2022년 9월 이후부터는 매파적인 입장 변화가 있을 수 있다고 본다. 앞서 설명한 급격한 금리인상이 부동산시장 및 소비에 악영향을 줄 경우 미 연준은 금리인상 속도를 재고할 가능성이 있다. 예를 들어 기대 인플레이션이 안정화될 경우 2022년 9월에 미 연준은 베이비 스텝이나 빅스텝 정도의 약한 매파적 통화정책을 시행할 수 있다.

아울러 JP모건 역시 미 연준이 2022년 9월 이후에는 "보다 균형감 있는 정책결정을 내릴 것"으로 예상한다. 2022년 6월 3.5% 수준까지 올랐던 10년 만기 국채금리가 최근 2.88%까지 하락한 것도 통화정책 경로의 재고가 필요함을 시사한다. 9월 이후 균형감 있는 금리정책은 11월에 있을 미국의 중간선거를 앞두고 연준이 전략적 선택을 한 셈이다. 균형감 있는 금리인상이나, 약한 매파적 금리인상은 주가상승의 기폭제가 될 수 있다.

JP모건은 2022년 하반기부터 증시의 매력도가 다시 높아질 수 있다는 의견을 내놓았다. 원하든 원하지 않든, 좋든 싫든 세계경제는 미국경제, 특히 미국 연방준비은행의 금리인상 정책의 영향을 받는다. 인플레이션이 더 이상 공급망 부문에서만 국한되지 않고 점차 경제 전 분야로 확산되는 것을 경계해야 한다. 모건스탠리는 2022년 미국의 기업실적이 예상보다 부진할 것으로 본다. 연준의 공격적인 금리인상과 경기침체 우려에 따른 소비심리 악화가 기업실적에 부정적 영향을 미치기 때문이다.

글로벌 주요 투자기관이 전망하는 유럽과 중국 상황

2020년 5월 이후 유럽의 공포지수는 최고 수준을 기록해 잠재적 시한폭탄이다. 특히 이탈리아와 독일 채권의 수익률 차이는 유럽시장에서 스트레스 척도로 간주되며, 투자자들이 이를 면밀히 추적중이다. 독일 채권과 이탈리아 채권의 수익률 차이가 확대될 경우 시장은 이탈리아의 부채상환 능력에 대해 회의적인 시각을 갖게 된다. 아직 유럽중앙은행이 부채가 높은 국가들에 대한 지원책을 마련하지 못한 상황에서 투자자들은 더욱 긴장할 수밖에 없다.

미국의 경우 2년 만기 단기성 재무부 국채 수익률과 10년 만기 장기 국채금리를 비교한다. 이는 만일 단기금리가 장기금리보다 낮을 경우 미국경제의 기대경기는 둔화 또는 침체로 보는 자료가 된다. 미 연준의 인플레이션 대응전략으로 물가상승세가 2022년 6월에도 9.1%의 높은 수준을 유지함에 따라 일각에서는 7월 공개시장회의에서 0.75%의 인상 가능성을 제기하고 있다.

다만 그동안 연준의 행보를 고려할 때 시장의 충격을 줄이면서 '구두개입'만으로도 시장의 심리를 안정시킬 수도 있어 미래 금리정책에 대한 가이드라인을 시장에 투명하게 제시할 것으로 본다. 이미 연준은 금리인상 종료 시점을 고려중에 있다.

세계는 전례 없는 다중위기에 직면해 있다. 변수는 코로나19 팬데믹, 러시아-우크라이나 전쟁, 식량 및 에너지 위기 등이다. 인플레이션의 50% 이상 비중을 차지하는 에너지 가격 안정을 위해 에너지 공급확대 방안을 마련하는 것도 한 방법이다.

한국을 방문했던 재닛 옐런(Janet Yellen) 미 재무부 장관은 "미국 경기침체는 '불가피한' 것은 아니나 인플레이션은 용납할 수 없을 정도로 높다"는 점을 강조했다. 세계경제가 가장 두려워하는 대목도 이 부분이다. 결국 경기침체가 임박한 것으로 볼 수 있다.

고인플레이션이 지속되고, 연준이 이에 대응하기 위해 공격적인 금리인상 조치를 취할 경우 2022년과 2023년 상반기 동안 경기침체 분위기는 가속화될 것이다.

최근 0.75%p 금리인상 결정은 연준이 금리인상에 따른 경제적 충격이 있더라도 인플레이션을 억제하겠다는 뒤늦은 의지 표명으로 보인다. 이는 대부분 시장 전망에 부합하며, 당분간 금융시장의 안정을 기대하는 계기가 될 것이다. 반면 금리가 오를수록 미국 주택시장의 공급부족 문제는 더욱 심각해질 것이며, 개도국과 신흥국의 자금 이탈과 환율 급등에 따른 국가부도 위기는 점증할 것이다.

특히 구로다 하루히코 일본은행 총재 역시 정부와 공조해 외환시장에 적절하게 대응할 것으로 보인다. 그는 최근의 엔화 움직임이 바람직하지 않다는 입장이다. 환율은 기초적인 경제 여건을 반영하는 것이 중요하다고 강조하면서 급격한 엔화 약세는 기업의 사업계획에 불확실성을 높일 수 있다는 점에 주목하고 있다.

이 와중에 상대적으로 팬데믹에 임하는 중국경제는 또 다른 세계경제의 잠재적 위험 요인이다. 비록 경제성장률이 저점에서 탈피했으나 빠른 경기회복에 대한 기대는 어렵다. 대도시의 봉쇄 해제와 재정부양책 재개 등은 경제에 긍정적이지만, 2022년 3분기 이후 중국경제 성장률의 큰 반등을 기대하기는 어려워 보인다. 중국의 중앙은행인 인민은행이 위안화의 약세를 우려해 주요 대출금리 인하에 소극적인 태도를 보이는 것도 이 같은 전망을 가능케 한다.

중국 지방정부 역시 사업진행을 위한 채권발행 제약에 직면했다.

지방정부 재정의 어려움은 중앙정부의 제재로 더욱 가중될 전망이다. 따라서 중국 역시 인민은행의 적극적 정책전환과 지방정부 재정 확대 정책이 수반되지 않으면, 2022년 3분기 이후 성장세는 소폭 반등에 그칠 수 있다.

전문가들이 보는
미국경제 전망과 인플레이션 영향

특히 미국경제의 인플레이션 전망과 통화긴축 영향 등 향후 3가지 변수에 대한 엄중한 고려가 필요하다.

첫째, 인플레이션을 전망하는 데 있어 주요 변수는 통화긴축이다. 2008년 금융위기 이후 양적완화로 상승한 자산가격 및 부채수준이 미 연준의 금리인상으로 하락 시 정부의 세수감소 등을 초래하게 된다. 그 결과 미 연준이 다시 강제로 금리인하를 단행할 우려가 있다.

둘째, 최근 수년간 주택융자는 대부분 고정금리가 적용되어 금리인상에도 불구하고 대규모 주택매도 가능성은 전반적으로 낮을 것으로 보인다. 다만 이러한 영향으로 투기적 수요가 많았던 일부 지역의 주택 가격하락 및 가격조정은 불가피하다.

셋째, 임금상승이 전반적 물가에 미치는 영향이 과대평가되었을 가능성이 있다. 고물가는 노동수요 증가보다 통화정책 및 러시아-우크라이나 전쟁의 종료 과정이 가장 큰 변수가 된다. 따라서 임금

상승을 고물가의 근본 원인으로 보는 것은 정책 오류나 실패를 자초할 수 있다는 점에 유의해야 한다.

이와 같이 미 연준의 금리인하 정책이 가져올 잠재적 우려는 한국경제를 비롯, 유럽과 일본 등 대부분의 G20 경제에 그대로 유효하다. 주요국 중앙은행이 미 연준의 긴축통화 정책과 금리인상을 가져갈 경우 초래될 위험은 크게 3가지로 볼 수 있다.

첫째, 미 연준이 인플레이션 억제에 나서면서 경기침체와 기업 이윤감소 위험이 부각된다. 특히 이러한 파급효과는 금융시장 내 여러 자산가격에도 하방 압력으로 작용할 소지가 있음에 유의해야 한다. 예를 들어 한국경제의 경우 대구 등 지방 아파트 미분양 사태는 이에 투자된 사모펀드(PEF, Private Equity Fund)의 부실화와 이에 따른 제2금융권의 스트레스를 악화시킨다. 제2금융권 부실화는 제1금융권 부실화보다 서민경제에 더 큰 실질적 파급효과를 가져올 수 있다는 점은 이미 2011년 부산상호저축은행 사태로 짐작하고도 남는다. 재차 언급하지만 부동산시장의 경기악화는 금융시장의 불확실성으로 급격이 전이된다.

둘째, 유럽중앙은행(ECB, European Central Bank)이 금리인상을 추진할 경우 이탈리아 등 역내 재정 취약국의 디폴트 확률이 증가하게 된다. 유로화의 대미 달러화 환율하락도 이어지고 있다. 위험을 회피하는 투자자들이 피난처로 안전자산을 찾고 미국 달러화를 선호하는 현상이 지속될 전망이다. 이는 미 연준의 공격적 금리인상의 명분이 된다.

셋째, 일본은행이 고물가 지속 시 '수익률 곡선통제(Yield Curve Control, YCC)'의 국채금리 상환을 높일 수 있는데, 이는 헤지펀드의 외환 포지션 손실 급증을 초래할 우려가 있다. 수익률 곡선은 일반적으로 우상향하는 모습을 보이지만 우하향 또는 수평선 형태를 보이기도 한다. 경제주체들의 경기에 대한 기대, 유동성 프리미엄 또는 시장분할에 대한 기대감 등이 존재할 때 이 같은 수익률 곡선의 형태 변화가 일어난다.

〈도표 19〉에서 금리의 만기 구조와 관련해 Y축에는 채권시장의 수익률, X축에는 만기 시까지 남은 기간을 놓고 채권의 만기까

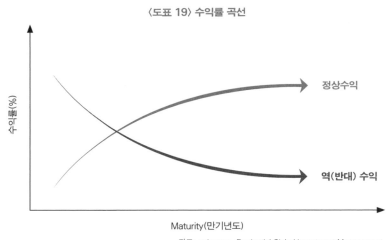

〈도표 19〉 수익률 곡선

자료: pgim.com, Prudential Global Investment Management.

▶ 수익률 곡선은 금리의 만기구조와 관련해 Y축에는 채권시장 수익률, X축에는 만기 시까지 남은 기간을 놓고 채권의 만기까지 남은 기간과 수익률 간의 관계를 나타냈다. 수익률 곡선은 일반적으로 만기가 다가올수록 상승하고, 우상향한다. 그 반대의 경우도 가능하다.

지 남은 기간과 수익률 간의 관계를 표현했다. 중앙은행이 장기금리 목표를 달성하기 위해 채권을 매수 또는 매도하는 정책을 '수익률 통제'라고 한다. 일본 중앙은행이 일본 장기국채인 JGB(Japanese Government Bond)를 대량 매입하면서 시장의 기능과 유동성이 급격히 악화된 점을 지적한 표현이다.[*]

미국이 선택할 수 있는 물가안정화 정책에 대중국 수입관세를 일시적으로나마 인하하는 것도 선택지다. 데이비드 아델만(David Adelman) 전 주중 미국대사는 이 같은 조치로 미국 인플레이션이 1%p 정도 하락할 수 있다는 점을 제기한다. 중국의 수입상품에 대한 관세 철폐는 시간이 지남에 따라 미 바이든 대통령의 불가피한 선택이 될 수도 있다.

이는 2022년 11월 치러질 미국의 중간선거 때문이다. 지금까지 대미 수입관세 부과조치로 중국경제에는 영향이 크지 않은 반면, 미국경제는 인플레이션 상승이라는 부메랑 효과가 나타나고 있다. 바이든 대통령의 행정명령으로 미 의회의 허가가 필요하지 않은 사안이기 때문에 2022년 하반기 대중국 임시 관세 배제 정책이 시행될 가능성이 높다.

---

[*] 장기수익률의 0.25% 유지를 목표로 하는 일본 중앙은행의 현재 '경직된 정책'은 지속되기 어렵다. 결국 통화정책의 유연성 제고를 위해 수정이 불가피하다는 기대감이 커진다. 수익률 상승으로 국채보유 미실현과 수익률 곡선의 긴 꼬리 끝부분에서의 추가매입은 일본 은행의 재무건전성에 대한 우려를 더욱 악화시킬 것이기 때문이다. 더욱이 위험 프리미엄에 대한 수요증가로 매도가 발생할 수도 있다. 일본 중앙은행은 2022년 6월 22일 10년 만기 국채 3종류에 대해 고정금리 매입과 가장 싼 국채선물 비정기 매입을 단행한 바 있다. 이런 대규모 매입으로 인해 일본 장기국채의 시장기능과 유동성이 크게 감소하고 있다.

일반적으로 미국의 경기침체는 미 연준의 인플레이션에 대한 늦장 대응으로 1년에서 1년 반 안에 도래할 가능성이 높다. 물가상승을 제어하기 위해 금리를 크게 인상하더라도 미국경제의 연착륙이 가능하다는 미 연준의 주장은 사실상 실현 불가능해 보인다. 연준의 정책목표가 물가안정과 함께 고용시장 안정화에 초점을 두고 있기 때문이다.

과거 미 연준은 긴축통화 정책을 실업률이 상승하는 요인으로 간주해왔다. 역사적 측면에서도 경기침체 가능성이 높다. 그동안 미 연준의 긴축통화로 실업률이 0.5%p 상승했던 경우 매번 경기침체가 발생했기 때문이다 아울러 경기침체 진입 시기를 판단하는 지표에 따르면, 실업률이 0.5%p 이상 오른 후에는 다음 단계로 바로 최소 2%p까지 상승하면서 경기하강이 심화되는 과정을 경험한다. 노동시장이 양호한 상태에서 인플레이션을 낮추기는 어렵다.

인플레이션을 촉발시킨 주요국의 통화긴축과 이로 인한 경제환경 변화는 양극화를 심화시킨다. 동시에 금융시장과 실물경제에도 큰 부담이 된다. 세계경제는 성장여력 약화, 고물가 등에 직면하면서 이와 관련한 피해를 최소화할 수 있는 조치들을 모색하고 있다. 경제주체들은 이러한 총제적 위험요인들을 회피하기 쉽지 않다.

금리인상으로 실물경제가 타격을 입게 될 경우 금융기관도 도미노 현상을 경험하게 된다. 따라서 2008년 서브프라임 사태 이후 미국은 은행들의 건전성 평가를 통해 대형 은행들이 심각한 경기침체를 극복할 수 있는지를 판단하고 있다.

미 연준은 지난 2022년 6월 평가에서 대형 은행들이 강력한 경기 침체가 발생해도 견조한 자본 수준을 유지할 수 있다고 판단했다. 동시에 가계 및 기업에 대한 대출이 가능할 것으로도 진단했다. 한편 대부분의 대형 은행들은 향후 배당금 확대를 계획하고 있다.

이러한 금융기관 스트레스 테스트의 안정적인 유지에 대한 판단은 가계저축의 증가, 경기둔화 과정에서 대출보다 오히려 완충 역할을 수행할 것으로 기대된다. 소매업체 실적악화 등 경기침체의 전조 현상이 나타나고 있지만 2022년 1분기 가계 보유 현금은 17.9조 달러로 2020년 1분기 13.7조 달러 대비 급증한 점에 주목할 필요가 있다. 〈도표 20〉에서 보듯 미국 가계의 저축은 소득, 연령표 등과 무관하게 모든 가계에서 증가세다. 바클레이 은행은 적어도 2023년 말

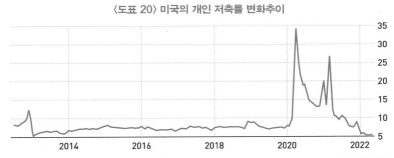

〈도표 20〉 미국의 개인 저축률 변화추이

자료: trading economics.com, 미국경제분석부

▶ 미국 가계의 저축은 소득, 연령표 등과 무관하게 모든 가계에서 증가세다. 바클레이 은행은 적어도 2023년 말까지 보유현금이 소비를 뒷받침할 것으로 전망한다. 높은 수준의 가계저축을 고려할 경우, 통상 경기침체기에 발생하는 급격한 소비위축은 충분히 피할 수 있을 것으로 기대하는 이유다.

까지 보유현금이 소비를 뒷받침할 것으로 전망한다. 높은 수준의 가계저축을 고려할 경우 통상 경기침체기에 발생하는 급격한 소비위축은 충분히 피할 수 있을 것으로 기대하는 이유다.

투자기관이 주목하는
국가별 경제위기 대응방식

1975년 브레튼우즈체제 붕괴 이후 자유변동환율제도가 채택되고, 미국이 금리를 올릴 때마다 경험한 과거 금융위기와 지정학적 불황을 통해 얻은 교훈을 잘 기억하고 각국은 위기에 대응하고 있다. 각국의 중앙은행과 중앙정부가 다양한 정책들을 고려하는 가운데 일부 국가들은 고물가 시대에 대응하는 방식이 각기 다르다.

먼저, 에너지전쟁은 장기적으로 미국을 승자로 만들 가능성이 높다. 1970년대 석유파동기와 마찬가지로 주요 원유생산국의 영향력이 여전하다. 러시아가 단기적으로 에너지시장에서 위상이 강화될 수 있지만, 향후 3년 내에 위상이 약화될 가능성이 높다.

미국의 경우 최근 고에너지 가격이 가계에 부정적 영향을 주고 있지만, 셰일 산업계에는 다소 반가운 소식이 아닐 수 없다. 미국가계를 보호하기 위해 사우디아라비아와 공조체제를 강화하려는 움직임은 2022년 7월 바이든 대통령의 사우디아라비아 방문의 '속내'라는 점을 앞서 지적한 바 있다. 다만 단기간 내 각국의 화석연료 수요증가는 환경문제로 당분간은 마이너스 요소가 될 전망이다.

미 연준의 인플레이션 해법 찾기는 통화정책 조정과 함께 정부와의 공조가 중요하다. 연준이 추진하는 금리인상은 소비위축을 가져올지는 불확실하지만 경기침체를 초래할 소지는 다분하다. 과거에도 미 연준은 고강도 금리인상을 통해 물가를 낮추는 데 성공했으나 결국은 다시 인플레이션이 재발했던 경험이 있다.

궁극적으로 인플레이션을 해결하기 위해서는 정부의 균형재정 유지가 필요하다. 과도한 정부지출을 자제하고 실질적인 경제성장을 통한 점진적 부채축소, 불필요한 재정지원 감축 등의 개혁이 요구된다. 1980년대 초에 폴 볼커(Paul Volcker) 미 연준의장이 당시 통화긴축 시행 후 세제 및 지출 관련 개혁 등을 통해 1990년대 말까지 대규모 재정흑자를 낸 기록도 있다.

중국 역시 경기부양을 위한 통화팽창 정책을 유지할 방침임을 밝혔다. 이강 중국 인민은행 총재는 통화정책이 전반적으로 경기회복을 촉진하기 위한 완화적 기조를 지속시킬 것이라고 언급했다. 최우선 과제로 물가안정과 고용 극대화를 제시하면서 중소기업 및 친환경 정책지원 등 중국경제 구조개혁에도 적극적인 정책을 펼칠 예정이다. 이에 비해 리커창 총리는 경기회복의 기반이 견고하지 않을 수 있다는 지적을 내놓았다.

중국은 경제안정을 촉진시키기 위한 정책을 추진하고 있고, 이러한 노력이 부분적이나마 효과가 나타나고 있지만, 고용 사정은 여전히 어려운 과제임을 인정한다. 아울러 코로나19의 재확산으로 소비도 부진한 상황에 대해 경기부양을 위한 통화팽창 정책을 시의적절하게 운용할 방침이다.

일본의 경우 2022년 6월 통화정책회의에서 다수의 위원들이 현행 통화정책에 긍정적인 평가를 내리면서 엔화약세가 초래한 수입물가 급등에 대한 우려를 나타냈다. 일본 중앙은행 역시 인플레이션의 목표달성을 위해 급여인상 등을 제시한다.

중국의 경기둔화는 아이러니하게도 세계 인플레이션 압력을 완화시킬 단초가 된다. 다수의 전문가들은 중국의 2022년 경제성장률이 정부의 목표치인 5.5%를 하회할 것으로 보고 있다. 주요국의 경기둔화로 중국 생산품에 대한 수요위축과 제품의 가격인하에 따른 글로벌 인플레이션 압력이 다소 둔화될 것이라 가정한다.

최근 중국과 미 서부를 연결하는 해상운송 요금 역시 하락하는 등 공급의 병목현상이 다소 완화되는 조짐도 보이고 있다. 중국 당국의 경기부양을 위한 인프라 투자확대가 원자재 수요증가와 물가상승 압력을 가져올 수 있으나, 중국제품의 가격하락이 수입국 물가에 더 큰 영향을 줄 것은 분명하다.

덴마크의 경우 인플레이션 충격에 대응하기 위해 노인들에게 현금지급을 결정했다. 2022년 6월 27일 니콜라이 바멘(Nicolai Wammen) 재무부 장관은 고유가 충격을 완화하기 위해 노인들에게 31억 덴마크 크로네를 지급하기로 합의했다. 아울러 전기요금 인하 등 경기부양책을 시행하고 공공투자를 축소해 재원을 마련할 것으로 보인다.

존 컨리프(John Cunliffe) 영란은행 부총재는 고물가 고착화 방지를 위해 모든 대책을 강구하겠다는 생각에 따라 정책금리를 2% 이상 올릴 것을 고려하고 있다.

고인플레이션 영향이 경제의 모든 부문으로 확산되고 있고, 특히 가계 생활비 상승으로 가계지출이 실제적인 타격을 받고 있다. 이는 경기위축을 초래함으로써 경기둔화의 신호로 받아들여지고 있고, 그에 따라 보다 빠른 속도로 금리인상과 함께 유연한 통화정책이 진행될 예정이다.

설상가상으로 브렉시트 등 정치적 요인에 의한 파운드화 약세는 또 다른 잠재적 위험요인이다. 금리인상이 불가피한 부분도 여기에 본질적 이유가 있다. 아울러 주요 글로벌 신용평가사는 2022년 7월 초 영국의 보리스 존슨(Boris Johnson) 총리의 사임을 영국경제의 하방위험으로 평가하고 있다. 영국 신임 총리 리즈 트러스(Elizabeth Truss)는 치솟는 생활비 위기에 대처하기 위해 에너지 요금 상한선을 지난 9월 중순 취임 직후 발표한 바 있다.

무디스는 보수당 내 지도부 경선이 장기화되면서, 영국 내 생활비 압박과 스태그플레이션 우려가 더욱 악화될 것으로 예상한다. 영국 국민들은 향후 먹는 것을 줄일지, 난방비를 줄일지 결정을 해야 한다. 일부 경제학자들은 내년 1월부터 영국 소비자물가 상승률이 18%까지 오를 수 있다고 본다. 재앙 수준이다.

아울러 S&P 역시 영국의 차기 총리가 2022년 하반기 중 기술적 침체, 10%에 근접하는 인플레이션 등 여러 가지 어려움에 대처해야 할 것으로 보고 있다. 영국 경제성장률이 재정긴축으로 예상보다 크게 부진할 경우 영국의 신용등급마저 하방압력을 받을 것으로 예상된다.

독일경제는 에너지 문제해결에 집중하고 있다. 에너지 부족이 지속될 경우 독일경제는 경기침체에 진입하고 신용위축 등 전반적인 경제 건전성도 악화될 것으로 보여진다. 이 같은 독일경제의 험로는 궁극적으로 러시아-우크라이나 전쟁이 해결될 때까지는 지속될 전망이다.

2022년 7월 11일 러시아가 주요 파이프라인을 통해 가스공급을 일시 중단하자 유럽은 매우 긴장한 바 있다. 7월 21일까지 보수작업 기간 동안 잠시 운영 중단을 통보했지만, 러시아가 예정된 보수작업을 계속 지연 연장하면서 유럽과 독일의 에너지 공급을 제한할 수 있다고 보고 있다.

이 같은 우려가 나온 지 불과 일주일이 안 돼 러시아의 가즈프롬은 유럽 지역에 대한 가스공급을 보장하기 어렵다는 점을 부각시켰다. 서한을 통해 극히 이례적인 여건 등으로 가스공급 보장이 어렵다는 점을 통보한 것이다. 결국 가스공급 중단 가능성은 유럽경제 전반에 경기침체 우려를 증폭시킨다. 러시아가 가스를 무기화하지 않겠다는 말은 결국 무위가 될 가능성이 높다.

터키는 고인플레이션 충격으로 물가가 거의 79% 치솟으면서 24년 만에 최고 수준을 기록했다. 러시아-우크라이나 전쟁, 높은 에너지 및 식량가격, 급격히 하락한 터키 리라화의 가치 등으로 단기적 개선 희망은 거의 없다고 볼 수 있다.

태국의 중앙은행은 바트화 약세가 6년 이내 최저임에도 불구하고 대외 불안 요인에 대응할 자신감을 나타냈다. 새주 시장운영전략 국장은 환율이 시장에서 결정되도록 하고, 사실상 금리인상에 뒤처지지 않았고, 태국의 펀더멘털을 감안할 때 특정 환율값을 생각하고 있지는 않다는 입장이다. 미국의 금리인상 속도를 따를 필요는 없으나, 대외 포지션은 현재 대외 충격을 견디기에 충분하다는 판단이다.

5장

미국 연준과
세계 주요
금융기관이 보는
향후 경기

코로나19 팬데믹 이후에도 중국의 제조업은 글로벌 시장에서 그 위상이 한층 더 높아졌다. 이게 핵심이다. 이것을 한중관계에 접목시키면 한중교역의 가파른 성장은 곧 한국경제 역시 중국에 대한 의존도가 높아진다는 의미다. 미 연준과 세계 주요 금융기관이 향후 경기를 바라보는 눈과 중국이 세계경제를 바라보는 눈높이가 사실상 글로벌 경제에 있어 핵심 내용이다.

글로벌 경제는 모든 국가의 대중국 의존도가 갈수록 높아지는 가운데 미중 간 전략경쟁이 치열해지고 있다는 새로운 도전에 직면해 있다. 조 바이든 미 행정부는 인도·태평양 경제프레임워크(IPEF)를 출범시키고 한국 등에 반도체 공급망 협력 대화(칩4) 참여를 제안하고 있다. 중국을 견제하기 위한 구상인 셈이다. 중국은 이에 맞서 한국과 대만을 비롯한 동남아 국가들에게 노골적인 압력을 가하기 시작했다.

시장 대변화의 중요성에는 누구나 공감하지만 대중국 의존도를 단기간에 획기적으로 낮추기는 사실상 어렵다. 15억의 거대한 중국의 내수시장은 모든 글로벌 기업들에게 기회이자 위기의 단초가 된다. 골드만삭스와 노무라는 중국의 2022년 경제성장률을 모두 하향조정했다. 골드만삭스는 2022년 중국 성장률 전망을 3.3%에서 3.0%로 낮추었고, 노무라 역시 3.3%에서 2.8%를 제시하고 있다. 코로나19 감염이 지속되면서 중국의 2022년 하반기 경제활동 지표도 지속적으로 부진할 것으로 본다.

IMF와 미국 연준이
전망하는 세계경제

IMF는 2022년 7월 세계경제 성장률 전망치 발표에서 지난 4월 대비 큰 폭의 하향조정을 예고했다. 거듭 언급하지만, 에너지 가격 및 식품가격 급등, 코로나19 바이러스 감염 지속, 중국의 성장둔화 등 다양한 위험요인이 존재한다. 이 같은 연속적인 지정학적·사회경제적 충격은 세계경제의 침체 가능성을 높일 따름이다.

2022년 7월 18일, 경제학자들을 대상으로 실시한 블룸버그의 설문조사에서 미국의 1년 내 경기침체 진입확률이 50%에 근접하고 있다는 결과가 나왔다. 향후 12개월 이내 경기침체 발생확률은 전월 30%보다 상승한 47.5%다. 미 연준이 경제성장률을 희생하면서까지 인플레이션을 억제하기 위해 신속한 금리인상에 나선 것도 경기침체에 대한 우려 때문이라고 할 수 있다.

세인트루이스 연은총재인 제임스 블라드(James Bullard) 총재는 인플레이션을 제어하기 위한 노력의 일환으로 미 연준이 시장금리인 상에 대한 기대감에 부합하는 정책을 유지해야 한다고 언급했다. 그는 미국 및 세계경제의 위협요인으로 러시아-우크라이나 전쟁으로 인한 경기 불확실성과 중국의 급격한 경기둔화 가능성을 가장 크게 꼽는다.

애틀랜타 연은의 라파엘 보스틱(Raphael Bostic) 총재는 높은 수준의 인플레이션을 억제하기 위해 더욱 강력한 조치를 취할 필요가 있다고 강조한다. 그는 공급차질 문제도 앞으로 점진적으로 해소될 것이나, 향후 통화긴축이 좀더 강하게 진행될 수 있는 충분조건으로 보고 있다.

글레타 메스터 클리블랜드 연은 총재는 경기침체 발생을 예상하지 않지만, 관련 위험이 증가할 것으로 전망하고 있다. 통화정책의 급격한 변화가 이에 일조하고 있다고 진단한다. 한편 인플레이션 압력이 다소 완화되고 있으나, 2% 목표달성에는 2년 정도의 시간이 소요될 것으로 보고 있다.

미 연준의 크리스토퍼 월러(Christopher Waller) 이사도 인플레이션 제어를 위해 추가적인 큰 폭의 금리인상을 지지한다. 향후 발표되는 경제지표들이 예상에 부합된다면 2022년 7월 FOMC의 금리인상과 비슷한 수준의 금리인상을 주장할 것이다. 그는 수요둔화를 유도하기 위한 정책금리의 신속한 인상도 주장하고 있다.

제임스 블라드 미국 세인트루이스 연준 총재는 2022년까지 금리가 3.5%는 되어야 한다고 본다. 선제적으로 인플레이션에 대응하지 못할 경우, 향후 10년간 물가변동 폭이 더욱 커지면서 경제성장을 압박할 것으로 본다.

존 윌리엄스(John Williams) 뉴욕 연준의장은 경기침체를 예상치 않으나 2022년 7월 0.5~0.75%p의 금리인상을 주장한다. 경기둔화 유도를 위해 신속한 금리인상이 필요하며, 정책금리는 2022년 연말까지 3.0~3.5%가 되어야 한다고 주장한다.

샌프란시스코 연준의 메리 데일리(Mary Daly) 총재 역시 인플레이션이 경제성장의 가장 큰 핵심 위협이며, 수요둔화를 유도하기 위해 금리인상은 불가피하다고 본다. 실업률은 다소 상승하겠지만, 경기침체가 예상될 만큼 급상승은 없을 것으로 내다본다.

패트릭 하커 필라델피아 연준 총재 역시 2022년 말 정책금리가 3% 이상 오를 것으로 보고 있다. 그래야 통화긴축으로 어느 정도 인플레이션이 잡혔는지를 알 수 있고, 정책금리 수준에 과잉반응을 타나낼 필요는 없으나 중립금리 수준 이상으로 오르는 것이 바람직하다는 입장이다.

찰스 에반스(Charles Evans) 시카고 연은 총재는 인플레이션을 2% 목표치로 낮추기 위해 향후 수개월 동안 정책금리를 크게 높일 필요가 있다고 주장한다. 그는 금리상승이 수요억제와 인플레이션 둔화에 상당한 효과를 나타낼 것으로 기대한다.

토머스 바킨 리치몬드 연준 총재 역시 0.5~0.75%p의 적극적인 금리인상을 지지한다. 연준이 인플레이션 억제를 위해 엄격한 대응에 나서야 하지만 향후 발표되는 경제지표에 따라 신중하게 고려할 것을 주문하고 있다. 그는 코로나19 팬데믹 시대에 강한 물가상승 압력은 점차 완화될 것으로 전망하고 있다.

다만 에스더 조지(Esther George) 캔자스시티 연은 총재는 2022년 6월 FOMC에서 0.75%p 인상을 반대했듯이 7월에도 이 같은 큰 폭의 인상에 반대하고 있다. 연준의 통화긴축과 금리인상이 동시에 이루어지면 향후 정책 불확실성이 더욱 커지게 되고, 이는 미국경제가 원치 않는 소비둔화와 경기침체로 스테그플레이션으로의 하락이 불가피하다고 보기 때문이다.

제롬 파월(Jerome Powell) 미 연준의장이 지금까지 미 의회 청문회 등에서 한 발언을 되새겨보면 2022년 7월 이후에도 금리인상이 물가상승 압력을 완화시키되 경기침체를 야기하지 않을 것이라는 의견에는 변함이 없다. 문제는 이는 파월 의장의 의견일 뿐, 시장의 상당수 투자은행과 전문가들은 이 경우 경기침체 발생 가능성에 강한 우려를 나타내는 상황이라는 데 있다.

미국 경제정책을 총괄 지휘하는 국가경제위원회의 브라이언 디스 위원장은 용인할 수 없는 수준의 인플레이션이 지속되고 있으며, 이를 방지하기 위한 대책 마련이 미 정부 경제정책의 핵심이 되어야 한다는 점을 강조한다. 이는 미 의회 역시 관심 있게 지켜봐야 하는 대목으로 지적한다.

세계 주요 금융기관이 전망하는 향후 세계경제

2022년 6월 20일, 월스트리트저널의 설문조사 결과 1년 이내 경기침체 발생확률은 44%로 나타났다. 이번 결과는 설문조사 이래 최고치다. 따라서 일반 국민들은 이미 경기침체에 진입했거나 그 직전에 있다고 본다는 해석이 가능하다. 경기침체 우려가 높아진 이유로는 물가급등, 대출금리 상승, 지속적인 공급망 차질, 원자재 가격급등 등을 거론했다.

한편 뱅크오브아메리카(Bank of America, BoA)는 2023년 경기침체 가능성을 40%로 보고 있다. 아울러 높은 수준의 인플레이션이 상당 기간 지속될 것으로도 본다. 만일 미 연준이 단기간 내에 그동안 인플레이션 잡기 노력을 등한시한 후 이를 극복하기 위해 노력할수록 더 큰 부작용과 문제가 촉발될 것이라고 설명한다.

JP모건은 2022년 6월에 2022년 하반기 미 증시의 하방압력이 완화될 소지가 있다고 낙관적인 견해를 피력했다. JP모건은 2022년 하반기부터 인플레이션 압력이 완화되고 이에 연준의 통화정책이 속도조절에 나설 수 있다고 보면서, 연준의 정책이 시장의 예측에 부합하기만 해도 시장심리는 안정될 것으로 전망했다.

하지만 JP모건의 이 같은 낙관론이 나온 지 한 달이 채 못 되어 미국경기가 향후 연착륙이 아닌 침체에 직면할 가능성이 제기되었다. 고인플레이션이 지속되고 정책금리 상승 폭이 커지는 상황에서 경제 시스템 내 유동성은 여유가 없다는 점이 지적되고 있다.

골드만삭스는 향후 1년 이내 경기침체 발생 가능성을 15%에서 30%로 상향 조정했다. 1년 이후 및 2년 이내 경기침체 발생 가능성은 25%로 보고 있다. 지속적인 고물가로 미 연준의 보다 강력한 금리인상이 예상되며, 이는 성장둔화를 초래할 수 있다는 점도 강조하고 있다.

한편 2022년 7월 12일 블룸버그가 경제전문가들을 대상으로 유로존 경기침체 위기에 대한 설문조사를 실시한 결과 경기침체 발생 가능성이 45%로 나타났다. 이전 조사 결과인 30%, 러시아-우크라이나 전쟁 이전의 20%에 비해 각각 15%p와 25%p 증가한 수치다.

크리스틴 라가르드(Christine Lagarde) 유럽은행 총재 역시 경기침체 가능성에 대한 대응으로 유럽 중앙은행의 금리인상 방침을 내놓았다. 당분간 미 연준과 보조를 맞출 것으로 보인다. 최근 유럽 금융시장의 긴장 고조가 유럽은행의 인플레이션 제어 의지를 꺾지는 못할 것이라고 다시 확인한 셈이다. 일각에서는 러시아-우크라이나 전쟁으로 불확실성이 높아졌으나 역내 경제는 중기적 측면에서 여전히 지속 가능한 성장력을 가지고 있다고 본다.

아울러 라가르드 총재는 역내 분절화 위험을 용인하지 않겠다는 의지도 내비쳤다. 초기단계부터 관련 위험을 철저히 제어함으로써 향후 경기 불확실성을 보다 근본적으로 제거하겠다는 뜻이다. 반면 역내 금융 및 주택시장이 급격한 조정 국면에 진입할 가능성이 높다는 점은 부정하지 않는다. 지금까지 질서 있는 자산가격 조정이 이루어졌지만 향후 매우 심각한 자산가격 급락이 발생할 수 있음에 주목하고 있다.

포르투갈 중앙은행의 마리오 센테노(Mário Centeno) 총재는 인플레이션 목표치인 2% 달성을 위한 경제여건 조성에 최선의 노력을 강조한다. 대부분 대외 요인에 의해 발생한 인플레이션 압력이기에 역내 부채위험의 확산을 막기 위한 노력이 중심이 되어야 한다는 점을 강조하고 있다.

라트비아 중앙은행의 마르틴스 카자크스 총재는 유럽은행의 목표가 취약국의 국채 스프레드 축소가 되어서는 곤란하다는 의견을 피력했다. 단순히 금리인상의 영향이 유로화를 사용하는 모든 국가에 확산되도록 유도하면 된다는 것이다. 그는 2022년 여름 유럽은행의 0.75%p 금리인상을 지지하고 나섰다.

한편 영국의 중앙은행인 영란은행의 캐서린 만 정책위원은 파운드화 환율안정을 위해 보다 공격적인 금리인상을 주장하고 있다. 그는 지속적인 파운드화 약세를 용인하면 국내 인플레이션 압력이 증가하는 결과를 초래한다고 본다. 영국 국내물가는 정부의 경기부양책, 양호한 노동시장, 견고한 주택시장 등으로 당초 예상보다 높은 수준을 지속할 것으로 내다보고 있다.

올리 렌(Olli Rehn) 핀란드 중앙은행 총재는 급격한 물가상승은 신속한 통화정책 정상화의 명분이라고 본다. 그는 러시아-우크라이나 전쟁으로 물가가 가파르게 상승한다는 점에 주목한다. 에너지 가격급등은 서비스 및 제품 전반으로 확산되고 있으며, 고물가 상황이

고착화될 수 있는 위험도가 높아지는 요인으로 평가된다. 인플레이션을 목표수준까지 떨어뜨리기 위해 해야 할 일을 중앙은행이 회피해서는 안 된다는 견해다. 필요시 보다 적극적인 대응에 나설 것이며, 지속적인 인플레이션 압력과 경기침체 사이에서 결정을 내려야 한다고 보고 있다.

본격화되는 경제위기에서 기회를 찾다

중국의 시진핑 주석은 2022년 경제목표를 달성하기 위해 '더욱 강력한 정책'을 시행할 것을 약속했다. 거시경제 정책조정을 강화하는 가운데 2022년 내내 경제 및 사회개발 목표를 달성하고 코로나19 영향을 최소화하기 위한 강력한 정책들을 채택할 것을 언급했다.

이 와중에 실질적 통화정책을 담당하고 있는 중국 인민은행은 대출 우대금리(LPR, Loan Prime Rate)를 동결하면서 미국과의 통화정책 차별화에 대해 우려를 나타냈다. 은행대출 금리의 기준이 되는 1년물 LPR을 현행 3.7%로 유지하고, 5년물 LPR도 4.45%로 2022년 7월에도 6월과 동일하게 유지하고 있다. 이는 시장예상에 부합하는 수치다.

다수의 전문가들은 이미 중국정부에서 미국과 통화정책 차이로 인한 자본유출을 우려하고 있다. 인민은행이 미 연준과 반대방향으로 통화정책을 추진하고 있다는 점은 경기부양을 위한 통화정책 완화에 부담을 느낀 결과로 진단된다. 다만 적당한 시기에 결국 LPR도 인하할 것으로 보인다.

기시다 후미오 일본총리는 일본은행의 경기부양을 위한 완화적 통화정책을 지지한다. 그는 일본은행의 통화정책이 환율뿐만 아니라 전체 경제 및 중소기업에도 영향을 주고 있으며, 이런 요인이 모두 종합적으로 고려되어야 할 것으로 보고 있다. 현재 상황에서 일본의 대출금리 상승 등을 초래하는 통화긴축은 검토 대상이 아님을 밝히기도 했다.

일부 경기침체가 다가오고 있다고 보는 전문가들은 투자 포트폴리오를 준비하는 방법을 제시하기로 한다. 투자 전문가들의 약 68%는 2023년 상반기에 경기침체가 발생할 것으로 보고 있다. 전문가들은 경기하락에도 불구하고 채권을 포함한 자산 포트폴리오를 다양화하고 현금 준비금을 추가할 것을 제안하고 있다.

이 같은 비관적 시나리오는 경기불황에 대한 우려 속에 2022년 7월 노동시장의 위기신호가 감지된 탓이다. 곳곳에서 경기침체가 소용돌이치자 다우 존스는 2022년 5월에 추가된 39만 개 일자리보다 적은 6월 25만 개 일자리 증가를 예상했다. 이에 비해 인플레이션 수준은 여전히 높지만, 근원 개인 소비지출(Core Personal Consumption Expenditure, 근원 PCE) 물가의 전월대비 상승률이 4개월 연속 0.3%를 기록해 보합세를 나타내고 있다. 이는 인플레이션 압력이 둔화되고 있음을 나타내는 신호이다.

앞서 소개한 저축에 대한 내용도 일부 전문가들은 해석을 달리한다. 코로나19 팬데믹으로 늘어난 개인저축이 그동안 소비심리를 안정적으로 유지하는 데 기여했지만, 이 역시 2022년 9월 초면 종료될 것으로 본다.

주요 기업들의 인적 구조조정 여파도 향후 경기전망을 어둡게 하는 데 일조하고 있다. 경기침체 가능성이 높아질수록 고용 부문이 기대한 것만큼 견고하지 못할 수 있다는 점을 나타낸다.

일론 머스크는 테슬라 전체 인력의 3.5%를 구조조정할 방침을 발표했다. 향후 3개월 안에 급여를 받는 인력을 10% 줄이는 반면 시간당 직원 수는 늘릴 계획이다. 미 증권거래위원회(SEC)에 따르면 유아이패스(UiPath)는 구조조정의 일환으로 인력의 5%를 감축할 계획이다. 2022년 4월 30일 기준 4,200명의 직원을 대상으로 2023년 6월까지 1년에 걸쳐 순차적 해고가 진행될 예정이다.

애플 역시 2023년 경기하강 전망에 대비해 일부 사업부의 인력충원 및 지출을 줄일 방침이다. 이 같은 조치는 애플이 추진하는 기본적인 경영전략에 어울리지 않지만, 불확실한 시기에 주요 정책 결정을 좀더 신중하게 할 필요가 있다는 최고 경영층의 판단이 반영된 것이다. 알파벳, 아마존, 메타 플랫폼 등의 IT 대표 기업 역시 예산과 고용의 증가세를 늦추기 시작했다. 마이크로소프트, 메타 플랫폼은 최근 테슬라와 함께 일부 직원에 대한 해고를 단행하기도 했다.

한편 대형 투자은행인 골드만삭스도 고용을 늦출 것임을 예고했다. 모든 지출 및 투자 관련 계획을 재검토하는 가운데, 어려운 경영

여건을 반영해 채용속도를 늦추고, 운영의 효율성을 강조하는 방향으로 대응중이다.

소비자 신용 문제도 들여다봐야 할 사안이다. 바클레이즈에 따르면 2022년 6월 신용카드 사용량이 줄어들면서 소비도 감소했을 것으로 본다. 급격한 소비자 지출감소가 현실화될 수 있다는 신호이다. 미국경제에 있어 소비부진은 성장률 하락과 직결된다.

뱅크오브아메리카 역시 자체 신용카드 조사에서 2022년 6월 휘발유 가격급등 여파로 가계 소비지출이 감소했다고 분석했다. 이는 실질소비가 2022년 5월 이후 6월까지 2개월 연속 하락한 셈이다. 아울러 경기침체 신호 가운데 하나인 장단기 국채금리 역전현상(7월 11일 기준 10년물 2.99%, 2년물 3.07%)도 지속되고 있다.

경제위기의 끝을 가늠하기는 어렵다. 분명한 것은 2023년 상반기 미국의 경기침체와 유럽의 경기침체, 중국의 경제성장 둔화가 현실화된다면, 2023년과 2024년에 경제위기는 본격화될 조짐이다.

그렇다면 이번 위기를 넘어 기회는 있는가. 당연히 있다. 그렇다면 그 기회는 어떤 것인가. PART 2에서 이에 대해 좀더 구체적이고 현실적으로 설명하기로 한다.

PART 2

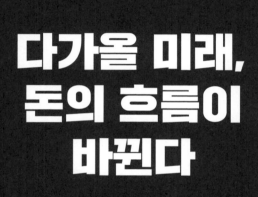

**PART 2를
시작하며**

평생 누구에게나 자신만의 기회가 한 번은 오지 않을까. 세상 모든 일이 내 마음처럼 되지 않기에 살아가야 하는 의미가 있다. 조동(躁動)하거나 조급하면 반드시 화를 부르기 마련이다. 살다 보면 반드시 누구에게나 기회가 온다.

쉬운 예로 골프 경기가 그렇다. 매번 필드 에 나갈 때마다 언더스코어를 친다면 골프도 어느 정도 지나고 나면 싫증이 날 수밖에 없을 것 같다. 하지만 평생 골프란 운동이 그리 쉽지 않고, 그것이 골프를 나갈 때마다 설레는 이유이기도 하다. 이번에는 점수가 잘 나오겠지 하는 기대감이 충만하기 때문이다.

다가올 미래에는 돈의 흐름이 새롭게 바뀔 것이다. 그렇다고 그 변화에 순응하고 때를 기다리는 것은 너무 피동적이고 수동적이다. 3년 전 어느 기업 회장에게 필자가 해준 말이 있다. 21세기 재벌이 될 수 있는 기회가 오고 있으니 이를 제대로 읽고 순리대로 산다면 바라던 삶을 살 수 있다고. 하지만 그 회장은 순리와는 거리가 먼 사람이었다.

변화를 보고 읽어내려는 마음이 있어야 제대로 보인다. 탐욕과 의심을 가슴에 꼭꼭 숨긴 채 다가올 미래의 돈의 흐름을 좇는 것은 흥부리 영감이나 놀부의 심보와 다르지 않다. 그들은 모두 '징악(懲惡)'의 사례로 남을 뿐이다. 노력하는 자는 시련조차 이겨낸다. 그러므로 다가올 미래, 돈의 흐름을 읽어내려면 간절한 마음으로 노력해야 한다.

1장

돈의 흐름을
읽는 능력을
키워라

어려운 문제를 만났을 때는 그 의미부터 파악해야 한다. 팬데믹과 러시아-우크라이나 전쟁으로 불거진 고물가, 고유가, 고금리 및 고환율은 글로벌 경제 전반으로 인플레이션의 고통을 겪게 한다. 인플레이션이 발생하니 미 연준과 각국의 중앙은행들은 금리를 올리기 시작한다. 경기가 좋아서 인플레이션이 발생한 것이 아니라, 팬데믹으로 경기가 침체되자 돈을 풀어 경기부양을 시도했었다.

금리를 올리자 신흥국들에 투자되었던 미 달러화가 다시 미국으로 재유입되면서 신흥국과 개도국은 국가부도 위기에 내몰리기도 한다. 필자가 2005년 미국에서 공무원 생활을 정리하고 한국으로 귀국했을 때, 금이 1온스당 2,000달러까지 갈 것이라 예측했다. 2006년에는 서브프라임 모기지 사태 가능성을 워싱턴 D.C.에서 직접 보고하기도 했다.

이처럼 미래를 보려면 3가지가 필요하다. 첫째는 정확한 정보를 수집해서 종합적 판단을 하는 것이다. 두 번째로 세상의 이치를 진지하게 탐구하는 습관이 있어야 한다. 이는 지극히 상식적인 얘기다. 삶에서 배워온 지식과 진리를 축적해두면 그것이 주저 없이 과감하게 행동할 수 있는 큰 자산이 된다. 세 번째로 '변화'의 속내와 겉내를 제대로 분석해낼 수 있는 아이 같은 순진무구한 자세가 필요하다. '아이 같다'고 해서 품격이 낮은 게 아니다. 도리어 그 반대다.

당신이 그렇게 똑똑하다면,
왜 부자가 아닌가

　인플레이션과 금리인상, 미 연준 공개시장위원회(FOMC)의 통화긴축과 이에 따른 신흥국 및 개도국의 테이퍼링 발작(tantrum), 러시아-우크라이나 전쟁, 고유가 및 고물가, 숨겨진 미중 간의 무역갈등과 신냉전시대. 이러한 악재들에 둘러싸인 우리들에게 가장 중요한 것은 역시 자산관리 문제다.

　영어에 "If you are so smart, why aren't you rich?"라는 유명한 말이 있다. "당신이 그렇게 똑똑하다면, 당신은 왜 부자가 아닌가"라는 의미다.

　같은 내용의 정보를 100명에게 전달하면 각자의 환경에 따라 이를 이해하고 투자에 나서는 사람이 있는가 하면, 지켜보자고 하다가 결국 기회를 놓치는 이도 있다.

　같은 정보를 놓고도 사람들의 행동이 다른 이유는 간단하다. 사람들 각자가 '위험(risk)'에 대한 생각이 다르기 때문이다. 이에 대해서는 다음과 같이 크게 3가지 부류로 나눌 수 있다. '위험을 선호하는 사람(risk lover)' '위험을 회피하고자 하는 사람(risk averter)' '위험에 대해 중립적인 투자자(risk neutral)' 등이다.

각자가 자신의 위험에 대한 입장이 어떠한지 정확히 파악하고 있어야 한다. 하지만 자신이 위험 선호자인지 아닌지를 알기 전에 먼저 돈의 흐름을 이해하고 있어야 한다.

강물은 작은 개울이 모이기 시작하는 지점에서 시작해 광활한 바다에 이른다. 바다의 파도와 일기를 보는 것과 개울에서 강에 이르기까지의 지형과 물길을 이해하는 것은 다르다. 돈의 흐름을 좌우하는 것은 싫든 좋든, 인정하든 인정하지 않든 소위 '큰손'이라 불리는 부자나 기관들이다. 바다물고기들에게 민물물고기처럼 살라는 것도, 그 반대도 어울리지 않는다.

하지만 공통점이 있다. 큰 물고기를 잡으려면 큰 미끼를 써야 한다는 것이다. '고위험, 고수익(high risk high return)' 개념에는 투자와 투기적 심리가 모두 함축되어 있다. 하지만 같은 점은 고위험에 투자(투기)하기 위해서는 소위 '올인'할 수 있는 '위험'에 대한 한없는 사랑이 필요하다는 것이다.

'죽음의 턱'이 예측하는
다가올 미래

예를 들어보자. 〈도표 21〉의 그림은 필자가 2018년부터 외부 강연에서 자주 인용했던, 미 증시를 예측하는 그림이다. 소위 '죽음의 턱(Jaws of Death)' 혹은 '메가폰' 형태의 다우지수를 통한 중단기적 예측 그림이다. 2015년 12월 22일 증시분석가인 데이비드 챔프만(David Chapman)이 큰 시장붕괴에 한 걸음 더 가까워졌음을 보여주면서 제시한 그림이다.

〈도표 21〉 데이비드 챔프만의 '죽음의 턱'(다우지수 변화추세 및 전망)

자료: thestreet.com, GoldChartsRUs.com

> ▶ 소위 '죽음의 턱(Jaws of Death)' 혹은 '메가폰' 형태의 다우지수를 통한 중단기적 예측 그림이다. 2015년 12월 22일 증시 분석가인 데이비드 챔프만(David Chapman)이 우리가 큰 시장붕괴에 한 걸음 더 가까워졌음을 보여주면서 곁들인 그림이다. 데이비드의 증시분석은 금가격과 다우지수의 비율을 통해 이루어진다. 데이빗은 당시 다우지수가 역사적 절정에 이미 도달했을 것으로 보고, 더 늦기 전에 시장을 떠날 준비를 할 것을 권고했었다.

이 같은 필자의 예측을 들은 당시의 청중 중 몇 사람이 이에 대응을 했을까. 혹자는 저자에게 묻는다. "그렇다면 당신은 이에 대한 대응을 했는가." 답은 상상에 맡긴다.

사실 데이비드의 증시분석은 금가격과 다우지수의 비율을 통해 이루어진다. 뒤에서 자세히 설명하기로 하고, 우선은 이 그림에 집중해보자. 데이비드는 당시 다우지수가 역사적 절정에 이미 도달했을 것으로, 보고 더 늦기 전에 시장을 떠날 준비를 하라고 권고했었다. 이 '죽음의 턱' 혹은 '메가폰' 형태의 증시분석은 데이비드 챔프만의 독특한 분석자료다. 그의 분석이 필자의 관심을 끈 것은

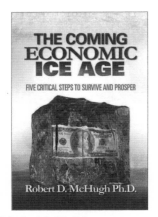

* 주: 『다가오는 경제 빙하기(The Coming Economic Ice Age』, 로버트 맥휴

자료: yahoo.com

▶ 당시 다우지수가 역사적 절정에 이미 도달했을 것으로 보고, 더 늦기 전에 시장을 떠날 준비를 하라고 말한 데이비드 챔프만의 분석은 로버트 맥휴(Robert McHugh) 박사가 그의 저서인 『다가오는 경제 빙하기(The Coming Economic Ice Age』에서 거론한 거대한 메가폰 형태와 정확히 닮았다.

2015년 그가 1945년 브레튼우즈체제에서부터 1975년 자유변동환율 시대 이후 증시의 변화를 그림으로 설명한 기사를 통해서였다.

데이비드는 이 같은 분석은 로버트 맥휴(Robert McHugh) 박사가 그의 저서인 『다가오는 경제 빙하기(The Coming Economic Ice Age』에서 거론한 거대한 메가폰 형태와 정확히 닮았다.

2015년 4월경 또 다른 증시분석가인 제이 테일러(Jay Taylor)는 맥휴 박사와 다음과 같은 대화를 이메일로 주고받는다. "현재 미국 다우지수에 대해서 어떻게 보는가." 맥휴 박사의 답은 명료했다. "내가 차트를 읽는 방식에 따르면 메가폰 패턴이 완성되었고, 다섯 번째 물결이 상한선을 만졌으므로 지금은 쇠퇴하는 과정에 있는 게 확실해. 이를 통해 주식이 하락하고 금이 랠리를 한다는 것을 확인할 수 있지. 매우 흥미로운 차트 형태가 만들어지고 있어."

GoldChartsRUs.com가 제작한 이 차트에 '엘리엇 파동(Elliott Wave)'이 추가되었다. 분명히 다우/골드 비율에 대한 이 장기적인 '죽음의 턱' 차트는 연준이 1913년에 창설된 이래로 전형적이고 명확한 엘리엇 파동 패턴을 보여준다.[*]

맥휴 박사의 증시분석은 자연의 법칙을 따른 것이다. 피보나치 수

---

[*] 엘리엇 파동(Elliott Wave)은 회계사 출신 랠프 넬슨 엘리엇(Ralph Nelson Elliott)에 의해 1930년대에 제시된 주식시장 분석기법의 일종이다. 주식시장의 흐름에 대한 기술적 추세분석 이론으로, '자연의 변화와 인간의 행동이나 심리가 일정한 파동 형태로 반복된다'는 것에 착안해 주식시장의 흐름도 이와 같은 파동을 이루고 있다고 본다. 그는 주식시장의 흐름을 시간·패턴·비율의 관점으로 분석했으며, 피보나치 수열을 기본으로 상승장과 하강장에서 전형적으로 발견되는 파동과 그 반복되는 주기를 분석했다. 엘리엇 파동이론은 1937년 증시대폭락을 예측해 큰 관심을 받았다.

열의 기본원칙을 '자연의 수'라고 부르는 이유다. 예를 들어 "토끼 한쌍이 번식을 할 때 1년 뒤에는 모두 몇 쌍이 될까"라는 물음에 대한 답은 피보나치 수열로 알 수 있다. 솔방울이나 해바라기 씨의 모양, 천체 우주의 은하계 분포 등은 이러한 피보나치 수열과 자연수학을 뛰어넘는 물리학과 유체역학 같은 또 다른 영역의 기하학을 참고로 하는 것이다. 이를 '프랙탈 기하학'이라고 부른다.

다소 복잡하고 어려운 것 같지만, 그렇지 않다. 간단히 말하자면, 자연의 법칙과 증시의 추세변동 법칙은 동일한 형태를 띤다는 것이다. 최근 월가에서 많은 기하학 전공자들을 선발하는 이유도 여기에 있다. 프랙탈 기하학과 피보나치 수열은 이러한 자연계의 고사리 잎이나 솔방울같이 유사한 모양의 분포가 어떤 형태로 정리되는지를 보는 것이다. 더 간단히 말하자면 상식과 자연법칙이 증시에도 그대로 적용된다는 의미다. 증시도 '자연의 법칙'과 '상식'을 벗어나지 않는다는 것이다.

'죽음의 턱'을 자세히 설명하기 위해 먼저 〈도표 22〉부터 설명하기로 한다. 좌측과 우측의 그림은 같은 그림이다. 다만 우측 그림은 각각 저점과 고점을 나타내고 있다.

기술적 분석은 일반인들이 이해하기 어렵다. 하지만 데이비드 챔프먼이나 로버트 맥휴 등 많은 증시분석가들의 견해 등은 충분히 인터넷상 검색을 통해 공부할 수 있다. 구체적인 기술적 분석을 배우기보다는 신뢰할 수 있는 분석가들이 수십 년의 경험을 통해 알려주는 법칙을 잘 이해하고 자신의 투자 포인트로 잡는 것이 바람직하다.

〈도표 22〉 지난 200년간 다우지수와 금값 비율의 변화추세

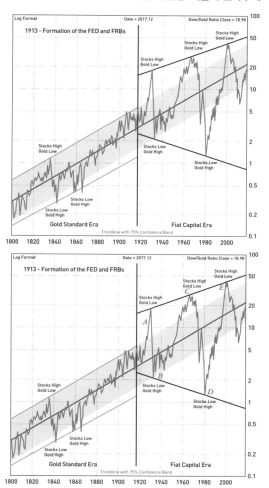

자료: Jay Taylor, "A Most Interesting Dow/Gold Ratio "Jaw of Death" Formation, April 13, 2015

▶ 이 그림은 미국 다우지수와 금값의 비율이 지난 200여 년간 어떻게 변했는가를 보여준다. 2011년 이후 금 약세시장을 보면 지난 1913년 이후 100년 동안 금값에 비해 하락하는 주식의 가격하락 추세가 주가고점과 금값저점 혹은 주가저점 및 금값고점의 패턴을 반복해온 것을 볼 수 있다.

〈도표 22〉는 미국 다우지수와 금값의 비율이 지난 200여 년간 어떻게 변했는가를 보여준다. 근대 이후 금은본위제도 시절에서 법정 불환화폐가 본격적으로 자리를 잡기 시작한 1913년을 분리해 경제 상황과 주식시장의 변화를 살펴보는 것이다. 2011년 이후 금의 약세 시장을 보면 지난 1913년 이후 100년 동안 금값에 비해 하락하는 주식가격의 하락추세가 주가 고점과 금값 저점 혹은 주가 저점 및 금값 고점의 패턴을 반복해온 것을 볼 수 있다.

예를 들어 점 C에서 점 D로의 1960년대 이후 이동은 주가가 금값 상승보다 빨랐던 C 시기에서 금값이 주가상승을 앞지르는 점 D로 이동한 것을 볼 수 있다.

당시 점 C에서 점 D로의 이동을 각각 주가하락과 금값 상승으로 나타내면, 점 C에서 금값으로 표현된 주가가 $200/온스였다면, 점 D에서는 $100/온스로 주가가 거의 반토막이 난 상태임을 볼 수 있다. 같은 방식으로, 2차 세계대전 이후 미국이 글로벌 리더십을 구축하는 기간 동안 미국 달러화의 기축통화 안착은 금값을 떨어뜨리고 대신 주식시장의 주가지수가 급등하는 형태로 나타났음을 점 B에서 점 C로의 이동을 통해 볼 수 있다.

다만 이때 고려해야 할 사항은 전자의 경우 브레튼우즈체제가 붕괴된 1975년 이후 자유변동환율제도로 인해 금값이 급격히 상승하는 반면, 2차 세계대전 직후에는 '금 1온스당 미국 35달러'로 고정된 고정환율제도였다는 점이다.

세계 자본시장의
새로운 질서가 만들어지고 있다

2021년까지만 해도 금에 비해 주식의 상승 움직임이 뚜렷한 상황에서는 금값이 상대적으로 하락하는 모양새를 갖추었어야 하지만, 실제로는 그렇지 않았다. 매일같이 금값보다 주식시장이 좋다는 것은, 금은 돈을 투자해 매입할 수 있는 안전자산으로서의 역할을 하기가 어렵다는 것을 시사하기도 한다. 이럴 때 수익을 내기 위해서는 '월스트리트 카지노 게임'을 하는 것이 가장 좋다.

하지만 주목해야 할 점은 월스트리트 카지노 게임, 즉 주식시장 투자는 다양한 인적 수단을 통해 사람들이 '자연의 법칙'을 무시한 채 점점 더 많은 위험을 감수하도록 강요한다는 사실이다. 소위 '묻지마 투자'를 하거나, 다른 사람이 투자하니 '나도 투자한다'는 밴드웨건 효과가 나타나게 된다. 투자는 자신의 책임하에 자신의 성향과 분석 내용을 바탕으로 스스로 결정하는 것이 기본이다.

우리가 이미 알고 있듯이, 미 연준은 실제로 시장에서 2006년 이후부터 2008년 서브프라임 모기지 사태가 일어날 때까지 '죽음의 턱' 사태를 일으켰다. '죽음의 턱' 아래턱은 다음 주식시장 폭락과 금 강세장처럼 다우 대 금의 비율이 1:1보다 크게 낮아지는 것을 의미한다. 2008년 이후 금값이 이미 온스당 2,000달러까지 육박한 경험이 있다. 이 그림이 끝나는 시점에 '죽음의 턱' 위에 있는 점이 아래로 급격히 하락했다는 것은 누군가는 그 희생물이 되었음을 짐작할 수 있다.

미국의 주요 투자은행인 리먼 브라더스가 파산했고, 이들 투자은행들의 손실이 3조 달러, 가계의 부동산시장 붕괴 및 주가하락에 따른 자산손실이 1조 달러 이상이었음을 볼 때 그 희생자가 누구였는지 짐작할 수 있다. 진정한 희생자는 역시 미 달러 환율급등과 금리인하에 민감한, 미 달러화 표시 자산을 들고 있던 한국·일본·중국과 유럽 국가들이었다.

물론 이와 같은 장기 차트는 매일 거래하는 단타 투자자나 시장에 있는 사람들에게는 거의 도움이 되지 않는다. 하지만 작은 그림도 큰 그림에서부터 시작한다는 점에 주목해야 한다.

장기적 분석에서도 다우/금 비율의 주요 구조변화가 당장 몇 달 뒤에 시작되는지, 올해 시작되는지, 아니면 미래에 1년 또는 바로 이틀 후에 일어날지는 단정하기 어렵다. 분명한 것은 우리의 시선은 항상 장기적인 그림을 주목해야 한다는 사실이다. 기술적이면서도 근본적인 자연법칙과 상식을 이해할 때 소위 '월가의 주식시장'을 마치 '카지노 게임'에 비유하듯 일종의 투기적 도박행위로 치부해버릴 수도 있다. 글로벌 자본시장의 핵심으로 2008년 글로벌 금융위기에서 엿보듯이, 어떤 도덕과 윤리적 가치 기준 등의 명확한 규제가 존재하지 않는다면 미국식 자본주의의 완전한 쇄락이 가능하다고 볼 수 있다. 따라서 2008년 이후 실제로 이행된 지속적인 양적완화(Quantitative Easing, QE)는 어쩌면 순수한 자본주의 생명의 피를 희생시키거나 기만하는 것 이상의 꼼수와 작전을 숨기고 벌어진 일이라 할 수 있다. 미 연준과 월가는 간단히 말하면 '한통속이다.' 월가의 글로벌 투자은행들이 미 연준의 대주주들이기 때문이다.

시장, 특히 자본시장의 본질적 역할은 가격발견(price discovery) 기능에 있다. 변화하는 사회와 진보하는 자본주의 시장경제는 수요와 공급이 교차하는 지점에서 균형가격과 균형생산량을 만들어내도록 요구하지만, 이러한 균형가격과 균형생산량을 찾아가는 실질적 역할은 가격변화와 함께 여기에 투자된 자본의 수익변화와 동시에 일어난다는 상식에 근거한다. 그게 아니라면 자본주의 체제는 계속 존재할 수 없다.

1913년 미 연준의 설립과 함께 달러화의 부분적인 부실화가 시작되고, 1933년 루스벨트와 1971년 닉슨에 의해 미 달러화의 가치가 변화하는 가운데 미 달러화의 불법화가 심해졌다. 시장에 끊임없이 개입한 결과 세계시장은 효율성과 안정성이 훨씬 떨어졌다고 해도 과언이 아니다. 현재에 이르러 '환율전쟁'이 자주 거론되는 이유도 바로 이 때문이다.

따라서 '죽음의 턱(jaws of death)'을 통해 향후 주가와 금의 역의 상관관계를 이해할 수 있다는 점은 그리 놀라운 일이 아니다. 예컨대 2008년 기준 금값은 온스당 약 800달러에서 2011년 1,900달러까지 급등했다가 다시 하락반전 후 2016년 약 1,100달러에서 2020년 중반 이후엔 다시 2,000달러까지 급등하는 등 근래 20년간 급격한 추세전환을 보여주고 있다. 이러한 변화와 '죽음의 턱'은 실제로 자본시장 구조론적 입장에서 보면 마치 세계 자본시장의 새로운 변화가 만들어지고 있다는 것을 암시하는 듯하다.

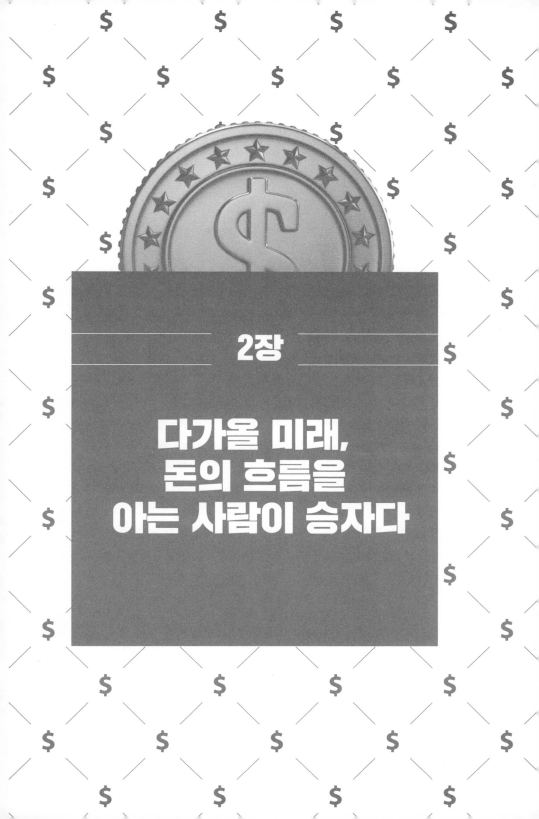

2장

다가올 미래,
돈의 흐름을
아는 사람이 승자다

목적이 없는 공부는 참된 공부라 할 수 없다. 돈의 흐름을 알고자 하는 이유는 다가올 미래의 변화를 제대로 보고 읽어 나의 자산을 제대로 지키고, 더 나아가 새로운 부를 축적하고자 하는 바람이 있어서가 아닐까. 돈의 흐름을 아는 사람과 모르는 사람의 차이는 미래를 미리 대비하는 데 있다.

경기와 사회의 변화는 계속 순환한다. 인류가 진화하고 진보하는 것은 지속적으로 시련을 극복하고 일어서는 일을 반복해왔기 때문이다. 시련을 극복하고 일어서는 힘은 창의와 창조의 에너지를 근본으로 한다.

노동과 여가 가운데 돈의 흐름을 아는 사람들은 노동에 집착하지 않아도 된다. 자본의 힘이 노동의 생산성을 능가하기 때문이다. 당연히 인간은 노동보다 자본의 축적에 집중한다. 돈이 있으면 무엇이든 할 수 있고, 어디를 가든 최고의 대접을 받는다는 믿음도 생겨났다.

문제는 우리 모두가 돈의 흐름을 정확히 알고 있지 못하다는 점이다. 경제학에서는 원초적인 시장의 기능, 즉 모든 정보의 투명한 공개를 가정하지만, 실질적으로는 비대칭 정보가 대부분이다. 따라서 그 흐름을 알고 심지어 제어하는 기관이나 소수의 개인들이 비대칭 정보를 가지고 부를 축적하게 된다. 이 책을 읽는 이유도 행간에 숨어 있는 비대칭 정보를 타인보다 먼저 찾아내어 자기 확신을 갖고자 함이다.

화폐에서 시작된
돈의 개념

제럴드 다이아몬드가 인류문명의 불균형이 일어난 원인으로 제기했던 '총, 균, 쇠'는 다른 말로 '전쟁, 질병, 경제'로 재해석된다. 전쟁과 질병에 대한 이야기는 앞에서 많이 다루었기에 고대 이후 경제활동과 돈의 흐름에 대해 간략히 정리해보자.

먼저 구석기, 신석기 등 석기시대에서 청동기시대로 이동하면서 인류문명의 큰 진전은 생산수단이 돌에서 청동기로 바뀌었다는 점이다. 물론 전쟁수단 역시 돌에서 청동기로 바뀜으로써 전쟁의 양상이 석기시대 때에 비해 치열했을 것으로 짐작된다. 중요한 것은 생산이다. 청동기시대로 이동하면서 경제활동이 빈번해진다. 생산량이 많아지면 인구도 급증한다.

여기서 다시 철기시대로 진입하게 되면서 각종 기계와 연장 도구가 활용되면 생산량은 산술급수적으로, 인구는 기하급수적으로 늘어나게 된다. 전쟁의 규모도 커지고 인구의 이동영역도 확장되면서 다양한 질병들이 창궐하게 된다.

생산이 인구의 필요 이상으로 급증한 것은 인류역사에서 사유재산제도의 시작이 된다. 잉여 농산물을 오랫동안 저장하기가 어려우니 시장을 통해 물물교환으로 각자 필요한 물품을 대체하기도 했을 것이다. 그러다 각종 화폐가 나오면서부터 '돈'이라는 개념이 근대 네덜란드의 동인도 주식회사를 통해 자본시장의 구성단위로까지 발전했다.

칼뱅의 종교개혁으로 돈은 더 이상 신적 존재의 신성한 나라에 가는 데 방해가 되는 장애물이 아니라, 인간이 피와 땀으로 벌어들인 과실로서 그만큼 가치 있고 귀하다는 개념이 정립된다. 시장에서 요구되는 수단으로서의 화폐와 인간의 노동력에 대한 절대적 가치를 반영하는 화폐는 역사에서 그에 걸맞은 금과 은으로 대체되어 통용되기 시작했다.

이처럼 하늘나라에 들어갈 때 커다란 장애물이었던 자본, 돈, 화폐가 근대 들어 긍정적 이미지로 전환하면서 시장은 식민지 개척의 시대에 들어섰고, 이는 다시 제국주의의 대결과 수많은 지역 간, 국가 간 전쟁의 역사를 초래했다. 즉 '전쟁'의 본질은 '부의 축적'에 있다.

한쪽이 일방적으로 부를 축적하고 다른 한쪽은 매번 부강한 나라의 부를 채워주는 역할을 한다면, 이것은 무역이 아니다. 무역은 서로 비교 우위에 있는 물품과 서비스를 서로 교환하는 행위다. 서비스 가운데 가장 중요한 서비스가 투자와 가치저장, 교환의 수단, 재화와 용역의 가치단위로 쓰이는 '자본'이다.

돈의 흐름은
고기압과 저기압의 원리와 같다

돈의 흐름, 즉 자본의 흐름은 고기압과 저기압의 원리와 같다. 바람이 부는 원리에 빗대어 설명해보자. 기압은(돈의 힘) 같은 고도(통화량)나 장소(자본시장), 시각(경기사이클)에서 각각 높은 곳(고점)과 낮은 곳(저점)이 생긴다. 이때 공기는 기압이 높은 곳에서 낮은 곳으로 이동한다. 날이 더운 것은 고기압이고, 온도가 낮은 곳이 저기압이다. 이처럼 두 지점의 기압 차이에 따라 수평적으로 이동하는 공기의 흐름을 '바람'이라고 한다.

토네이도는 서로 다른 방향에서 불어오던 바람이 한 지점에서 시계 반대방향으로 회전하면서 일어나는 강력한 바람이다. 경기가 호황에다 인플레이션이 뚜렷한 경제는 소위 '경기과열'을 우려한다. 공기가 주위보다 가벼워져 상승하기 때문이다.

이 말은 인플레이션으로 인해 돈의 가치가 곧 하락할 가능성이 높다는 것을 의미한다. 이러면 지표면의 기압은 낮아진다. 즉 돈은 곧바로 더 많은 수익을 낼 수 있는 안전자산을 찾거나 투자처로 이동할 준비를 하게 된다.

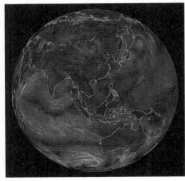

주: 바람의 방향

자료: earth.nullschool.net

▶ 토네이도의 경우, 서로 다른 방향에서 불어오던 바람이 한 지점에서 시계 반대 방향으로 회
  전하면 일어나는 강력한 바람이다. 경기가 호황에다 인플레이션이 뚜렷한 경제는 소위 '경
  기 과열'을 우려한다. 공기가 주위보다 가벼워져 상승하기 때문이다.

　다음에 나오는 자료에서 보듯 두 지점(두 국가 혹은 두 경제)의 기
압 차가 클수록(시장의 경기흐름이 호황 혹은 불황의 차이를 보이게 될
때) 바람이 강하게 분다. 대부분의 세계경제가 호황과 인플레이션을
경험하거나, 그 반대로 대공황이나 대불황을 경험하게 될 때 강한
바람이 시장을 초토화시키며 지나가게 된다. 물이 높은 곳에서 낮은
곳으로 흐르듯, 공기 또한 고기압에서 저기압으로 분다. 돈의 흐름
도 마찬가지다. 여기서 바람은 금리정책의 향방으로 비유된다.

　미 연준의 설립 이후 경제가 둔화될 경우 미국경제는 위기가 발
생할 때마다, 또는 경기 호황기에는 금리정책을 통해 시장의 열기를
뜨겁게 달구거나 식힐 해법을 찾았었다.

금리는 돈의 값어치를 말한다. 기압이 아니라 기온이다. 기압과 기온은 차이가 있다. 문제는 통화정책이 시장에서 일어나는 자연적인 기압과 기온의 차이에 역행하는 방향으로 진행될 경우 자본시장은 강력한 토네이도를 보게 된다는 것이다. 혹자는 이를 조지 클루니가 주연을 맡았던 2000년 8월 개봉작 〈퍼펙트 스톰(perfect storm)〉에 빗대어 말하기도 한다.

1965년, 1984년, 1994년에 미 연준의 금리정책 변화가 있었다. 미 연준은 1979~1981년 2차 오일쇼크 당시와 2004~2006년 고물가 기간에도 금리인상으로 맞불을 놓은 적이 있다.

1965년의 경우 금리인상이 있은 지 두 달 만에 주식은 1966년에 정점을 찍은 다음 그해 말까지 26% 하락했었고, 1970년에는 37% 하락했었다. 1979년부터 1981년까지의 2차 오일쇼크 당시 소비자물가는 '공급충격(supply shock)'과 고유가로 인해 상승률이 10%를 넘어섰다.

이에 미 연준은 급속히 기준금리를 9.37%p 올렸고, 이렇게 가파르게 오른 금리(바람의 세기가 강한 형태)정책으로 인해 1980년 미국의 경제성장률은 -0.3%를 기록했다. 이듬해 2.3%로 반등에 성공하나 싶었지만, 1982년 다시 -2.1%로 급락했다.

아울러 서브프라임 모기지 사태가 일어나기 직전 2004년과 2006년 사이 중국의 저가제품 공급과 골디락스 경제의 호황에도 불구하고 물가상승률이 미 연준의 목표치인 2%를 넘어 3%까지 넘어서자 미 연준은 기준금리를 4.25%p 인상한 바 있다. 그럼에도 2008년 부동산 버블붕괴를 선제적으로 잡지 못한 것은 미 연준의 금리정책에 회의적인 반응을 불러일으키기에 충분했다.

헬리콥터에서 돈을 마구잡이로 뿌릴 수도 있으니 미국과 세계경제는 너무 큰 걱정하지 말라던 벤 버냉키(Ben Bernanke) 전 연준의장은 지금쯤 자신이 강하게 주장하지 못했던 통화량 긴축과 금리의 급격한 인상 조치에 다소 책임의식을 가져야 한다. 21세기 들어서 처음으로 맞닥뜨린 세계경제 위기의 단초는 다름 아닌 흥청망청 소비하던 달러화와 이를 방조한 미 연준 및 월가에 있기 때문이다. 큰 그림에서 돈은 그렇게 흘렀다. 가진 자는 스스로 도덕과 윤리 기준을 마련하더라도 이를 지켜내기가 쉽지 않다.

월가에서 수학을 전공한 사람들을 우대하고 선발할 때 이미 '돈잔치'가 시작되었고, 그 희생양은 신흥국과 개도국은 물론, 부시정부 때 강조되었던 '내집 갖기 운동'의 연장선에서 자신의 소득과 상관없이 마구 오르는 주택가격을 보면서 '영끌'과 '빚투'를 감행했던 국민들이 될 수밖에 없었다.

투자은행 등 부동산 모기지 관련 파생상품으로 자본가의 탐욕을 내세운 탓에 무려 3조 달러의 손실을 입었다지만, 정부가 가장 먼저 손을 내밀어 도운 쪽은 서민경제가 아니라 이들 투자은행들이었다.

돈의 흐름은 기압의 차이에 따라 흐르고 이때 소낙비가 내릴지, 커다란 우박이 내릴지는 그때 그 시기, 그 장소에 기온과 기압의 차이가 어떻게 되는가에 달려 있다. 강한 비나 우박이 내리면 개인이 쓰고 있는 비옷이나 우산은 무용지물이 된다.

돈의 흐름을 아는 사람 vs.
돈의 흐름을 모르는 사람

증시에서는 돈의 흐름 혹은 통화 흐름을 수요와 공급에 따라 가격의 미래 움직임을 평가하는 데 사용된다. 증시에서도 이를 하나의 기술지표로 참고한다. 예를 들어 증시에서 사용하는 보조지표인 RSI(Relative Strength Index)가 있다.

통화 흐름은 업 틱(up tik)과 다운 틱(down tik)에서 거래되는 통화 거래량의 차이를 기술적 분석지표로 사용한다. 따라서 거래량(trading volume)도 중요한 구성요소다. 통화의 흐름은 그것의 유출입과 상관없이 통화량의 과잉공급 혹은 과잉수요를 각각 나타낸다. 투자자들은 전일과 당일의 현금 흐름을 분석하면 자연스럽게 돈이 자신이 투자하는 기업 주식에 들어왔는지 아니면 빠져나갔는지를 쉽게 알 수 있다.

양의 값을 가지면 주가는 올랐을 것이고, 음의 값을 가지면 주가가 빠졌다는 의미가 된다. 이러한 신호가 얼마나 강한지, 즉 얼마나 많은 거래량이 동시에 발생했는지를 감안하면 돈의 흐름의 강도와 주가의 향방을 짐작할 수 있다.

보다 거시적 경제 관점에서 살펴보면, 돈이 많이 풀리면 돈의 가치는 떨어진다. 돈의 가치가 떨어진다는 것은 금리가 하락한다는 의미다. 돈의 가치가 떨어지면 경기가 나쁘다는 의미다. 경기가 나빠지면 돈 값이 올라야 하지 않을까. 금리가 오르면 경기가 더욱 악화

2장 다가올 미래, 돈의 흐름을 아는 사람이 승자다

될 것이니 각국의 중앙은행들은 금리를 낮추고 시장에 더 많은 유동성을 풀려고 한다.

경기가 둔화되면 주식시장도 불경기다. 현금이 가치가 없어지고, 주식이나 부동산의 가치도 하락하니 결국 금 가치가 상대적으로 급등한다. 금이 급등한다는 의미는 현금가치가 예전만큼 못하다는 의미다. 그러면 주식시장과 부동산시장에서는 기업과 개인들이 유동성 확보를 위해 돈을 빼게 된다. 주식시장 및 부동산시장에서 런이 발생하면 주식이 휴지조각이 되고, 부동산 가격은 폭락한다. 2008년 서브프라임 위기상황을 떠올리면 이해가 쉬울 것이다.

반대로 경기가 좋으면 주가가 올라가고, 금의 가치는 하락한다. 주가가 올라간다는 의미는 돈의 가치가 상승한다는 의미다. 이때는 주식시장에 더 많은 유동성이 공급되어도 돈의 가치가 하락하지 않는다. 하지만 어느 임계점을 넘어 돈이 풀려 인플레이션이 나타날 조짐을 보이면, 중앙은행은 현금을 빨리 줄이기 위해 긴축정책을 편다. 이를 통화긴축 또는 '스퀴징(squeezing)'이라 부른다.

이처럼 돈 가치의 변화는 금과의 상대적 가치변화로 추정해볼 수 있다. 현금과 금의 상대가격 변화는 주식시장과 부동산시장 등 자산시장에서 현실화되기도 한다.

돈의 흐름을 아는 사람들은 기회를 잡고, 돈의 흐름을 모르는 사람들은 위기를 맞게 된다. 하지만 기회도 제대로 관리하지 않으면 위기가 된다. 한편 위기를 맞이한 사람도 자신의 돈 관리에 대한 실수를 빨리 인정하고 그 실수로부터 배우면 또 다른 기회를 맞이하게 된다. 중요한 점은 현재와 같은 세계질서 전환기에 돈의 흐름을 알고 이용해 향후 각자의 자산관리를 풍부하게 가져갈 수 있는지를 먼저 아는 것이다. 물의 흐름과 거꾸로 거슬러 올라가서는 먼 바다로 갈 수가 없다.

현재 세계질서와 경제체제의 패러다임 변화와 관련한 5가지 신호를 정리해보고, 이를 전제로 돈의 흐름을 살펴보자. 5가지 주요 패러다임의 변화는 첫째, 미 연준의 금리인상 기조, 둘째, 러시아-우크라이나 전쟁, 셋째, 고유가 및 물가상승, 넷째, 산업구조의 재편, 다섯째, 사회양극화 심화이다.

여기에 추가할 수 있는 중요한 또 다른 패러다임 변화의 변수들은, 첫째, 중국의 대만 침공 가능성, 둘째, 북핵 사태악화와 한반도 위기, 셋째, OPEC 등 페트로 달러정책의 기조변화가 세계 기축통화 지위를 흔드는 것이다. 이 3가지 변수들이 일어날 확률은 크지 않지만, 전혀 없는 것은 아니다.

이 5가지 주요 변수들에도 불구하고 물론 긍정적인 부분도 있다. 러시아-우크라이나 전쟁 와중에도 독일과 유럽에 일정량의 원유와 천연가스가 계속 공급되고 있다. 러시아-우크라이나 전쟁은 2가지 문제를 동시에 해결한다. '고유가와 고물가'는 동시에 해결될 수 있다. 이 2가지 문제가 해결되면, 미 연준의 금리인상 기조도 매파에서 비둘기파의 입지가 강화될 것이다. 이럴 때 돈의 흐름은 급류에 쏠리다가 다시 완만한 조류를 타는 형세가 된다. 강한 비가 오다가 금세 멈추고 하늘에는 일곱 색깔 무지개가 활짝 나오는 모양새다.

어떻게 하면 돈의 흐름을 이해할 수 있을까

　돈의 국가별 이동을 간단히 살펴보자. 미 달러화는 미국으로 몰리는 형태다. 미 연준이 금리를 올리는 한, 미국으로의 달러화 흐름은 불가피하다. 미국으로 돈이 몰리게 된다 하더라도, 그 돈이 시중에 풀리는 게 아니라 은행의 저축 형태로 되돌아온다. 동시에 안전자산으로서 미 달러화에 대한 수요가 증가함에 따라 세계시장에 풀린 미 달러화가 줄어들고, 미 달러화의 가치는 올라간다.

　만일 고유가와 고물가가 러시아-우크라이나 사태의 진정으로 하락세로 돌아설 경우 미 연준의 금리인상 속도는 늦춰질 전망이다. 저축으로 들어가는 미 달러화는 다시 주식시장이나 부동산시장으로 흘러갈 가능성이 있지만, 부동산시장의 경우 금리가 오른 상태이기 때문에 원리금 상환에 대한 부담을 가지고 주택매입 자금으로 쓸 가능성은 상대적으로 낮다.

　세계경제의 인플레이션이 다소 진정될 경우 주식시장도 다시 반등이 가능하다. 인플레이션이 하향 안정되고, 소비수요가 조금씩 살아나면서 기업수익이 증가할 것으로 예상된다. 유동성이 잠기는 부동산보다 기업의 수익증가 예상에 따른 증시호황의 경우 다시 주가지수는 반등이 가능하다. 신흥국과 개도국의 환율안정과 부도사태도 안정될 수 있다.

　글로벌 자금의 흐름은 글로벌 주식투자의 위험과 그에 따른 보상

체계를 이해하는 데 도움이 된다. 위험과 보상은 돈의 수요와 공급을 결정하는 핵심요소다.

1980년대 중반 유럽의 주식시장은 그다지 매력적이지 않았다. 하지만 미국과 영국의 연금기금이 유럽 주식시장에 대거 투자에 나서자 유럽증시는 크게 상승했다. 당시 미국과 영국의 연금기금은 해외시장에 진출해 포트폴리오의 다각화에 집중하던 시기였다. 따라서 연기금 등 '돈'을 거래하는 투자자들은 위험과 관련해 전 세계 시장에서 돈과 기타 자산을 거래할 수 있었다. 여기서 위험한 점은 미래에 투자에 대한 적절한 평가가격을 실현하지 못할 수도 있다는 것이었다. 당시의 투자목적은 저렴한 가격으로 주식을 구입하는 것뿐만 아니라 투자 후 높은 투자소득이 발생하는 것이었다.

이처럼 글로벌 투자의 위험과 수익을 이해하려면 현금 흐름에 대한 지식, 시장 매력도 측정 및 유동성에 대한 이해가 절대적으로 필요하다. 고유가 및 고물가에 따른 미국경제가 이들 인플레이션의 공포에서 해방될 때 미국으로 쏠려 있는 돈들은 어느 지역, 어느 국가, 어떤 산업에 투자될 것인가를 살펴야 한다.

예를 들어 비록 IMF가 신흥국 및 개도국의 2023년 경제성장률을 하향 조정하더라도, 미국과 유럽의 선진국 연기금들이 향후 수익을 낼 수 있는 가장 유력한 시장은 이들 신흥국 개도국 시장이다. 산업 측면에서는 과거 1990년대 석유재벌과 내연기관 제조업체들의 저항에 직면해 전기차 시장이 몰락할 수밖에 없었지만, 지금은 상황이 완전히 다르다. 이미 I4.0을 통해 전기차는 무인 자동차 시대, 6G 및 웹 3.0의 무한 질주를 시작했다. 웹 3.0은 우주항공 기술의 접목을 필요로 한다. 인공위성의 갯수가 중요하기 때문이다. 그렇다면 '과연 돈이 어디로 몰릴 것인가'를 예측하는 것은 그다지 어려운 일이 아니다.

시장에서 돈의 흐름을 발생시키는 변수들은 다음의 3가지로 요약된다. 이 3가지 변수가 앞서 설명한 시대적 상황 변수와 어떻게 맞물려 있는지가 돈의 흐름을 종합적으로 판단하는 핵심적인 자료가 된다.

첫째, 인구 통계(Demographics)에 돈의 흐름이 나타난다. 한 국가 인구의 연령 분포는 투자금액과 패턴에 영향을 미친다. 고령화된 사회에서 개인은 대개 소비에 집중하는 젊은이들과 달리 노후를 대비한 각종 연금 확대에 투자하는 경향이 있다.

예를 들어 미국과 일본, 한국 등에서는 인구 고령화가 돈의 흐름에 영향을 미친다. 상당한 인구 고령화로 인해 스스로를 보호하기 위한 노력의 일환이다. 베이비붐 세대 역시 이런 점을 이해하기 때문에 수입과 지출의 올바른 균형을 위해 노력하고 있다. 고령화 인구가 빠르게 성장하는 경제에서 연금은 더 빨리 성장할 수 있다. 미국의 경우 401K와 같은 주식 연금형 투자가 그 예다.

둘째, 주기적 유동성(Cyclical Liquidity)이 돈의 흐름에 영향을 준다. 주기적 유동성은 중앙은행의 역할과 기능을 이해하는 열쇠다. 유동성으로 중앙은행이 어떻게 통화정책을 운영하고 이러한 통화정책이 자국은 물론 국제사회에 어떤 통화적 파급효과를 가져올지를 추정할 수 있다. 미국이 금리를 올리면 세계 각국의 중앙은행이 이를 따라 금리를 올리고, 미 연준이 통화를 풀면 역시 각국 중앙은행들도 자국 화폐의 유동성을 팽창시킨다. 투자자들은 이와 같은 중앙은행의 행동과 국제관계 속에서 중앙은행들 간의 주고받기 패턴을 면밀히 분석해야 한다.

이를 통해 현재 유동성 주기상 어느 단계를 지나고 있으며, 따라서 어떤 자산에 투자를 해야 하는지를 결정할 수 있게 된다. 예를 들어 미 연준의 긴축통화 정책은 경기하강 국면의 경기 사이클과 맞물려 있으며, 이럴 때는 성장주에 투자하는 것이 가치주 투자보다 유용하다. 일반적으로 나스닥이나 코스닥에는 성장주가 많으며, 다우나 S&P 500, KOSPI 등에는 가치주가 많다.

〈도표 23〉 돈의 흐름을 좌우하는 3가지 변수

자료: corporatefinanceinstitute.com

▶ 인구 통계, 주기적 유동성, 경제 기초가 돈의 흐름을 좌우하는 3가지 요소다. 이 3가지 변수가 시대적 상황 변수와 어떻게 맞물려 있는지가 돈의 흐름을 종합적으로 판단하는 자료가 된다.

2장 다가올 미래, 돈의 흐름을 아는 사람이 승자다

셋째, 경제기초(Economic Fundamentals) 또는 경제체질이 돈의 흐름에 영향을 준다. 경제 펀더멘털이 중요한 이유는 현재 경제 상황이 어떤 방향으로 흐르고 있는지를 살피는 주요 변수가 되기 때문이다. 만일 경제 상황이 잘못된 방향으로 향하고 있을 때 과연 국가의 경제 펀더멘털이 이를 충분히 극복할 수 있는지를 확인하는 것이다. 국가나 기업 및 개인의 경제적 경쟁력을 판단하기 위해 상대국, 기업 및 시민들이 가지고 있는 경제적 펀더멘털을 사전에 정밀하게 연구하고 분석해두어야 한다.

투자자들은 한 국가경제의 펀더멘털이 어느 정도 강한지를 판단하기 위해 해당 국가에 대한 외국인 직접투자의 흐름을 살펴봐야 한다. 외국인 투자는 산업기술 발전에 중요할 뿐 아니라 동시에 기업자금 조달처로서의 주식시장과 투자처로서의 부동산시장에 집중될 가능성이 높기 때문이다.

예를 들어 주식시장에서 외국인들의 매수 혹은 외국인들의 포지셔닝을 주목하는 이유도 여기에 있다. 이러한 투자금은 대개 단기투자로 받아들여지고 경기가 급격히 냉각될 경우 외환보유고가 얼마나 이를 방어할 수 있는지가 국가경제 펀더멘털의 한 요소가 된다.

3장

다가올 미래, 돈은 이렇게 흘러갈 것이다

순환하지 않는 것은 없다. 순환은 주기를 갖는다. 주기를 갖는다는 것은 순환엔 일정한 법칙이 있다는 의미다. 그 법칙을 찾아내면 된다. 이 작업은 복잡할 듯하지만 간단하다.

18세기 중반 산업혁명 이후 인류의 발전과 돈의 흐름은 산업 발전의 속도 및 방향에 따른다. 상관관계가 높다는 의미다. 인류의 이동은 호기심에서 비롯된다. 호기심은 새로운 재화와 서비스를 가져다준다. 시장이란 것이 만들어지고 교역이 일어난다. 돈으로 결제를 하고, 각국의 서로 다른 화폐의 가치 크기는 '힘'으로 결정한다. 정복자의 돈 가치가 피정복자의 돈 가치보다 훨씬 크다. 산업을 발전시키기 위해, 더 크고 많은 생산을 하기 위해선 투자가 필요하다. 노동을 공급하는 것도 투자일 수 있지만, 그보다 주식회사를 설립해서 대규모 투자를 도모하는 것이 수익확대 측면에서 능률적이다. '노동의 한계생산성보다 자본의 한계 생산성이 더 효율적'이라는 주장이 설득력이 있어 보인다.

애덤 스미스는 '보이지 않는 손'에서 멈추지만, 존 케인스를 거치면서 돈, 즉 경제활동과 시장 등에서 갖는 유동성의 정체와 적체 등이 가져오는 문제점들을 이해하게 된다. 마침내 고전학파들의 '화폐' 경제이론과 케인스 학파의 재정학이 우리가 알고 있는 경제정책의 두 핵심 축이 된다. 1929년 이후 대공황, 1973년 전후의 1차 오일쇼크와 1975년 브레튼우즈체제의 붕괴, 1980년대 초반 제2차 오일쇼크, 2008년 서브프라임 모기지 사태 등 경제위기 해결에는 재정이든 통화정책이든 모두가 유동성의 속도와 크기를 조절하는 데 초점이 맞추어져 있을 뿐이다.

이제 바야흐로 I4.0 시대가 시작하는 중이다. 농업혁명에서 산업혁명으로, 이제는 디지털 혁명과 창의력 혁명으로 진화중이다. 돈도 이 길을 따라 흐른다. 유속은 새로운 산업혁명일수록 빠를 듯하다.

10년 주기로
돈의 흐름을 예측해보자

세계 경기 사이클을 10년 주기로 설정해보자. 물론 단기로는 3~5년, 장기로는 30년을 놓고 볼 수도 있다. 다가올 미래, 돈의 흐름을 예측하기 위해 먼저 10년 주기를 가정하도록 하자.

1975년 브레튼우즈체제 붕괴 이후 세계경제는 미국 달러화를 기축통화로 삼고 자유변동환율제도를 채택했다. 그 실험적 10년이 지난 1985년부터 달러화 지수와 금값의 변화를 살펴보면 2005년 필자가 왜 당시 금값이 향후 온스당 2,000달러까지 급등할 것인지 예측한 배경을 알 수 있을 것이다.

2008년 서브프라임 모기지 붕괴 직전, 필자는 2005년 금값이 온스당 2,000달러까지 갈 것이라고 예측한 바 있다. 당시 미국에 거주할 때 금과 관련한 비즈니스를 하는 교포들에게 금을 더 매입해두라고 말했었다.

필자가 한국에 귀국한 이후 워싱턴 D.C. 싱크탱크에서 잠시 객원 연구원을 하고 있을 때의 일이다. 미국 뉴욕에 총괄본부를 두고 있던 대기업 회장님이 "은퇴 자산으로 무엇을 사두면 좋을까"라고 물었을 때 역시 필자의 답은 "금"이었다.

당시 2006년 미국 워싱턴 D.C.에서 가장 민감한 이슈였던 미국 내 문제인 '서브프라임 모기지' 사태 가능성과 중국 위안화 45% 절상 요구에 대한 이야기는 필자의 전작 『경제독법』에서 상세히 설명한 바 있다.

〈도표 24〉에서는 나오지 않았지만, 1980년 1월 2차 오일쇼크 초기의 국제 금 시세는 온스당 2,582.39달러였다. 한편 미 달러화를 기축통화로 한 세계 교역과 자본시장이 어느 정도 자리를 잡아가던 시점에 다시 미국 달러화는 쌍둥이 적자의 누적으로 가치가 하락하기 시작했다. 이런 추세는 1985년 플라자합의를 도출했으며, 일본의 경우 '잃어버린 30년'의 출발점이 되기도 했다. 20년이 지난 시점이었던 2005년 당시, 미국 주 정부 가운데 몇 개의 주정부가 파산에 가까운 재정 적자에 허덕이기 시작했다.

〈도표 24〉에서 보듯 2001년 4월 당시 온스당 436.30달러였던 금값은 2008년 3월 온스당 1,344.18달러를 돌파하더니, 2011년 8월에는 온스당 2,387.1달러의 최고점을 찍었다. 2022년 8월 1일 기준 금의 온스당 종가 평균은 1,854.22달러다. 여기엔 2001년의 9·11 테러와 2007년의 미국 서브프라임 모기지 부실이 가장 큰 영향을 미친 것으로 판단된다.

〈도표 24〉 연평균 금값 및 달러화 지수 변화추세

▶ 2001년 4월 당시 온스당 436.30달러였던 금값은 2008년 3월 온스당 1344.18달러를 돌파하더니, 2011년 8월에는 온스당 2387.1달러의 최고점을 찍었다. 서브프라임 모기지 사태가 본격화되고 난 후 유럽경제가 재정난으로 휘청이면서 금값은 정점을 찍었고, 이후 금 가격은 달러화 지수 대비 고공행진중이다.

온스당 금값이 다시 출렁이기 시작한 시점은 9·11 테러 이후로 보인다. 서브프라임 모기지 사태가 본격화된 이후 유럽경제가 재정난으로 휘청이면서 금값은 정점을 찍었다. 이후 금 가격은 달러화 지수 대비 고공행진중이다.

여기에서도 가상화폐 가치가 왜 급등을 했는지 짐작하고도 남음이 있다. 부동산이 몰락하고 안전자산에 대한 선호도가 높아질수록 금, 은 및 달러화 등 대체할 수 있는 안전자산에 대한 투자수요는 증가하기 마련이다. 즉 가상화폐는 금과 미 달러화 사이에 낀 대체투자 대상이다. 달러화에 대한 금리가 올라갈수록 가상화폐의 매력은 급락할 수 있다. 금 가격이 올라갈수록 역시 가상화폐에 대한 수요는 잠시 멈출 수 있다.

주기적으로 놓고 보면, 2008년 이후 10년이 되는 시점인 2018년 세계경제는 2년 후 닥칠 '팬데믹'이라는 복병에 대해 그 어떤 전망이나 예측도 불가능했었다. 어쨌든 주식시장은 다우지수가 2007년 14000대에서 고점을 잡더니, 2018년 1월 26000대, 2020년 2월에는 29000대로 오르고, 2021년 팬데믹 기간에도 36000대로 급등한 상태였다.

당시 주식시장이 뜨거웠던 만큼 부동산시장은 잠잠했었다. 하지만 부동산시장도 2021년부터 다시 움직이기 시작했다. 풀린 돈과 증시에 이제 어느 정도 과부하가 걸렸다는 암묵적 동의가 있었기 때문이 아닐까. 서브프라임의 붕괴 이후 아픈 추억이 오래간 때문인지 좀처럼 움직임이 없던 부동산시장이 '가격상승'이라는 은하철도를 타는 순간, 미국과 러시아의 대리전 양상을 띤 러시아-우크라이나 전쟁이 발발했다. 그러면서 세계 원자재 가격과 곡물가격, 유가마저 공급사슬의 혼돈을 틈타 엄청난 기세로 시장가격이 상승해 인플레이션을 몰아부쳤다.

이 정도에서 부동산 열기가 멈추었기에 망정이지, 미 연준이 금리를 더 늦게 올릴 생각이었다면 어떻게 됐을까. 아마도 세계경제는 지금보다 더 빠른 속도로 경기둔화와 스테그플레이션의 위기 속으로 떨어졌을 것이다.

21세기 들어
돈은 어떻게 흘러가는가

돈은 왜 '흐른다'는 표현을 쓸까. 잠시 뒤에 자세히 설명하기로 하고, 우선 21세기 들어 돈이 어떻게 흘러가고 있는지 요약해보자.

20세기 말부터 신자본주의에 대한 논의가 한창 강조되었다. 즉 과거 제조업 중심의 세계경제가 이제 미 달러화를 안정적인 기축통화로 하는 새로운 질서가 구축된 상황이었다.

그러자 새로운 부가가치 산업을 찾아 나서는 과정에서 제조업보다 더 빠르고 더 많은 수익을 낼 수 있는, '자본시장'의 새로운 가치를 하나씩 부를 축적하는 카드로 꺼내들기 시작한다. 제조업은 공장과 노동 등 다양한 투입 인프라를 필요로 하지만 자본은 컴퓨터 자판과 인터넷 연결만 가능하면 손쉽게 부가가치가 창출된다. 금리를 통해서다.

탐욕은 인간의 본능적 심리이고, 기업이 추구하는 암묵적으로 합의된 가치다. 이를 탓할 수는 없다. 탐욕의 정도가 사회의 공동 이해관계를 해치고 국가의 이해관계에 반할 때, 그리고 매우 심각한 혼란을 야기하는 순간 정부는 비로소 이를 들여다본다. 자본시장에서 선제적 대응이라는 것은 지금껏 존재하지 않았다. 인류 역사상 17번의 대공황과 대불황은 모두 자본시장 혹은 자산시장의 버블붕괴에서 비롯되었다.

더욱이 정부가 '도덕적 해이'에 빠져 있을 경우에는 공황과 불황의 상황이 극한 상황에까지 치달을 수 있다. 정부가 '도덕적 해이'에 빠지는 경우는 월가와 같은 자본가들이 결탁할 때, 정부의 무능으로 자본시장에 대한 규제·관리 및 감독이 이루어지지 않아 금융횡포가 전횡할 때, 경제권력이 정치권력을 지배할 때 등으로 다양한 원인을 찾을 수 있다.

중세 봉건주의가 붕괴하고 시장 자유주의 이념이 본격화되는 17세기 중상주의 이후 이 같은 추세는 지금까지 이어져오고 있다. 자유무역과 시장중심의 경제체제가 옹호되면 이에 따라 정치제도도 변화했다. 예를 들어 중상주의는 자유무역주의와 보호무역주의로 나뉘어 정치적 논쟁을 가속화시켰고, 정당의 출범도 각 정당별 자유시장 체제의 운용 방식을 놓고 서로 다른 정책과 견해로 국민들로부터 심판을 받거나 또는 기업으로부터 선택을 받는 과정이었다.

1991년 구 소련의 붕괴 이후 미국 중심의 자유주의 무역 정책은 세계경제의 메인 프레임으로 자리를 잡았다. 하지만 이보다 더 중요한 것은 실물경제보다 자본시장의 변화와 발전이 더욱 은밀하게 벌어지고 있었다는 점이다.

돈의 흐름은 우리가 알고 있는 실물경제의 물류 흐름보다 더욱 조용하고 빠르게 움직인다. 그래서 눈치를 채기 어렵고, 시의적절하게 자본가들의 움직임을 느끼지 못했을 뿐이다. 그때는 특별한 시기였을지 모르지만, 금융 시스템에 유동성을 공급하려는 움직임은 늘 자본(돈)과 신용의 흐름과 함께하게 된다. 이를 '정보(information)'라고 부른다.

금융 시스템 내에서 이들 '정보'의 양은 엄청나다. 하지만 시장이라고 해서 누구나 접근 가능한 것도 아니다. 시장의 정보를 누가 먼저 정확하고 일관되게 선점하는가에 따라 투자의 결과에는 엄청난 차이가 발생한다.

일반적으로 큰손들이 갖는 정보의 양과 질은 일반 투자가들의 그것과는 큰 차이가 난다. 자본의 양과 정보의 질, 정확도 간에는 매우 밀접한 상관관계가 존재한다. 하지만 이러한 가정의 역이 항상 옳은 것도 아니다. 시장에 존재하는 정보의 비대칭성이 그만큼 자본시장의 승패에는 중요한 결정적 요인이 된다.

금융 시스템은 항상 돈을 가지고 있는 사람들로부터 그것을 필요로 하는 사람들, 즉 투자자에서 회사 및 모기지 대출 기관에 이르기까지 돈이 모든 사람들에게 오고가는 배관의 기능을 한다. 이러한 파이프가 막히고 돈이 흐르지 않을 경우 전체 금융 시스템은 1930년 대공황, 2008년 글로벌 신용위기 등처럼 엄청난 혼란이 야기되는 어려움을 겪게 된다.

그렇다면 돈의 흐름, 즉 '유동성(liquidity)'이란 정확히 무엇일까. 유동성은 자산이 현금으로 판매되는 것이 얼마나 쉬운지를 나타낸다. 현재 상태에서 돈으로 흐르기 때문에 '액체'로 표현된다. 때로는 중간에 열기가 가해지면 기체로 변해버려 오간 데가 없어지는 황망한 사태도 발생한다. 유동성은 금융 시스템을 통해 흐르는 돈의 양을 말하기도 한다.

예를 들어 한 은행에서 다른 은행으로, 은행에서 자동차나 주택을 사기 위해 돈을 빌려야 하는 사람들, 또는 사업비용을 충당하기 위해 돈이 필요한 사람들까지 모두 금융 시스템을 통해 돈이 흐른다. 따라서 금융 시스템을 통해 금융시장과 거래자, 실물시장과 거래자가 각 자산의 고유가치에 가능한 한 적절한 가격으로 주식이나 채권은 물론 상품(재화와 용역)을 교환하는 것이 얼마나 편리한지도 알게 한다.

금융 시스템을 통해 돈이 은행에서 고객에게로, 또는 시장에 나온 다른 사람들의 판매 자산을 취득하기 위해 현금이 필요한 상인이나 개인들 사이에 흘러가야 하는 것처럼, 다양한 이해관계로 얽혀 있는 사회 안에서도 돈은 흐르기 마련이다.

고용환경의 개선으로 사람들이 물건을 살 돈이 충분하다면, 즉 소득이 늘어난다면 기업은 매출이 증가하면서 고용과 생산을 더욱 늘려갈 것이다. 기업이 생산을 늘리면 고용과 소득 증대로 시중에 돌아다니는 자금의 유동성이 크고 빨라지게 된다. 반대로 기업이 생산을 중단하면 직원을 해고하게 되고, 돌아다닐 돈이 훨씬 적어질 수밖에 없다.

중앙은행은 이러한 서로 다른 2가지 경제환경에 직면했을 때 금융 시스템을 통해 금융 및 실물경제에 대해 일정 부분 통제와 관리를 함으로써 유동성의 빠르기를 조절하려 한다. 중앙은행이 파이프라인과 파이프라인을 타고 흐르는 돈의 흐름 속도와 총량을 총괄하는 것이다.

2020년 이후 나타난 경제위기는
예전과는 양상이 다르다

앞의 설명에서처럼 2020년 이후 나타난 세계경제의 둔화는 주식 시장의 결함이나 금융 시스템의 문제로 인한 경기침체와 위기와는 성격이 다르다. 전 세계적으로 전염병으로 인해 사람들의 안전을 지키기 위해 경제의 일부가 폐쇄된 것에서 비롯된 위기다. 기업은 수요와 공급의 모든 측면에서 혼란스러운 상황에 직면했다.

글로벌 셧다운으로 인해 제품을 공급하는 공급망이 타격을 입었다. 이런 가운데 기업들과 자영업자, 중소상공인들은 현금을 비축하기 위해 최대한 신용한도 내에서 유동성 확보를 시작했고, 또 다른 한편에서는 비용 충당을 위해 예금한 돈을 인출해야만 하는 일이 벌어졌다. 그 결과 은행 등 금융기관들은 유동성의 상당 부분을 잃을 위기에 처하게 되었다.

전염병이 시작될 때 사람들이 너 나 할 것 없이 화장지를 비축했던 것처럼 투자자, 은행 및 회사는 현금을 비축하려고 한다. 현금을 확보하는 가장 쉬운 방법은 주식과 채권 같은 유동자산을 매도하는 것이다.

투자자들에게 이는 위험한 주식과 고수익 채권을 먼저 청산해 현금과 같은 안전한 자산을 구매·확보하는 것을 의미한다. 하지만 경기침체가 '불황, 대불황, 공황, 대공황' 순으로 위험이 확산되고, 현금의 필요성이 커질수록 사람들은 국부조차도 매각하길 바라게 된다.

유동자산의 구매 및 판매는 구매자와 판매자가 짝수인 한은 일반적으로 문제가 되지는 않는다. 그러나 모든 사람이 마진콜을 맞추기 위해 또는 비용을 충당하기 위해 현금을 필요로 하거나, 동시에 유동자산을 매각하려 할 때에는 문제가 달라진다. 그러면 아무리 작은 현금이라 하더라도 유동성을 지키려 할 것이다.

아무도 그들이 가진 작은 현금을 포기하고 싶어하지 않을 때 오히려 유동자산을 구매하려는 투자자에게 가장 필요한 것은 '신용'이다. 하지만 위기 때는 전형적으로 신용 공급이 부족한 사태가 발생한다.

대부분의 기업과 개인은 최대한 사용할 수 있는 신용한도를 가지고 있지만, 모든 기업과 개인이 동시에 가능한 한 많은 현금을 쥐고 있으려 하면 금융기관의 대차 대조표는 초긴장 상태가 된다.

은행은 이러한 균형을 유지하고 대출규제 등 요구사항을 준수하면서 대출을 계속 실행시킬 수 있는지 등을 확인하는 작업을 선제적으로 계속 진행할 필요가 있다. 만일의 경우 금융기관들은 유동성을 확보하기 위해 미 연방준비제도 이사회와 캐나다 은행으로 달려가 양적완화 및 환매 프로그램을 시작하기도 한다.

금융기관들은 자산의 일부를 은행 손에서 떼어내 대출을 확대할 수도 있다. 주요국의 정부와 중앙은행들은 2020년 대유행의 경제적 파급효과에 맞서 싸우기 위해 모든 힘을 쏟아부었다. 최후 수단의 대출기관으로서 금융 안정성을 보장하고, 우리가 안정적이고 신뢰할 수 있는 금융 시스템을 갖출 수 있도록 유동성을 제공하는 것이 중앙은행의 역할이다. 특정 위기 상황에서 적용된 조치가 올바르게 실행되었는지의 여부는 시간이 지나서야 알 수 있는 일이다.

하지만 기업과 개인 등 다양한 대출 수요자들이 향후 중앙은행과 재무부 등에서 적극적으로 공급하게 될 유동성이 결코 마르지 않을 것이라는 것을 이해할 수 있다면, 유동성 확보 경쟁을 중단할 수 있다. 이는 중앙은행이 시행하는 양적완화 정책의 목적이기도 하다. 중앙은행은 돈에 대한 수요가 몰리고 공급을 확대할 필요가 있을 때, 혹은 지나친 공급을 줄이고 수요를 억제할 필요가 있을 때 각각 확대 및 긴축 통화정책을 시행하게 된다.

가까운 미래, 돈의 흐름은 어떻게 될 것인가

글로벌 금융시장에서 돈의 흐름은 어떻게 될 것인가. 산업, 기업 및 개인 간 돈의 흐름은 어떻게 될 것인가. 금융 시스템으로 보면 중앙은행에서 은행으로 돈이 흐르고, 은행은 이러한 돈의 수요처를 찾아 자신들의 예금금리와 대출금리의 수익 차를 최대화할 수 있는 곳을 찾아 나설 것이다.

그들은 어디를 투자처로 찾을까. 미국의 금융시스템, 즉 유동성이 흐르는 파이프라인이 어떻게 시장에 연결되어 있고, 누가 유동성의 흐름을 어떤 방식으로 조절하는지를 이해할 경우, 향후 돈의 흐름을 예측하는 데 도움이 될 것이다.

글로벌 금융시장에서 새로운 유동성 파이프라인을 만들고 이를 통해 세계 금융 및 실물경제에 또 다른 실력자가 되기를 원하는 경제주체가 바로 중국이다.

동남아 국가들이 무역결제 통화로 위안화를 받아들이게 하고, 엄청난 규모의 인프라 구축 사업에 대출을 불사하는 가운데 과연 중국이 글로벌 금융시장에 절대 강자로 부상할 수 있을까. 답은 간단하다. 당장은 불가능하다. 그렇다고 가까운 미래에 가능하다는 이야기도 아니다.

이것이 가능하려면 몇 가지 충분조건들이 있다. 첫째, 국가 규모의 경제, 범위의 경제, 밀도의 경제가 글로벌 금융 시스템과 실물경제 체제에 적합해야 한다. 둘째, 국가 금융기관의 신용 및 신뢰를 담보할 수 있는 금과 같은 자산보유량이 충족되어야 한다. 설마 중국이 중국인민은행의 CBDC를 금의 대체 담보물로 생각하는 것은 아니길 바란다.

셋째, 글로벌 주요 산업의 표준화와 룰 세팅이 가능해야 한다. 이 말은 주요 재화와 서비스에 대한 가격을 결정할 수 있는 시장이 존재해야 한다는 뜻이다. 하지만 상해와 북경, 홍콩과 심천의 증시와 파생상품 시장은 아직 미국의 금융시장 시스템에 비해 극히 미약하다.

비록 GDP 규모에서 미국과 대등하거나 앞지른다고 하더라도 '유동성' 파이프라인의 가장 중요한 요소는 바로 '신용'이다. 국가신용은 물론 금융 시스템의 신용을 글로벌 시장으로부터 평가받아야 한다. 20세기까지는 그 신용이 전쟁으로 해결되었다. 하지만 21세기에도 전쟁으로 결판을 낼 수는 없을 것 아닌가.

19세기의 인도와 같이 세계 GDP의 50% 이상을 점유하던 시절에도, 은이 명·청 시대의 기축통화였더라도, 중국의 금융시장은 동인도 주식회사의 영국에 비해 보잘 것이 없었다. 결국 신용의 담보물은 '금'이었다.

2차 세계대전 이후 미국 달러화는 금 1온스당 35달러의 가치를 가지는 것으로 고정시켰고, 고정환율로 국제 간 결제가 이루어졌다. 그러다 1975년 이후 미국 달러화 자체가 자유변동환율제도하에서 기축통화가 되었고, 오늘에 이르고 있다.

이처럼 글로벌 금융 및 실물경제에서 신뢰를 인정받지 못하면 파이프라인을 유지하는 것조차 쉽지 않다. 파이프라인을 건설했다고 하더라도 실제로 유동성이 흐르지 않을 경우 파이프라인 구축은 무의미하다.

네 번째 조건은 미국이 가지고 있는 기축통화의 기득권을 어떻게 축소시킬 것인가 하는 문제다. 즉 주요국들로부터 위안화의 기축통화 지위를 어떻게 인정받는가의 문제다. IMF의 특별 인출권 내 중국 위안화 비중이 높아지고 있다고 해도, 중국 위안화의 기축통화 지위 문제는 쉽지 않다. 가장 빠르고 쉬운 방법은 미국경제가 자멸하는 경우다.

글로벌 금융시장에서
돈의 흐름은 어떻게 될 것인가

향후 글로벌 금융시장에서 돈의 흐름은 다음과 같이 3가지 갈래로 살펴볼 수 있다.

첫째, 세계 기축통화국인 미국이 글로벌 자본시장의 중추적 역할을 한다. 따라서 세계 금융자본의 본부는 뉴욕 월가를 중심으로 한 미국 자본시장이 된다. 더불어 세계 소비시장으로서 미국의 역할은 미국 달러화의 위상과 밀접한 상관관계가 있다. 결국 글로벌 무역질서와 자본시장 움직임의 룰과 표준화는 미국 달러화 주도로 이루어진다. 따라서 대부분의 글로벌 유동성의 파이프라인은 뉴욕으로 연결되어 있다.

둘째, 선진자본이 신흥국 및 개도국 자본시장에 투자형태로 유동성을 공급하는 것이다. 신흥국 경제성장률이 선진국 경제성장률보다 높다. 성장률이 높다는 것은 투자처가 많다는 의미도 된다. 따라서 선진자본이 신흥국과 개도국 경제발전 정책에 주요 투자자본으로 참여하게 된다.

셋째, 글로벌 자본의 투자원칙은 각 자본의 성격마다 다르다. 예를 들어 북유럽 국가의 연금펀드는 대개 안정적이고 기업윤리와 도덕을 기준으로 3~4%대의 안정적 금리를 주는 채권투자에도 적극적이다. 하지만 글로벌 헤지펀드나 벌처펀드, 엔젤펀드 등 다양한 성격의 펀드들은 각각의 특성에 맞는 산업, 기업 및 부동산 등에 투자를 결정한다.

먼저 글로벌 금융 및 실물시장에서 미국 달러화는 기축통화로서의 지위를 갖는다. 세계 중앙은행인 셈이다. 미국 달러화를 받지 않는 국가는 거의 없다. 모든 나라에서 미국 달러화로 거래가 가능하다.

2022년 5월 15일 국제통화기금(IMF)이 주요국의 통화 바스켓으로 구성된 특별인출권(SDR)에서 중국 위안화 비중을 상향 조정했다.[*] IMF는 SDR 중 위안화 비중을 기존 10.92%에서 12.28%로 확대했음을 발표했다. 중국 위안화는 2016년 SDR 바스켓에 처음 포함되었으며, 동시에 미 달러화의 비중도 41.73%에서 43.38%로 올라갔다. 유로화 비중은 30.93%에서 29.31%로 하락했으며, 엔화 및 파운드화의 비중 역시 각각 8.33%에서 7.59%로, 8.09%에서 7.44%로 축소되었다. 미국을 비롯한 서구 진영의 비중은 종전 89.08%에서 87.72%로 −1.36%p 축소되었지만, 여전히 의결권에 있어서는 중국 위안화의 역할이 제한적이다.

---

[*] 특별인출권(Special Drawing Rights, SDR)은 IMF에서 국제유동성 부족에 대응하기 위한 국제준비통화다. 1960년대 미 달러화의 금태환 신뢰가 저하되며 새로운 준비자산의 필요성에 의해 IMF가 1967년 SDR을 제안하고 도입했다. 최근 사우디아라비아와 중국 등이 새로운 통화 바스켓을 제안하는 배경도 중국 위안화의 기축통화 지위구축을 위한 사전 포석이다. 도입 당시 1SDR은 1.263 미국 달러로 금은 약 0.89그램이었다. 하지만 SDR 도입 당시 미 달러화의 약세로 이 같은 고정비율이 불합리하다는 이의가 제기되어 SDR 가치를 여러 나라의 통화에 연결시키는 '바스켓 방식'을 도입한 것이다. 현재는 '미 달러화, 유로화, 파운드화, 엔화, 위안화'의 5개 통화가 바스켓을 구성하고 있다. IMF 회원국은 국제수지가 악화되었을 때, 무담보로 국제유동성 인출 권리를 보유하게 된다. 2021년 8월 23일 IMF는 코로나19 위기 극복과 유동성 지원을 위해 약 6,500억 달러 규모의 특별인출권 일반배분을 실시했고, 한국은 1.8% 지분에 해당하는 82억 SDR(약 117억 달러)을 배분받았다.

IMF 집행이사회는 약 5년마다 바스켓 구성 통화를 검토하는데, 지난 한국의 대선 기간 동안 한 후보의 제안으로 '한국 원화의 SDR 통화 바스켓 편입'을 주장한 일이 있었다. 이때 전경련도 한수 거들었다.

IMF의 특별인출권은 일정조건에 따라 IMF로부터 국제유동성을 인출할 수 있는 권리다. 필요할 경우 SDR 통화 바스켓을 구성하는 달러·유로·파운드·엔·위안과 맞교환할 수 있다.

당시 전경련은 우리 원화의 SDR 바스켓 편입 가능성으로 5가지를 들었는데 첫째, 한국경제의 위상을 감안할 때, 둘째, IMF 설립목적과 부합되고, 셋째, 세계 5대 수출 강국이며, 넷째, 국제통화로 발전하는 원화를 지향하며, 다섯째, 정부의 원화 국제화를 위한 노력이 있다고 강조했었다. 당시 전경련은 "한국이 2020년 GDP와의 교역액이 모두 글로벌 10위권에 드는 경제대국이며, 견고한 경제 펀더멘털을 바탕으로 기존 SDR 통화 바스켓 편입국보다도 높은 국가신용등급을 보유하고 있다"고 언급했다.

실제로 S&P의 한국의 국가신용등급은 AA로 통화 바스켓에 포함된 중국과 일본의 A+보다 높다. 한편 통화발행 주체별 기준으로 2016~2020년 한국의 수출이 유로존과 중국, 미국, 일본에 이어 세계 5위라는 점도 IMF의 SDR 편입요건을 충족한다. 아울러 외환시장에서 원화 거래비중도 2015년 위안화가 SDR에 편입될 때의 수준에 근접했다. 국제결제은행에 따르면 2013년 세계 외환 상품시장의 위안화 거래비중은 2.2%였고, 2019년 원화 거래비중은 2.0%다.

만약 원화가 SDR 통화 바스켓에 편입된다면, 장기적인 시뇨리지

(seigniorage) 효과를 기대할 수 있다.* 지난 2021년 실질 GDP의 4.0%에 해당하는 87.8조 원을 가정하더라도 이들 모두 국내 고정자본 형성에 투자할 경우 71만 3,000명의 고용을 창출할 수 있다고 한다. 환율 불안정성도 최대 38.5% 감소하고, 장기적으로 수출액은 15.6조 원이 늘고, 국공채금리도 하락해 연간 이자 부담이 9.4조 원 줄어들 것으로 전망했다.

전경련은 IMF SDR 통화 바스켓 편입 자격요건으로 국격 상승, 구매력 증가, 국가 재정운영 부담 감소 등의 여러 가지 효과를 강조했지만, 한 가지 중요한 사실을 간과하고 있다. 당연히 원화가 SDR 통화 바스켓에 편입되면 기축통화로 인정받게 된다. 시뇨리지 효과도 상당한 경제적 파급효과를 가져올 것이다. 하지만 한국경제가 선진국 반열에 진입하게 된 배경에 중국경제의 성장이 있었음을 가볍게 봐서는 안 된다.

한국 원화와 위안화의 기축통화 지위 구축 노력에 중국경제가 자리 잡고 있다는 사실을 냉철하고 정확하게 이해해야 한다. 성장에서는 돈의 흐름을 빼놓을 수 없기 때문이다. 스스로 자신을 낮추자는 것이 아니라, 그냥 덩치가 커졌으니 이제 우리도 기축통화국을 하자는 게 아니라, 원화의 기축통화 지위를 위해 중장기적으로 어떤 전

---

* 기축통화국이 자국의 화폐를 발행할 때 누리는 차익거래 수익을 말한다. 즉 1달러짜리 화폐와 100달러 화폐를 발행할 때 발행 원가가 1센트라고 할 때, 발행원가와 액면가의 차액이 시뇨리지 효과가 된다.

략과 전술을 가져가야 하는지 보다 세밀하고 침착하게 도전하자는 의미다. 왜냐하면 돈의 흐름은 국력이 되고, 국격이 되고, 패권이 되기 때문이다.

외국인 직접투자 규모로 돈의 흐름을 파악하자

돈의 흐름은 외국인 직접투자(FDI) 규모와 추세변화로도 살펴볼 수 있다. 한국과 중국을 비교해보자. 중국 상무부는 2022년 7월 기준 중국에 대한 외국인 직접투자는 상반기에 723.31억 위안(USD 112.35억)으로 전년 대비 17.4% 증가했다고 밝혔다. 미 달러 기준으로 FDI는 21.8% 상승했다.

서비스 부문에 대한 외국인 투자는 9.2% 증가했으며, 첨단산업 FDI 유입은 33.6% 증가했다. 주요 투자원 국가로 보면 중국으로의 FDI는 주로 한국(37.2%), 미국(26.1%), 독일(13.9%)에서 각각 증가했다. 이에 비해 2022년 2분기 동안 한국에 대한 외국인 직접투자는 56.395억 달러가 증가하는 데 그쳤다.

〈도표 25〉에서 보듯 1970년부터 2020년까지 한국 GDP 대비 외국인 직접투자 규모는 평균 0.72%로, 최솟값은 1974년 0.01%, 최대 투자는 1972년 4.57%였다. 2020년 기준 GDP 대비 FDI 비중은 0.56%다. 세계은행 180개국 기준으로 보면, 2020년 세계 평균은 3.99%였

〈도표 25〉 한국 및 중국 외국인 직접투자 변화추이 (단위: 미 억 달러, %)

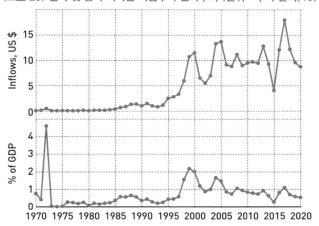

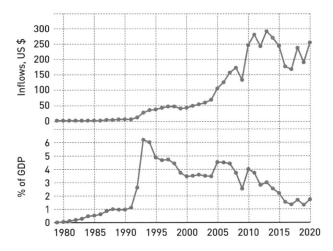

* 위 그림은 한국에 대한 FDI, 아래 그림은 중국에 대한 FDI, 상단 그래프는 미 달러, 하단 그래프는 GDP
대비 FDI 비중임

자료: macrotrends.net

▶ 1970년부터 2020년까지 한국 GDP 대비 외국인 직접투자 규모는 평균 0.72%로 최솟값은
1974년의 0.01%, 최대 투자는 1972년의 4.57%였다. 2020년 기준 GDP 대비 FDI 비중
은 0.56%다. 세계은행 180개국 기준으로 보면, 2020년 기준 세계 평균은 3.99%였다.

다. 2017년 한국 외국인 직접 투자액은 17.91억 달러로, 2016년 대비 47.99% 증가한 것을 끝으로 이후 지속적으로 감소추세다.

2018년은 12.18억 달러로 전년대비 −31.99%, 2019년 전년대비 −20.92%, 그리고 2020년에는 전년대비 −9.02% 감소했다. 이에 비해 중국경제에 대한 FDI는 2017년 1,660.08억 달러로 전년대비 −4.96% 감소했으나, 2018년 2,353.7억 달러로 전년대비 41.71% 증가했다. 하지만 2019년 다시 1,871.7억 달러로 전년대비 −20.48% 감소한 후 팬데믹이 어느 정도 악화되던 2020년에는 되려 2,531억 달러가 되면서 전년대비 35.22%로 크게 증가했다.

한국경제가 외국인 직접투자 유치국가로서의 장점이 급격히 하락하고 있는 반면, 중국경제는 팬데믹과 미중 간 갈등에도 불구하고 FDI가 증가하고 있음을 잘 보여주고 있다. 이 같은 추세는 다가올 미래, 돈의 흐름에 대해 무엇을 말해주고 있을까.

"기업은 수익이 나는 곳이라면 지옥이라도 뛰어든다"는 말이 있다. 미중 간의 갈등이 첨예화되고, 팬데믹이 확산되는 와중에도 외국인 투자자들의 대중국 투자는 계속되고 있다. 한국경제는 적어도 그에 따른 부분적인 '낙수효과'를 보고 있다고 한다면 지나친 열등의식일까.

〈도표 26〉의 FDI 추세 변화 그림은 베트남, 영국, 일본, 헝가리 등 4개 국가의 FDI추세 변화를 보여주고 있다. 각 그림이 어느 국가의 FDI를 나타내는지 추측해보길 바란다. 아시아와 유럽 지역에서 돈이 어디로 흐르고 있는지 충분한 데이터가 없어도 직관으로 추측할 수

〈도표 26〉 베트남, 영국, 일본, 헝가리의 FDI 추세 변화 (단위: 미 억 달러, %)

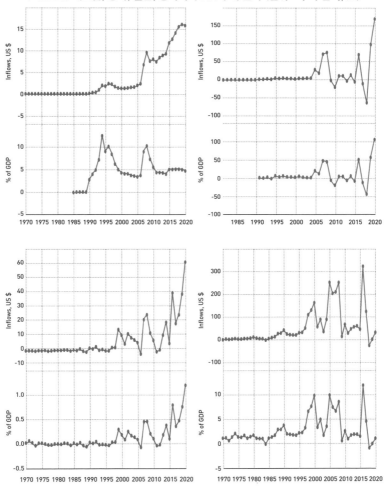

* 좌측 상단 그림은 베트남의 FDI, 우측 상단 그림은 헝가리의 FDI, 좌측 하단은 일본의 FDI, 우측 하단은
  영국의 FDI를 각각 나타냄

자료: macrotrends.net

▶ 베트남, 영국, 일본, 헝가리 등 4개 국가의 FDI 추세변화를 보면 아시아와 유럽 지역에서 돈
  이 어디로 흐르고 있는지 충분한 데이터가 없어도 직관으로 추측할 수 있을 것이다.

있을 것이다.

모든 신흥국가와 개도국의 FDI를 다 보여줄 수는 없지만, 베트남과 헝가리로 대변되는 아시아와 유럽의 신흥국 및 개도국 FDI 추세는 이들 2개 국가의 FDI를 통해 충분히 대변할 수 있을 것이다.

아울러 영국은 2016년 6월 23일 브렉시트 결정 국민투표 후 FDI가 급락했음을 볼 수 있다. 사실상 지금 상태로 보면 영국은 유럽 금융시장의 중심부로서의 역할이 점차 줄어들 수밖에 없을 것으로 보인다. 이에 비해 일본의 FDI는 2016년 이후 꾸준히 상승세를 나타내고 있다.

돈의 흐름이 유럽에서는 영국을 벗어나 대륙으로 움직이고 있고, 아시에서는 중국과 일본을 중심으로 FDI가 활성화되고 있다는 의미가 된다. 헝가리는 요즘 노동력 구하기가 하늘의 별따기라고 한다.

독일경제의 호황은 헝가리와 폴란드 등 주변 인접국의 경기호황으로 이어지고 있다. 상대적으로 FDI 규모가 하락하는 추세를 보이고 있는 한국경제는 글로벌 자본이동에 있어 비중이 축소되거나 소외될 가능성을 경계해야 한다. 돈이 흐르는 곳에 이윤이 남기 때문이다.

아울러 돈이 흐르는 곳은 지속적으로 돈이 흘러가야 하는 다양한 이유가 복합적으로 존재한다고 볼 때, 한국경제는 새로운 FDI 유치 환경을 찾아 나서야 할 시기다. 외국인들을 상대로 '한국에 투자하는 데 있어 가장 문제가 되는 부분이 무엇이냐'는 설문조사에서 늘 가장 많은 답변을 얻는 부분이 '노동조합' 문제다. 자본과 노동의 알 수 없는 미묘한 갈등과 협력 구조를 보는 것 같다.

글로벌 경제에 있어 FDI로 살펴본 다가올 미래, 돈의 흐름을 정리하면 다음과 같다. 자본의 흐름은 글로벌 자본시장의 파이프라인을 타고 급속하게 움직인다. 빛의 속도다.

미국은 기축통화국으로서, 글로벌 금융시장의 가장 큰 손으로서, 미국 내 자본시장의 수익창출보다 해외시장 투자를 통한 수익창출이 더 매력적일 수밖에 없다. 미국 달러화가 향하는 곳은 우선 중국이다. 중국경제가 급성장한 배경에는 미국과 글로벌 자본의 투자가 있다.

자본도 전략을 수정할 수 있다. 향후 20년 이내 영국 런던의 금융시장은 20세기에 걸쳐 유럽 금융의 중심으로서의 역할을 상실할 수도 있다. 독일이 이를 대체할 경우 유로화는 유럽 지역의 기축통화로서의 지위를 강화할 것이다. SDR 비중에서도 중국은 12.28%인 반면, 유로화는 29.31%다. 아시아에서 중국은 위안화를 지역 기축통화로 내세워 위상을 강화하려 할 것이다.

이런 와중에 베트남, 말레이시아 등 아세안 국가들에 대한 미국의 견제와 브라질, 멕시코 등 남미국가들에 대한 중국의 적극적인 공략 및 진출 등이 향후 자본의 흐름에 중요한 '맥'이 될 것으로 보인다.

FDI가 들어온다는 말은 땅을 사고 공장이 지어진다는 뜻이고, 주식시장과 자본시장 투자가 활성화된다는 의미다. 따라서 국가경제가 발전할 때 부동산시장도 반드시 활성화되기 마련이다. 일반적으로 부동산투자가 건설을 포함해 GDP에서 차지하는 비중은 20%에 육박할 정도로 내수에서 상당한 비중을 차지한다.

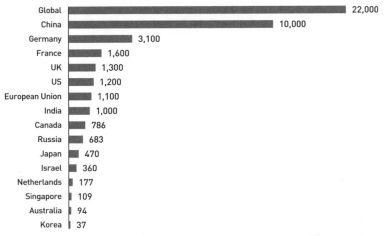

〈도표 27〉 국가별 정부의 양자 연구 지출 비용 순위 (단위: 백만 달러)

Global	22,000
China	10,000
Germany	3,100
France	1,600
UK	1,300
US	1,200
European Union	1,100
India	1,000
Canada	786
Russia	683
Japan	470
Israel	360
Netherlands	177
Singapore	109
Australia	94
Korea	37

자료: Roland Berger

▶ 생화학, 전기자동차 및 의약품 기술발전에 중요한 양자 물리학 기술 R&D 부문에 중국정부의 지출비중은 미국이 미래 중국의 위상을 충분히 우려할 만한 수준이다. 미래의 돈은 중국으로 흘러들어갈 확률이 매우 높다.

　　FDI라는 단순한 지표를 통해 글로벌 자본시장의 돈의 흐름을 간단히 예측해보았다. 부동산시장, 증시 및 기타 자산시장에서의 돈의 흐름은 결코 FDI의 유입과 떼려야 뗄 수 없는 부분이 있다는 점을 주목해야 한다.

　　자본은 물이다. 물이 흘러야 숲이 우거지고 곡물도 풍성해진다. 이런 의미에서 영국의 미래는 그다지 밝지 못하다. 결국 이런 '맥'을 만들어내는 미시적이고 기술적인 요소는 산업발전과 시장에 대한 접근성 등이 중요한 변수가 된다.

〈도표 27〉이 보여주듯 생화학, 전기자동차 및 의약품의 기술발전에 중요한 양자 물리학 기술 R&D 부문에 중국정부의 지출비중이 커지고 있다. 이는 미국이 미래 중국의 위상을 충분히 우려할 만한 수준이다. 미래의 돈은 중국으로 흘러들어갈 확률이 매우 높다.

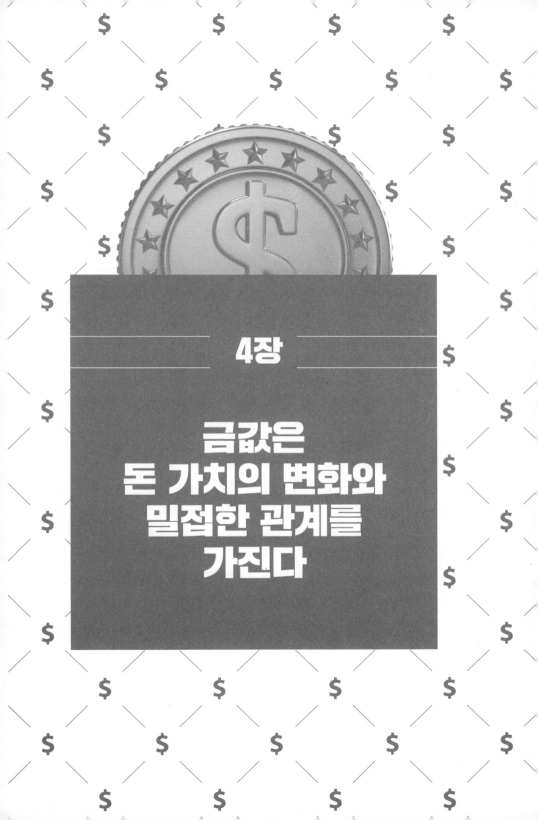

4장

금값은
돈 가치의 변화와
밀접한 관계를
가진다

존 케인스의 '고용, 이자 및 화폐에 관한 일반이론'의 전개에 따르면 금이 기축통화다. 1차 세계대전 직후 영국이 유럽의 패권국으로 부상하면서 금을 본위로 하는 세계 기축통화가 영국 파운드로 정의된다. 금은 금속이 아니다. 금은 돈이고, 국력이고 권력이다.

금이나 은이 이토록 중요하게 취급된 이유는 귀중한 가치를 가질 수 없는 지폐가 감당하지 못하는 부분이 있기 때문이다. 소설 『오즈의 마법사』를 읽어보면 이 같은 갈등도 충분히 이해가 간다. 단지 종이 조각에 불과한 지폐를 금에 견주어 가치를 측정하기로 한다는 약속이 만들어지는 순간 금값의 변화는 돈 가치의 변화에 직간접적인 영향을 준다. 그 역도 성립이 된다. 지금같이 경제가 어려운 상황에서는 돈 가치가 하락할 때 금값은 올라야 한다.

미 달러화 지수가 100을 넘어섰다. 글로벌 경제가 다 어려우니 믿을 건 미국 달러화밖에 없다는 말이다. 온스당 금 가격도 1,700달러 중반에서 등락중이다. 금과 미 달러화가 모두 강세다. 이 정도면 중국과 사우디아라비아, 프랑스 등이 미국 달러화에 대한 딴지를 걸 만도 하다. 그랬던 결과가 2008년 서브프라임 모기지 사태의 단초였다. 어쩌면 지금도 겉은 '화폐전쟁'의 모습을 숨기며 미중 갈등이 무역과 기술분쟁으로 치닫는 것이 아닌가 한다.

금값의 변화로
돈의 흐름을 예측할 수 있다

필자는 한 달이나 두 달에 한 번쯤은 종로 금방거리를 다니며 금값의 변화를 상인들에게 물어본다. 다가올 경기를 이해하기 위해서다. 금을 찾는 사람들은 중산층 이상이 대부분일 것이다. 대개의 서민들은 경제가 어려워질 것으로 판단되면 돈을 대체할 금을 찾기 마련이다. 따라서 금값의 변화를 통해 국가경제에 대한 민심의 흐름도 알 수 있다.

돈의 가치가 어떻게 변화하는지, 돈의 흐름이 어떻게 흐를지를 예측하고자 할 때는 주식, 채권, 부동산, 실업률, 소비자물가 및 금값 등 다양한 보조지표들을 참고할 수 있다. 이는 경제에서 말하는 선행 지표, 동행 지표 및 후행 지표로 이용할 수 있다. 하지만 개인적으로 돈의 흐름에 대해 간단하면서도 정확한 지표는 '금값의 변화'라고 생각한다.

금값의 변화에 주목하면 앞으로 돈의 가치가 어떻게 변할지, 주식에서 채권으로 이동할지, 부동산에서 주식시장으로 이동할지, 아니면 현금으로 보유하고 있는 게 과연 정답인지를 판단하는 데 큰 도움이 된다.

우선, 금값은 현금의 가치와 반대방향으로 흐른다. 따라서 금값이 비쌀 때 현금의 가치는 낮다. 반대로 현금의 가치가 높을 때는 금값이 상대적으로 낮아진다.

그렇다면 왜 금값으로 돈의 흐름을 비교적 간단하면서도 정확하게 판단할 수 있는가. 앞서 소개했었던 챔프만과 맥휴가 사용한 다우와 금값의 비율 지표는 금의 월간 평균가격을 증시분석 도구로 활용한 것이다. 그 이유는 다양한 제약조건에도 불구하고 금의 월간 가격변화의 변동성(volatility, 분산값 variance)이 비교적 안정적이기 때문이다.

이는 금이 매우 안정적인 가격발견 기능을 가진다는 의미가 되며, 금값은 어떤 자산(주식 또는 채권 및 부동산)보다도 돈의 흐름을 예측하는 데 있어 가장 안정적이며 균형적인 판단을 제공한다. 명·청시대의 은본위제도에서 금본위제도로, 이어서 미 달러화로 기축통화체제가 구축되었으므로 근본적으로 금과 은은 현금의 가치변화를 예측하는 가장 정확한 벤치마킹 지표인 것이다.

원칙적으로는 미국 달러화가 금의 담보 없이 움직이는 것이 옳다. 미국 달러화의 가치변화가 언제까지나 금을 담보로 변한다면, 이는 2차 세계대전 직전과 직후 영국과 미국의 금본위제도하에서의 달러화 가치로 전환하는 것을 의미한다. 하지만 이 경우 금에 대한 달러화의 가치 변동성은 매우 커지게 된다. 암호화폐가 또 다른 화폐로서의 기능을 수행할 수 있다는 수준까지 이르렀다는 것이 이 같은 논리에 대한 명확한 증거가 된다.

역설적으로 이러한 미 달러화와 금의 역의 상관관계는 금값의 상한선을 결정하는 데 심리적 가이드라인이 된다. 또한 그 반대의 '대우' 값도 참이 된다.

금 가격을 조절함으로써 달러화 안정을 지킨다는 것은 사실상 정확한 말은 아니다. 달러화나 금 모두 글로벌 위기 상황에서는 안전자산으로 간주될 수 있다. 하지만 이것이 궁극적으로 미 달러화가 세계 기축통화로서의 위상을 유지하기 위해 미국의 군산복합체가 석유시장을 통제하고, 각 국가들이 달러로 석유를 지불하도록 강요할 수 있다는 의미는 아니다. 이는 만일 그렇지 않으면 미 달러화는 점점 더 쓸모없는 통화가 될 것이라고 주장하는 것과 같다.

돈의 흐름을 알기 위해서는 다음과 같은 3가지 중요한 거시 및 미시적 판단과 분석이 선행되어야 한다.

첫째, '미 달러화의 기축통화 지위는 오랫동안 공고할 것인가.' 앞서 2부 1장에서 설명한 네덜란드, 영국 및 미국의 패권 이동은 기축통화의 변화를 의미한다.

둘째, '중국경제는 지속 성장이 가능한가. 결국 중국의 위안화가 세계 기축통화 지위를 미국 달러화와 양분할 것인가.' 세계경제에서 기축통화는 전 세계 무역에서 차지하는 비중이 높은 국가의 화폐가 되어온 것이 역사적 사실이다. 앞으로 미국의 위상은 점차 줄어들 것이고, 중국의 위상은 점차 강화될 전망이다. 그렇다면 언젠가는 중국 위안화가 미 달러화를 대체하지 않을까.

셋째, '세계 주식시장과 채권시장에서 미 금리인상이 일으키는 돌풍이 어떤 결과를 가져올 것인가.' 미 달러화는 기축통화로서 공고한 위상을 지속하고 있는데, 최근 들어 반발하는 국가들이 암묵적으로 늘어나고 있다. 이러한 도전은 머지않은 미래 어느 시점에 또 한 번의 세계 금융시장의 큰 파장을 가져올 지연뇌관이다.

금값을 알면
자산시장 변화의 방향도 알 수 있다

주식시장의 급락이나 부동산 버블의 붕괴와 같이 자산시장의 급격한 침체를 예측하기 위해서는 조용히 무겁게 움직이는 금값의 변화를 지켜봐야 한다.

〈도표 28〉에서도 미세하지만 이미 금값은 2004년부터 우상향의 추세 전환을 시작한 것을 볼 수 있다. 대부분의 투자자들이 이 점을 간과한 이유는 2008년의 서브프라임 위기의 배경과 '화폐전쟁'의 본질을 몰랐기 때문이다.

하지만 미국의 주요 투자은행들과 대부분의 큰손들은 런던 채권시장에 어떤 일이 있었으며, 기축통화를 놓고 어떤 국가들이 미 달

〈도표 28〉 지난 20년간 금값 변화추세(단위: 달러, 2022년 7월)

자료: goldprice.org

▶ 이 그림에서 이미 금값은 2004년부터 우상향의 추세전환을 시작한 것을 볼 수 있다. 또한 2022년 미 증시의 하락 가능성은 이미 2019년부터 신호를 보내고 있었음을 알 수 있다. 당시 다우지수가 35,000을 넘는 등 주식시장이 워낙 좋았기에 투자자들 스스로가 이를 받아들이기 꺼려했을 뿐이다.

러화의 기축통화 지위에 맞서기 시작했는지 알고 있다. 삼성과 같은 대기업도 이러한 '위기관리'에 취약한 마당에, 개인들이 이런 변화를 감지하지 못한 것이 안타깝다고 하는 것은 옳지 않다.

지난 2002년과 비슷하게 최근 미 달러의 위상을 위협하는 일들이 일어나고 있다. 2022년 3월에는 러시아-우크라이나 전쟁으로 달러 패권을 흔드는 모습이 포착되었다. 또한 사우디아라비아가 중국으로 수출하는 원유 일부에 대해 위안화 결제를 허용하는 방안을 검토 중인 것으로 알려졌다. 1975년 이후 지속된 '석유 달러' 시대가 막을 내리는 것처럼 보인다.

이런 와중에 전 세계 국가의 외화보유고에서 중국 위안화가 차지하는 비중이 2.88%까지 증가했다. 국제통화기금(IMF)이 발표한 외화준비금 통화구성(COFER) 자료에 따르면 2022년 1분기 전 세계 외화준비금 가운데 위안화 비중이 지난해 말 2.79%보다 0.09%p 오른 것이다. 이는 2016년 위안화가 외화준비금 통화구성에 편입된 이후 최고치다.

사정이 이렇다 보니 마치 중국 위안화가 조만간 혹은 머지않은 미래에 미 달러화를 제치고 세계 기축통화가 될 것이라고 주장하는 전문가들도 있다. 그 어느 때보다 최근 세계경제의 불확실성 때문에 달러 흔들기 현상이 나타나는 게 사실이다. 하지만 현실은 그리 호락호락하지 않다.

먼저 사우디아라비아의 '페트로 달러' 대체 논의는 미국으로부터 무엇인가 정치적 이해관계를 얻어내고자 하는 전략적 코멘트로 볼 수 있다. 한편 외화준비금 통화에서 통화별 비중은 기축통화인 미국 달러화가 59%로 여전히 1위를 고수하고 있고, 유로화 20%, 일본 엔화 5.4%, 영국 파운드화 5%, 중국 위안화 2.88% 등의 순이다.

물론 세계경제에서 차지하는 중국의 비중이 높아지고 교역 상대국으로서의 위상이 점증하는 것은 사실이다. 하지만 중국 위안화가 세계 기축통화가 되기에는 아직 갈 길이 멀다. 국가의 돈은 단순히 경제활동의 비중으로만 결정되는 것이 아니기 때문이다.

19세기에 인도와 함께 세계 GDP의 50% 이상을 차지할 때 중국은 은으로 모든 무역을 결제한 바 있다. 당시는 은본위제도 시대였던 것이다. 하지만 두 차례에 걸친 아편전쟁으로 청나라가 멸망하는 순간, 은본위제도가 영국의 파운드화로 기축통화가 바뀌게 된다. 금이 본격적으로 파운드화와 고정비율로 거래되는 금본위제도가 시작된 것이다.

2008년 서브프라임 모기지 사태의 단초도 기축통화와 관련이 있다. 즉 2002년경 중국과 프랑스 및 OPEC 회원국들이 미 달러화 대신 새로운 기축통화 바스켓을 구성하자는 논의를 하면서부터 위기가 시작되었다.

_____
_____ 　　　　　　　 금값의 변화는
　　　　　　 새로운 지정학적 질서를 보여준다

이후 금값의 큰 상승과 달러의 엄청난 하락이 기존의 세계질서를 재조정하는 몇 가지 주요 지정학적 변화와 관련이 있다는 것을 이해하게 된다. 어쩌면 중국이 미국의 글로벌 리더십을 대행하고, 세계경제질서 가운데 미국의 역할이 축소될 때 세계경제는 이러한 신호를 보여주게 될 것이다.

앞에서 소개한 '죽음의 턱'에서 다우지수와 금값 비율의 변화가 큰 폭으로 변동성을 보이게 될 것이다. '피보나치 수열'의 자연법칙은 말 그대로 자연법칙을 설명한다. 기축통화의 변화 역시 자연 법칙에 따라 기축통화 국가의 화폐, 금, 은 등으로 바뀌는 과정을 거치게 된다. 경기 사이클로 보거나 역사순환으로 보면 국가의 흥망은

500년이라 할 때 미국의 1776년 독립 이후 역사에서 이제 거의 절반 정도를 지난 것이다. 맥휴 박사와 그의 분석기법을 확장시킨 챔프만의 증시분석은 상당한 설득력을 갖는다.

지난 10년간 금값의 변화추세를 보여주는 앞의 〈도표 28〉에서도 보듯이, 2022년 미 증시의 하락 가능성은 이미 2019년부터 신호를 보내고 있었음을 알 수 있다. 이미 금값의 변화는 향후 1~2년 이내 미 증시가 하락할 수 있음을 보여주고 있다. 단지 당시 다우지수가 35,000을 넘는 등 주식시장이 워낙 좋았기에 투자자들 스스로가 이를 받아들이기 꺼려했을 뿐이다.

〈도표 29〉는 지난 100년간 다우지수 대 금의 교환비율을 나타낸

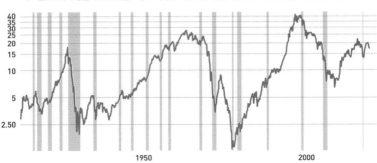

〈도표 29〉 지난 100년간 다우와 금의 교환비율 변화추세 (단위: 온스/다우)

* 회색 수직선은 경기사이클상 불경기를 나타낸다.

자료: macrotrends.net

▶ 이 그림은 다우를 구매하는 데 얼마나 많은 온스의 금이 필요한지를 보여준다. 경기가 침체할 때는 주가가 폭락함에 따라 적은 양의 금으로 다우지수를 살 수 있다면, 경기가 상승할 때는 주가 상승으로 더 많은 양의 금을 주어야만 다우지수 1개를 살 수 있다는 의미다.

다. 이 그림은 다우를 구매하는 데 얼마나 많은 온스의 금이 필요한지를 보여준다.

이전의 사이클 최저치는 대공황 당시인 1933년 2월의 1.94온스와 2차 오일쇼크가 일어난 1980년 1월의 1.29온스였다. 이전 사이클 중 최고치는 1999년 월 평균 41.61온스였고, 2022년 7월에는 17.91온스였다. 경기가 침체할 때는 주가가 폭락함에 따라 적은 양의 금으로도 다우지수를 살 수 있다면, 경기가 상승할 때는 주가 상승으로 많은 양의 금으로도 겨우 다우지수 한 개를 살 수 있다는 의미다.

5장

다가올 미래,
주식시장의 흐름

우리나라의 국민연금이 1990년대 초반부터 미국 아마존, 이베이, 메타, 애플, 구글 등을 매입하고, 21세기에 들어 스페이스X로 대변되는 일론 머스크의 테슬라와 모더나, 화이자 같은 바이오 산업 주를 매입했었다면 어땠을까. 우리나라의 개인 주식투자자들이 좀더 미국주식에 일찍 눈을 떴다면 지금보다 더 많은 주식부자들이 탄생했지 않았을까. 비트코인과 이더리움 등 암호화폐 시장이 활성화되고 메타버스 시장이 새롭게 등장하면서 NFT와 같은 대체불가능한 자산에 보다 적극적인 투자가 이루어졌다면 어땠을까.

많은 가정의 답은 경제학적으로 표현하면 평균회귀(mean reverting) 현상일 수밖에 없다. 술에 취한 사람이 심하게 갈지 자로 걸어도 대부분 집으로 귀가하는 것처럼, 자산투자에 있어 주식투자의 결과는 그 시작과 과정이 어찌되었건 거래 종료일 기준의 수익과 비용은 결국 평균으로 회귀한다는 의미다.

주식시장은 일반적으로 정보교환을 위해 투명한 정보를 통해 기업의 필요한 자금을 조달하기 위한 창구 역할을 한다. 이 역시 시간이 지나면서 인간의 다양한 '동기부여'식이 작동하면서 왜곡되기도 하고 과대·과소평가되기도 하면서 가격변동성이 확대·축소된다.

미래의 주식시장은 I4.0의 변화에 따라 급속히 관심 산업과 관심 업종의 전환이 이루어질 것이다. 이를 선도하는 국가의 주식시장은 글로벌 금융시장의 중심이 될 것이다. 그런 주식시장을 가지고 있는 국가는 자본주의 시장의 메카가 될 것이고, 기축통화국의 지위를 계속 유지하게 될 것이다. 이것을 뺏고 지키기 위한 전쟁이 향후 50년 내 극렬하게 일어날 수 있다.

돈줄이 영원히 말라서
자산시장이 사라진 적은 없다

러시아 출신의 미국 코미디언이면서 가수였던 소피 터커(Sophie Tucker)가 한 유명한 말이 있다. "I have been poor and I have been rich. Rich is better(나는 가난한 적도 있었고 부자인 적도 있었다. 그런데 부자가 낫더라)."

돈을 유동자산이라고 부르는 이유도 '흐르기' 때문이다. 물처럼 흘러가는 것을 어떻게 가두고 어떻게 논밭에 물을 잘 댈 것인가에 따라 곡식도 잘 자라게 된다. 물길을 잘 보고 그 물길을 효율적으로 이용할 수 있는 방법을 찾아야 한다.

2022년 이후 돈은 어떻게 흘러갈까. 자산시장에서 돈의 흐름은 비가 오지 않아 땅이 갈라지듯 당분간은 마를 듯하다. 가뭄이 심하게 들면 지하수도 마른다. 돈이 갈 곳을 찾지 못해 은행으로 들어가거나, 현금을 들고 투자처를 찾는 사람들이 늘어나는 게 당연하다.

하지만 지금까지의 경험상 주식시장이나 부동산시장에 영원히 돈이 말라 자산시장이 사라진 적은 단 한번도 없다. 일정 시간이 지나면 다시 비가 오고 물이 흐르듯 위기가 지나는 시점에 어느 순간 돈이 시장에서 생기를 불어넣기 시작한다. 그 시점을 잘 찾는 게 중요하다.

시장에 공포가 만연할 때가 절호의 매수시점이다

먼저, 주식시장에서 돈이 어떻게 흘러왔는지부터 살펴보자.

〈도표 30〉의 화살표 점선은 1930년 대공황부터 1950년까지의 첫 번째 20년간, 1965년부터 1985년까지의 두 번째 20년간, 마지막으로 2000년부터 2015년까지의 15년간의 수익률을 보여준다. 최고점과 최저점의 차이는 무려 8~12%p이다. 최고점에서 매수해서 최저점까지 20년을 들고 가는 투자자는 없었을 것으로 보인다.

하지만 〈도표 30〉에서도 보듯 최저점에 이르렀을 때, 즉 시장이 온통 공포 분위기였을 때 매입을 했다면, 이를테면 1950년 −3.71% 수익률 시점에서 매입해 1955년까지 5년간 들고 갔었다면 9.73%의 수익률을 달성해 13.44%의 수익이 났을 것이다. 같은 식으로 1985년 수익률이 0.76%일 때 매입해 2000년까지 기다렸다가 14.06%의 최고점에 매도했다면 14.82%의 수익을 보았을 것이다.[*]

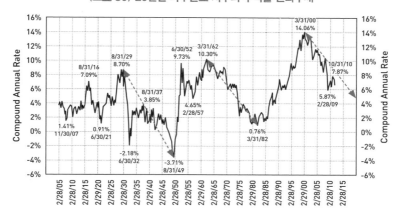

〈도표 30〉 20년간 다우존스 지수의 수익률 변화추세

* 다우지수의 20년간 수익률 그림에서 2번의 사이클을 분명히 볼 수 있으며, 현재는 세 번째 사이클에 진입한 것으로 추정할 수 있다.

자료: climateerinvest.blogspot.com

> ▶ 화살표 점선은 1930년 대공황부터 1950년까지의 첫 번째 20년간, 1965년부터 1985년까지의 두 번째 20년간, 마지막으로 2000년부터 2015년까지의 15년간의 수익률을 보여준다. 최고점과 최저점의 차이는 무려 8~12%p이다.

1990년대에 개인 컴퓨터가 대중에 확산되고 인터넷으로 연결되기 시작하면서 당시 애플, 구글, 마이크로소프트 등의 기업에 투자를 했었다면 평균 이상의 수익을 얻었을 것이다. 시대별로 새로운 산업이 태동할 때, 누구도 그 사업이 말하는 미래를 이해하지 못할

---

* 실질적인 20년 혹은 15년간의 최저점 대비 최고점의 다우지수 수익률 비교는 해당 연도의 수익률 시계열 자료로 분석함이 옳다. 여기서는 간단히 하기 위해 단순히 나타난 수익률 지수를 사용해 비교했다. 일반적으로 주식이 10년 사이클을 주기로 약 10%대 초중반 수익률을 보인다는 논리와 크게 차이가 없을 듯하다.

때, 돈은 겉으로는 소리 없이 조용히 흐르지만 그 속을 들여다보면 엄청난 유속으로 흐르고 있었다.

현재도 마찬가지다. 아마존, 메타, 테슬라, 모더나 및 바이오엔텍 등의 주가는 1990년대 중후반 시장 공개 이후 엄청난 수익률을 보이고 있다. 강연에서도 몇 번이고 강조한 바 있지만, 우리나라 연기금이 일찍이 이들 주식에 투자했었다면 지금 우리 국민의 연금 혜택이 미국 주식시장에 연동되어 움직일 것이다. 이 경우 사람들은 이를 어떻게 해석할까. 잘했다고 할까, 아니면 국민연금마저 미국 우량주식에 투자했다고 비난할까.

예를 들어 지금과 같이 주식시장에서 '퍼펙트 스톰(perfect storm)' 공포가 확산될 이때를 시기적으로 매수시점으로 잡는 것이 향후 최소 50% 이상 수익을 내기엔 절호의 시점이라는 것이다.

_____
_____
돈의 흐름을 좌지우지하는 큰손들의 움직임에 주목하자

〈도표 31〉에서 최근 25년간 다우지수, 미 재무성 10년 만기 국채 수익률 및 달러지수를 각각 살펴보자.

달러 인덱스지수는 유로화, 엔화 및 파운드화 등 선진국 6개 통화를 합쳐 미국 달러화의 상대적 가치를 나타낸다. 100을 기준으로 100보다 낮으면 달러가치가 하락한다는 의미이고, 높으면 지금과

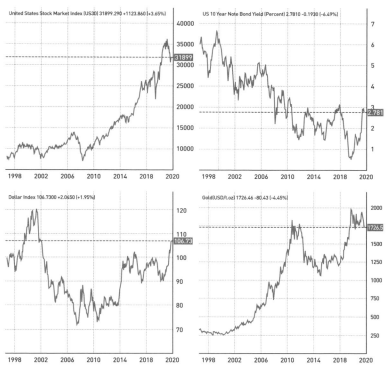

〈도표 31〉 지난 20년간 미국 주가지수, 금값의 10년 만기 채권 수익률,
달러 인덱스의 변화추세 및 금값의 변화추세

자료: Tradingeconomics.com

▶ 달러 인덱스가 상승할 때 금값도 같이 상승했다. 주가지수가 하락할 때 채권 수익률은 올라
간다. 이는 돈 흐름의 상식이다. 결론적으로 지금이 주식시장의 매수 타이밍이며, 만일 주가
하락이 더 심화된다면 더 기다렸다 매입해도 된다.

같이 달러화 가치가 여타 국가들 통화보다 가치가 높다는 것을 의
미한다. 2022년 7월 22일 기준 달러 인덱스지수는 106.73으로, 세계
경제 둔화와 미 연준의 금리인상 등으로 여타 국가화폐보다 안전자

산으로서의 기능이 강조되고 있음을 볼 수 있다. 미 연준의 기준금리가 7월에 다시 0.75%p 상승하면서 미 국무성 10년 만기 채권 수익률은 같은 날 2.781%였다. 한편 같은 날 다우지수는 31899.29로, 36939.1로 최고점을 찍었던 2022년 1월 3일 대비 약 15.8% 하락했다. 돈의 흐름이 보이는 대목이다.

달러화 가치가 올라가면 상승하는 금리를 수익으로 보장하는 채권에 대한 수요가 증가한다. 주식시장에서는 투자감소와 기업수익에 대한 불확실성으로 투자자들의 매수세보다 매도세가 우위를 차지하면서 주가가 하락한다.

달러가치가 올라가고, 주가는 내려가고, 채권 수익률이 오를 때 금가격은 어떻게 될까. 〈도표 31〉의 네 번째 그림이 그 답을 보여준다. 달러 인덱스가 상승할 때 금 가격도 같이 상승했다. 주가지수가 하락할 때 채권 수익률은 올라간다. 이는 돈 흐름의 상식이다. 결론적으로 지금이 주식시장의 매수 타이밍이며, 만일 주가하락이 더 심화된다면 더 기다렸다가 매입해도 된다.

우리나라의 주식시장과 채권시장 및 금의 가격변화를 가지고 KOSPI의 향방을 살펴보는 것은 〈도표 31〉에서 미 다우지수, 10년만기 채권 수익률, 달러 인덱스 및 금 가격의 상관관계성을 가지고 살펴보는 것과 크게 다르지 않다. 더구나 우리나라의 주식시장은 미 다우지수나 나스닥, S&P 500지수 변화와 긴밀하게 연동한다고 볼 때, 미국 자산시장의 지표변화가 일종의 선행지표 역할을 한다고 가정할 수 있다.

물론 때로는 한국 증시가 미국 증시의 선행지표 기능을 할 때도 있지만, 이는 그리 자주 일어나는 일은 아니다. 따라서 돈의 흐름을 좌지우지하는 큰손들이 움직이는 시장의 자산시장 변화를 세밀히 살피는 것이 우리나라 자산시장의 '돈의 흐름'을 간파하는 데 큰 도움이 될 것이다.

2023년 하반기까지 세계 증시 조정은 이어진다

다가올 미래의 주식시장 흐름을 전망하기 위해서는 주요 기업의 CEO들과 CFO들의 미래 투자계획에 대해 먼저 살펴볼 필요가 있다. 하지만 이들의 계획을 듣기 전에 간단히 추정하자면, 주식시장은 2022년부터 2023년 상반기 혹은 2023년 하반기 중반까지 조정을 거칠 전망이다.

앞서 소개한 '죽음의 턱'이 입을 닫아버린다면 얼마나 빨리 다시 '죽음의 턱'이 아가리를 벌릴 것인가. 바로 이것이 초미의 관심사가 아닐까 한다. 그 시점은 2023년 하반기 이후가 될 가능성이 크다. 만일 러시아-우크라이나 전쟁이 끝나고, 팬데믹에 대응할 수 있는 백신이 나오거나 팬데믹 자체가 유행병(epidemic)으로 바뀔 경우에는 2023년 하반기 이후가 거의 확정적이다. 하지만 다양한 파생상품 시장(derivative markets)을 보면, 아직은 유가나 곡물가의 흐름이 매우 조심스럽다.

주식은 '무릎에서 사서 어깨에서 매도한다'는 원칙이 있다고 하니, 적어도 2023년 하반기 직전이나 직후부터는 주식시장에 대한 관심을 가져보는 것도 나쁘지는 않을 듯하다. 무엇보다 먼저 큰손들, 즉 기관과 외국인들의 매수세가 강해지면 주식시장의 회복에 대한 기대치는 당연히 상승할 것이다.

하지만 이렇게 주식시장에 낙관론이 머리를 세운다 하더라도 과거 2008년 14000이었던 다우지수가 불과 10년 만에 다시 36000을 찍었던 것처럼 주식시장이 단기에 급등할 가능성은 상대적으로 낮다. 그러나 다른 10년 안에 주식시장은 우상향하는 지수를 보일 것이라는 점은 의심할 여지가 없다. 적어도 주식시장의 본격적인 호황은 2025년 이후 현재 우리가 접하고 있는 대부분의 불확실성이 어느 정도 안정화 내지 약화된 이후에라야 가능할 듯하다.

그렇다면 2035년까지 세계 증시, 특히 미국 증시와 중국 증시를 필두로 I4.0을 선도하는 국가경제와 기업을 중심으로 글로벌 표준화와 룰 세팅의 가이드라인을 제시하는 기업을 많이 가진 국가의 증시일수록 우상향 확률은 더욱 높아진다.

한국 증시를 놓고 상대적으로 저평가되었다고 하지만, 그도 그럴 것이 '오리지널리티(Originiality)'가 없다는 것이 한국산업과 기술 분야의 가장 큰 단점이다. 만일 기술력이 없다 하더라도 인구가 많아 수요 창출력이나 노동집약 산업의 경쟁력이 상대적으로 뛰어나다면 적어도 'cash-cow' 산업의 꾸준한 주가 우상향은 분명할 것이다.

미국 주요 기업 CFO들의
경제전망 및 투자계획에 주목하자

지난 2022년 5월 12일부터 6월 6일까지 주요 기업들의 최고 재무 책임자(CFO) 22명을 대상으로 이루어진 미국 CNBC 설문조사 결과, 응답자의 대부분이 '2023년 상반기 중 미국경제가 불황에 진입하고, 다우지수는 더 하락할 것'으로 전망했다.

높은 인플레이션이 기업경영의 최고 위험요소가 된 가운데, CNBC가 조사한 최고 재무 책임자는 단 한 명도 경기침체를 피할 수 있다고 생각하지 않았다. 그들 대부분이 보는 거시경제 전망은 주식시장은 약세로 접어들고, 다우존스 산업평균지수가 30000 밑으로 떨어지기 전에 마지막으로 한 번은 새로운 최고치에 도달한다는 것이다. 이때 개인들은 매수 타이밍을 잡으라는 것이다. 이들이 예상하는 다우지수의 하락지점은 2022년 7월 기준으로는 -9%, 2022년 최고치 기준으로는 -18% 수준이다.

최고 재무책임자의 40% 이상이 '인플레이션'을 경영상 제일 큰 외부 위험으로 꼽았다. 이번 2분기 설문조사 결과는 러시아-우크라이나 전쟁에 따른 지정학적 리스크와 식량 및 에너지 가격 간의 연관성 등을 가장 크게 반영해 응답한 결과로 보인다. 아울러 이번 설문에는 포함되지 않았지만, 러시아-우크라이나 사태가 중국-대만 사태로 이어질 가능성과 또 다른 팬데믹이 출현할 가능성을 모두 고려한다면, 2023년 이후 세계경제도 매우 암울한 전망이 나올 수밖에 없을 것이다.

CFO의 거의 1/4(23%)이 '미 연방준비제도이사회의 금리정책'을 가장 큰 위험요인으로 꼽았다. 현재 바이든 행정부가 심각한 글로벌 식량위기를 우려하는 가운데 석유공급을 늘리려는 노력을 하고 있다. 그러나 러시아 선박이 우크라이나 밀을 압수한 채 글로벌 시장에서 이를 매도하는 시나리오를 두고 이들 CFO들이 추가적 경기위축 가능성을 경계하고 있는 상황이다. 결국 인플레이션의 배경으로 CFO들은 '공급망 붕괴(14%)와 러시아-우크라이나 전쟁'을 첫 번째 요인으로 꼽았다. CFO들은 연준이 궁극적으로 인플레이션을 통제할 수 없을 것이라고 전망했다.

CFO의 절반 이상(54%)은 중앙은행에 대한 신뢰를 표명했지만, 미 연준이 인플레이션을 잡을 만큼 카리스마나 정책 능력이 있다고는 믿지 않았다. 설문조사에 응답한 CFO의 대다수(68%)가 2023년 상반기에 경기침체가 발생할 것으로 봤다. 그 어떤 CFO도 경기침체 시기를 2023년 하반기 이후로 늦게 경기침체를 예측하지 않았고, 그 어떤 CFO도 경기침체를 피할 수 있다고 생각하지 않았다.

한편 CFO들은 이미 약 3%대로 2배 정도 증가한 10년 만기 국채금리는 2022년 연말 3.49%로 상승한 후 CFO의 41%가 2022년 말까지 4%로 상승할 것으로 예상했다. 결국 인플레이션 잡기에 실패할 가능성에 무게를 두면서 미국경제와 세계경제의 성장 전망은 더욱 어두워진 셈이다.

시장 상황을 더욱 어둡게 보는 세계은행은 1970년대와 같은 스태그플레이션의 시기가 올 수 있다고 경고하면서 글로벌 성장에 부정적이다. 경제협력개발기구(OECD)도 2022년 글로벌 경제성장률 전망치를 낮게 잡았다.

거시경제 상황이 부정적이다 보니, CFO의 과반수(77%)는 다우존스산업평균지수가 새로운 최고치를 설정하기 전에 30000 아래로 떨어질 것으로 예상한다. 이는 2022년 7월 수준보다 9% 이상 하락한 수치며, 2022년 최고치에서 18% 하락할 것으로 예상한다. 결국 주식시장의 반등은 '데드 캣 바운스(dead cat bounce)'가 될 전망이다.

CFO들의 주식시장에 대한 부정적 전망은 기업의 실적 전망에 대한 부정적 견해와 일치한다. 에너지 분야를 제외한 대부분의 제조업 및 서비스 분야 기업들의 실적에서 낙관적 견해가 실종된 상태다. JP모건 체이스의 CEO인 제이미 다이먼(Jamie Dimon) 역시 이 같은 경제 상황에 대해 경고하며 "스스로 버팀목을 잡을 수밖에 없다"는 '각자도생'의 전략이 불가피함을 지적하고 있다.

하지만 CFO 설문에서 나오는 한 가지 핵심 관점은, 많은 기업들이 단기적인 역풍을 넘어 2023년 하반기 이후 비교적 낙관적인 투자계획을 세우고 있다는 점이다. 기업들 입장에서는 2023년 상반기와 하반기의 세계경제 분위기가 사뭇 다를 것으로 기대하고 있는 것이다. 기업투자 지출이나 고용계획을 아직은 뚜렷하게 철회하거나 삭감하고 있지 않기 때문이다. 기술 부문에서 현금유보, 신입사원 감축 또는 동결, 심지어 현재 채용계획을 철회하는 것도 고민하고 있다. 그러나 CFO 협의회의 각 기업들은 아직까지 명확한 계획을 드러내지 않고 있다.

사실상 응답자 CFO의 36%는 2023년 투자지출을 늘릴 것으로 응답했다. 감축을 예상한 CFO는 응답자의 18%에 그쳤다. 적어도 최소한 현재의 지출 수준을 유지할 것으로 대답한 CFO는 46%를 차지한다. 기업들은 여전히 추가고용을 고려하고 있으며, 응답자의 54%는 향후 12개월 동안 고용이 늘어날 것이라고 대답했다. 18%만이 구조조정에 따른 직원감소를 예상했다.

두 번째로 관심 있게 살펴봐야 할 것은 1,900만 명 이상의 직원을 고용하고 있는 미국 대기업 리더를 대표하는 비즈니스 라운드 테이블(Business Roundtable)에서 나타난 대기업 CEO들의 향후 전망과 기업경영 계획들이다. 이들은 코로나19를 극복하고 미국 일자리 창출, 미국경제 성장과 경쟁력을 회복하기 위해 모든 정부 차원의 정책 입안자들과 긴밀히 협력하고 있다. 이들이 생각하는 미국경제의 불황 진입 가능성을 최소화하고 성장을 위한 기회창출을 마련하는 방안은 다음과 같은 7가지다.

첫째, 코로나19 극복, 둘째, 미국정부의 적극적이고 공격적인 인프라 투자, 셋째, 미국 이민 시스템 현대화, 넷째, 근로자 교육 업그레이드와 교육의 질 개선, 다섯째, 경제회복을 가능케 하는 경쟁력 있는 조세정책, 여섯째, 미국 기업과 근로자가 글로벌 운동장에서 수출과 무역을 통해 성장할 수 있도록 지원하고 보장하는 정책 입안, 일곱째, 치안개혁을 포함해 기후변화와 인종 평등 및 정의와 같은 거시적 문제에 대해 진전을 이루어가는 것이다.

경제의 불확실성이
이보다 심각한 적은 없었다

비즈니스 CEO들의 원탁회의체는 우리나라의 전경련과 같은 형태다. 실질적으로 모임은 가지지 않지만, 대개 설문지에 대한 대답을 통해 자신들이 가지고 있는 거시경제 환경 변화와 미시경제적 투자 및 고용에 대한 생각을 정리한다.

이번 2022년 2분기 설문조사는 지난 5월 16일부터 6월 3일까지 미국 주요 대기업 177명을 상대로 이루어졌다. CEO들의 2분기 경제 전망은 그리 낙관적이지 않다. 지정학적·세계적·경제적 불확실성이 계속되는 가운데 경기가 둔화될 가능성이 높아 보인다.

최근 설문조사 결과에서 CEO들은 각자 기업의 자본지출 및 고용에 대한 계획과 향후 6개월 동안의 매출 기대치를 종합지수로 제시한다. 요약하자면 전체 CEO 경제전망 지수는 지난 분기에 비해 19p 하락한 96으로, 장기 평균 84와 확장 또는 수축 임계값인 50을 훨씬 상회하고 있어 생각보다 2022년 하반기 및 2023년 경제에 대해 아직은 크게 비관적이지는 않다.

예를 들어 미국의 대기업 채용 계획은 22p 감소해 90p로 떨어졌다. 자본투자 계획은 20p 감소해 86p로 하락했고, 판매 예상치는 15p 감소한 111p로 나타났다.

이처럼 이번 설문조사에서 각 주요 지수들은 역사적 평균치를 상회했지만, 이번 분기의 결과는 사실상 과거 역사상 여섯 번째로 큰 분기별 하락을 보여주고 있다. 하지만 이 같은 하락세 전망은 지속적인 지정학적 및 정책 불확실성으로 인해 성장둔화와 세계경제 침체에 대한 우려가 증가하는 것을 반영하는 다른 설문 조사 및 경제 데이터와 일치한다.

CEO의 56%는 2022년 2분기에 부품·소재 부문 공급(특히 반도체)이 정체되고 물류배송이 지연된 것이 소비자와 기업이 직간접적으로 추가 비용을 부담하게 된 가장 큰 요인이었다는 점에 동의한다. 예를 들어 CEO 90% 이상이 '금속 및 미네랄, 화학 물질 및 플라스틱 제품, 자동차 및 운송 장비, 컴퓨터와 전자 제품' 등의 배달 지연에 대한 어려움을 지적했다.

제너럴 모터스(General Motors)의 회장 겸 CEO인 메리 배라(Mary Barra)는 "분기별 CEO들의 향후 업황에 대한 기대감 상실은 전례 없는 글로벌 경제와 미국경제의 불확실성을 반영"하는 것으로 평가했다. 이런 와중에 비즈니스 원탁회의 CEO들은 미국을 더 강력한 경제적 발판으로 성장시키기 위해 미 의회와 행정부가 인플레이션 압력을 완화하고 장기적인 성장을 촉진하는 정책을 추구해야 한다는 입장을 견지하고 있다. 그에 따라 관세인하와 미국 기업에 대한 세금인상 자제 등을 강력히 요구하고 있다.

CEO들은 2022년 미국 실질 GDP 성장률이 3.2%에 이를 것으로 추정하지만, 설사 그렇게 된다고 하더라도 이는 금리인상분을 무려 3% 이상 뛰어넘는 명목 GDP 경제성장률이 실현되어야 가능한 일이다. 실질GDP는 명목 GDP에서 소비자물가를 뺀 규모이기 때문이다.

설문의 질문	2022 Q1				2022 Q2				전분기 대비 변화율
	증가	변화없음	하락	지수	증가	변화없음	하락	지수	
다음 6개월간 귀사의 판매량 예측은?	82%	11%	7%	125.4	72%	18%	11%	111.0	-14.4
다음 6개월간 귀사의 자본지출 전망은?	60%	36%	4%	106.3	47%	43%	10%	86.4	-19.9
다음 6개월간 귀사의 고용 전망은?	68%	26%	6%	112.1	50%	39%	11%	89.4	-22.7

자료: Businessroundtable.org

▶ 다음 6개월간 판매량 전망, 자본지출에 대한 6개월 전망, 다음 6개월간 고용에 대한 CEO들의 생각 등을 설문조사한 결과다. 모든 답들이 2022년 1분기 때보다 많게는 20~23p, 작게는 14p씩 하락했다.

〈도표 32〉의 설문조사 결과는 3가지 핵심 질문에 대한 답을 보여준다. 먼저 다음 6개월간의 판매량 전망, 둘째, 자본지출에 대한 6개월 전망, 마지막으로, 차기 6개월간 고용에 대한 CEO들의 생각 등이다. 모든 답들이 2022년 1분기 때보다 많게는 20~23p, 작게는 14p씩 하락했다. 예를 들면 향후 6개월 판매량 전망에서 2022년 1분기에는 약 82%의 CEO들이 증가할 것으로 대답했다가 2분기에는 72%의 CEO가 증가할 것으로 응답해 10%p의 차이를 보이고 있다.

투자위축 전망은 더 심각하다. 1분기에는 CEO들의 60%가 추가 투자를 계획하고 있다고 답했지만, 2분기에는 47%의 CEO들만이 투

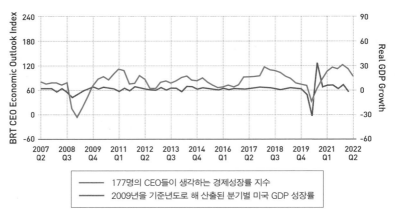

〈도표 33〉 미국 비즈니스 라운드 테이블의 177개 대기업 CEO들의 경제성장률 전망치

177명의 CEO들이 생각하는 경제성장률 지수
2009년을 기준년도로 해 산출된 분기별 미국 GDP 성장률

자료: Businessroundtable.org

▶ CEO들이 예상하는 미국 경제성장률은 그다지 낙관적이지 못하다. 1분기 123.5에서 2분기 95.5로 큰 폭 하락했다. 미국 경제에 대한 느낌이 좋지 않다는 의미다.

자에 긍정적이다. 긍정적 투자계획이 무려 17%p나 빠진 것이다.

한편 고용 측면에서도 1분기에는 68%가 고용을 더 늘릴 계획이라 밝혔지만, 2분기에는 18%p 하락한 50%만이 고용증가를 계획하고 있다고 응답했다.

〈도표 33〉에서 보듯이 CEO들이 예상하는 미국경제 성장률도 그다지 낙관적이지 못하다. 1분기 123.5에서 2분기 95.5로 큰 폭 하락했다. 미국경제에 대한 느낌이 좋지 않다는 의미다.

2023년 하반기가
가장 중요한 시기다

미국 주요 기업들의 CEO와 CFO들의 경제전망을 토대로 향후 2년간 다우존스 종합주가지수 전망치를 살펴보면 〈도표 34〉와 같다. 2023년 미국경제가 바닥을 다지고 보면 2023년 하반기 이후부터 반등이 일어날 것으로 보고 있다. 종가 기준으로 보면 2023년 4월 27937로 가장 낮고, 1년 후 4월에는 35280으로 지난 2020년 수준을 회복할 것으로 보고 있다.

〈도표 34〉의 다우지수 선물지표를 같이 놓고 살펴보면 이 같은

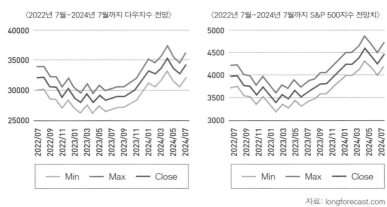

〈도표 34〉 2022년 7월 ~2024년 7월 다우지수 전망 및
2022년 7월~2024년 7월 S&P 500지수 전망치

〈2022년 7월~2024년 7월까지 다우지수 전망〉

〈2022년 7월~2024년 7월까지 S&P 500지수 전망치〉

자료: longforecast.com

▶ 2023년 미국경제가 바닥을 다지고 하반기 이후부터 반등이 일어날 것으로 보고 있다. 종가 기준으로 2023년 4월 27937로 가장 낮고, 1년 후 4월에는 35280으로 지난 2020년 수준을 회복할 것으로 보고 있다.

추정은 어느 정도 타당성이 있다. 대다수의 전문가들도 미국경제가 2022년 하반기 이후 침체 둔화기에 접어들었다가 2023년 하반기 이후에 다시 반등을 보일 것으로 전망한다. S&P 500지수의 2022년 7월부터 2년 후 변화 전망치 역시 2023년 7월 이후부터는 주식시

〈도표 35〉 12월 다우 선물 지수 분당 변화추세 및 S&P 500 선물지수의 일간 변화추세

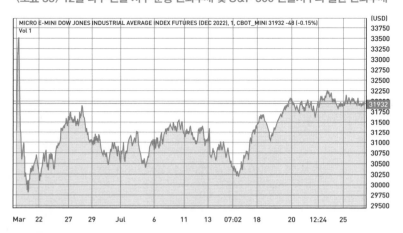

MONTH	OPTIONS	CHART	LAST	CHANGE	PRIOR SETTLE
💼 SEP 2022 MESU2	OPT	ᵢᵢₗ	3937.50	-32.50 (-0.82%)	3970.00
💼 DEC 2022 MESZ2	OPT	ᵢᵢₗ	3955.75	-31.25 (-0.78%)	3987.00
💼 MAR 2023 MESH3	OPT	ᵢᵢₗ	3980.00	-31.25 (-0.78%)	4011.25

자료: cme.com

▶ 2023년 이후 미 연준의 금리정책은 다소 비둘기파의 입김이 작용한다면, 상반기를 거쳐 하반기로 이동하는 변곡점에 세계경제의 회복과 급격한 스태그플레이션 진입을 막을 수 있다고 보는 듯하다. 이는 다우 및 S&P 500 선물지수 변화에서 모두 나타난다.

장이 반등할 것으로 예상하고 있다.

이와 같은 주식시장 흐름에 대한 전망은 다시 파생상품시장, 즉 선물시장과 옵션시장을 통해 검증해볼 수 있다. 옵션시장의 경우 미 결제 거래잔고(open interest)가 크지 않아 선물시장의 거래내역을 통해 확인해보면 다음과 같다.

2022년 12월 다우지수 선물은 7월 26일(미국 시간 오전 9시) 기준 31932로, 9월 선물지수 31873보다 약간 높다. 즉 현재 현물시장에서 다우지수가 7월 25일 기준 31887로 마감한 것을 볼 때 9월까지는 하락추세를 보이다가 12월 이후 반등 여력을 테스트할 것으로 볼 수 있다.

하지만 〈도표 34〉의 전망자료를 참조할 때 시장은 아직도 '미 연준의 금리정책 포지셔닝이 확정적이지 않다'고 보는 경향이 농후하다. 즉 러시아-우크라이나 사태가 종전 또는 휴전으로 가고, 곡물가격과 유가가 안정될 때 미 연준이 금리를 3.5% 수준 이상으로 급격히 올리기에는 무리라는 입장이다.

그렇다면 2023년 이후 미 연준의 금리정책은 비둘기파의 입김이 다소 작용한다면 상반기를 거쳐 하반기로 이동하는 변곡점에 세계경제의 회복과 급격한 스태그플레이션 진입을 막을 수 있다고 보는 듯하다. 이는 〈도표 35〉의 다우 및 S&P 500 선물지수 변화에서 모두 나타난다.

요약하자면, 미국증시는 2023년 상반기까지를 바닥권 다지기 기간으로 볼 수 있다. 미국경제도 그동안 침체기에 진입할 것인지, 아니면 다시 반등을 보일 수 있을지 판단할 수 있는 기간으로 보여진다.

누차 언급하지만, 러시아-우크라이나 사태의 진전, 고유가 및 고원자재 가격으로 인한 인플레이션 압력의 하락, 팬데믹에 따른 경기 둔화세의 반전 등이 필요하다. 이 3가지 핵심 변수들 가운데 마지막을 제외한 앞의 2가지만이라도 진정된다면 미 연준의 금리인상 정책은 보다 여유를 갖게 될 것이다. 신흥국과 개도국의 환율급등에 따른 금융위기 가능성도 줄어들면서, 물론 쉽지는 않지만 세계경제는 팬데믹하에서 새로운 돌파구를 찾아낼 것으로 보인다.

2023년 상반기가 가장 중요한 시기라고 볼 수 있다. 주식시장의 업종별 주가변화는 앞서 강조한 바대로 만일 2023년 상반기에 경기 침체 쪽으로 방향을 튼다면 가치주를, 다시 상승반전을 보여줄 수 있다면 성장주를 각각 고민해볼 수 있다.

6장

다가올 미래,
부동산시장의 흐름

누군가 "용산을 얻는 자, 천하를 얻는다"라고 말했다고 한다. 웃었다. 용산은 필자가 적어도 7~8년 전 미래 부동산시장의 가장 중심이 될 것으로 예측한 곳이다. 그 이유는 간단하다. 뉴욕에서 제일 땅값이 비싼 곳이 맨해튼이다. 맨해튼 안에서도 센트럴파크 주변의 땅값이나 집값이 비싸다. 영국 런던의 부동산 가격도 만만치 않다. 여기서도 제일 비싼 곳이 하이드파크 주변이다. 그렇다면 우리나라도 별다르지 않을 것이다.

부동산 신화는 불패 신화일까. 국가경제가 발전할 때 경제성장을 앞서거나 가장 빠르게 따라오는 시장이 부동산시장이다. 돈이 있는 곳에, 즉 직장과 소비처가 있는 곳에 사람들이 몰리기 때문이다. 부동산 개발이 국가경제개발 비중의 40%에 근접하는 이유도 여기에 있다. 도시 부동산 개발 프로젝트는 도농 간의 이동을 자유롭게 하는 순간 폭발적으로 수요가 증가한다. 공급이 수요를 따라가지 못할 때 부동산 가격은 폭등한다. 마치 톱니바퀴처럼 한번 올라간 부동산 가격은 쉽사리 내려오지 않는다. 만일 내려오는 속도가 가파르면 대공황과 같은 참사가 벌어질 수도 있다. 부동산을 담보로 집을 장만한 구매자들의 자산가치가 폭락하고 원리금 상환 부담이 급증하면서 부동산에 대한 구매력은 상실된 반면 매물이 넘쳐 흐르기 때문이다.

이것이 부동산과 금리가 밀접한 상관관계를 가지는 이유다. 금리는 다시 경제활동과 상관관계가 크다. 경기가 좋을 땐 금리비용은 일정 기간 동안 큰 부담으로 다가오지 않는다. 글로벌 경제에서 신흥국과 개도국의 경제성장이 선진국의 그것보다 많게는 5% 이상, 작게는 3% 이상 높다는 것은 그만큼 도시성장과 개발이 빠르게 이루어진다는 의미이고, 도농 간 인구이동이 빠르게 진행된다는 의미다. 아직도 중국이나 동남아 신흥국들의 부동산 개발 여력은 충분하다. 이는 우리나라도 마찬가지다.

팬데믹으로 뜨거워진
부동산 열기

미국 부동산시장과 세계 부동산시장에 대해 살펴보자. 전작 『혼돈의 시대, 경제의 미래』에서도 이에 대해 간단히 언급한 바 있다. '서브프라임 모기지 사태는 탐욕스러운 월가 투자은행들이 미국 개인들을 기만해서 벌어진 일'이라고 보는 것은 단지 양파껍질의 가장 바깥부분을 보는 것이다. 그 속살은 '화폐전쟁'이었다.

여하튼 코로나19 팬데믹 기간 동안 미국의 중산층 이상 가정들에 의해 부동산시장에 또 다른 열풍이 불었다. 세컨드 하우스를 매입하는 사람들이 늘면서 대도시 주변의 시골 마을까지 부동산 열기가 되살아나기도 했다.

하지만 이미 2008년 서브프라임 모기지 사태 경험을 토대로 지나친 투기열풍은 바람직하지 않다는 것을 '뼈저리게' 느낀 바 있어 부동산 광풍까지는 가지 않았다. 모르긴 해도 미국에서는 리모델링 사업이 한창 호경기를 맞이했을 것으로 보인다. 즉 오래된 집을 리모델링해서 다시 판매하는 사업이 호황을 누렸을 법하다.

미국 주요 도시 중 인구가 가장 많은 3개 도시의 부동산시장 경기에 대해 간략히 설명하기로 한다. 이를 통해 한국의 서울과 수도권 지역의 미래 부동산시장의 변화를 예측할 수 있을 것이다. 미국과 한국의 가장 근본적인 차이점은 고령화 속도와 출산율이다.

뉴욕 주의 부동산을 알면 서울의 부동산이 보인다*

먼저 뉴욕 주의 부동산에 대해 살펴보자.

뉴욕 주택시장은 2021년 팬데믹이 덮쳤을 때 상당한 타격을 입었다. 가격은 완만하게 하락했고, 이미 당시 높지 않았던 재고 수준은 더 떨어졌으며, 부동산시장에 대한 관심은 몇 년 만에 가장 낮았다.

하지만 2021년 이후 부동산시장은 지역 부동산투자자들에게 파괴적인 기회로 인식되고 있다. 파괴적 기회란 과거 서브프라임 모기

---

* 굳이 일본과 도쿄의 부동산시장을 보지 않고 미국 뉴욕, 시카고, LA 등 대도시 부동산시장을 보는 이유는 한국경제는 아직도 '지속 가능한 성장' 궤도에서 이탈하지 않을 것이라는 '강한 가정'을 배경으로 한다. 하지만 초고령화 사회로의 진입, 중국경제의 불확실성, 한국경제의 성장동력 둔화 등은 한국경제의 잠재적 위험요인으로 각각 상수와 변수가 될 전망이다.

지 위기와 달리 실업률이 급등하지 않는 상황, 즉 안정된 소득이 유지되는 상황에서 대도시에서 교외로의 탈출, 펜트업 수요, 주택가격 상승, 심지어 역사적으로 낮은 금리조차도 부동산시장에 대한 관심을 끌어올린, 그래서 오히려 기회란 의미다.

지나친 낙관주의적 관점이 아니라 실제로 많은 사람들이 뉴욕 부

〈도표 36〉 뉴욕 시의 주요 자치구

자료: www.fourtunebuilders.com

▶ 2022년 2분기에서는 뉴욕 시 부동산시장에서 모든 주거용 주택판매가 전례 없는 증가세를 보였다. 2분기 동안 뉴욕 시의 5개 자치구에서 판매된 주택규모는 104억 달러 규모로 전년 동기 대비 17% 증가세다. 이 중 맨해튼의 판매는 전년 대비 20% 급증한 59.6억 달러로 가장 큰 증가세를 보였다. 브루클린의 경우는 전년대비 10% 증가한 약 21.6억 달러, 3위는 전년 대비 매출이 15% 증가해 총 16억 달러를 기록한 퀸스 구가 차지했다.

동산에 투자하기 좋은 시기로 인식하는 게 사실이다. 뉴욕 부동산시장은 사실상 코로나19 바이러스로 인해 가장 큰 타격을 입었을 것이라 생각할 수 있지만, 실상은 꼭 그렇지도 않다.

팬데믹 이후 뉴욕의 불안정한 시장 상황에도 실업률은 뉴욕 주 전체가 전국 평균보다 낮았다는 점이 이를 뒷받침한다. 뉴욕의 부동산시장은 전국의 부동산보다 경기침체와는 거리가 좀 멀다고 보는 것이 맞을 것이다.

뉴욕 주 가운데 역시 가장 큰 도시는 뉴욕 시다. 뉴욕 시는 다시 크게 5개 구역으로 나뉜다. 맨해튼·브롱스·브루클린·스테이튼 아일랜드·퀸스 구(district)다. 뉴욕 부동산시장은 미국에서 가장 비싼 주택시장이다. 이는 주로 수요와 공급에 기인한다. 뉴욕 부동산시장은 잠들지 않는 시장이다.

2017년 이후 부동산은 여전히 높은 가격에 형성되고 있었지만 2008년 서브프라임 모기지 위기로 가격 부문은 어느 정도 합리적 기준을 가지고 움직이고 있었다. 부동산 공급과 재고 수준이 증가하고 주택가격이 하락하는 것은 시간과 수요의 문제일 뿐이다. 2021년 이후 뉴욕 시의 부동산시장은 가장 뜨겁지는 않더라도 미국에서 가장 인기 있는 시장 중 하나였다.

어느 정도 강력한 경제와 더 강력한 펀더멘털에 의해 뒷받침되는 뉴욕 시는 주택 부문이 늘 강세를 유지하는 시장이다. 따라서 뉴욕의 5개 주요 지역 구에서 모두 긍정적인 가격상승과 매매이익이 보였으며, 이런 추세는 당분간 팬데믹에도 불구하고 지속될 것으로 보

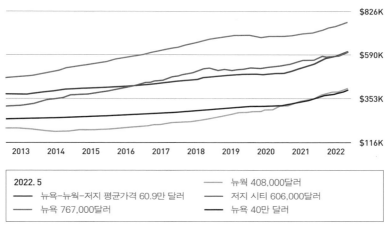

〈도표 37〉 뉴욕·뉴저지 메트로 시티 주택가격 변화추세 (단위: K=1,000달러)

자료: Noradarealestate.com

> ▶ 뉴욕 주의 주택가격의 중앙값은 371,880달러, 판매 중앙값은 368,900달러로 전년대비 32.1% 증가한 가격이다. 뉴욕 주의 평균 주택판매 가격은 483,262달러로 전년대비 26.5% 상승했다.

인다. 상업 및 주거 모두 앞으로도 뉴욕 시를 대체할 공간이나 도시가 마땅치 않기 때문이다.

주택에 대한 강력한 수요는 도시 전역, 모든 자치구 및 모든 주택 유형에 골고루 퍼져 있다. 따라서 인구와 일자리 증가는 뉴욕뿐만 아니라 대부분 도시의 활기찬 경제의 부산물이자 부동산시장 활성화에 커다란 기여자인 셈이다.

2022년 6월 기준 뉴욕 주의 실업률은 4.4%, 인구는 2,020만 명(2020년 기준 뉴욕 시는 800만 명), 평균소득은 2022년 7월 기준 95,644달러였다. 주택가격의 중앙값은 전년대비 32.1% 증가했고, 뉴욕 주의 평균 주택판매 가격은 전년대비 26.5% 상승했다. 임대주택의 중앙값은 월 1,509달러였다.[*]

LA의 부동산을 보면
부동산시장의 흐름을 알 수 있다

다음으로 알아볼 부동산시장은 남가주의 로스앤젤레스 시다. 로스앤젤레스의 2020년 기준 가구수는 약 408만 가구이다(총인구는 990만 명이다). 실업률은 4.2%다. 남가주 가계 수입의 중앙값은 106,906달러고, 로스앤젤레스 시 시민들의 수입 중앙값은 71,358달러다. 2021년 7월 기준 주택수는 362만 주택에 자가율은 46.0%다. 주택중앙값은 615,500달러, 월 임대료는 1,534달러다. 로스앤젤레스 주택시장은 미국과 세계 부동산시장의 바로미터라 할 수 있다.

로스앤젤레스의 부동산시장은 투자자들과 함께 수요와 공급의 균형과 불균형 사이에서 서브프라임 모기지 사태의 중심에 섰던 만큼 세계 부동산시장의 주목을 받고 있다. 사실 서브프라임 사태 이후

---

[*] 최근 1,484건의 급여 설문조사를 기반으로 뉴욕 주의 가장 일반적인 수입은 52,013달러, 평균임금은 연 95,644달러다. 급여는 남성은 평균 108,829달러, 여성은 84,422달러의 급여를 받고 있다. 급여를 가장 많이 받는 직업은 Aviation & Shipping 분야로 평균소득이 139,137달러이고, Management & Business 분야는 124,533달러다. 학력별로는 박사학위자가 146,139달러이고, 석사학위자는 111,429달러다. 16~20년의 경력을 가진 직원은 126,733달러, 20년 이상의 경력을 가진 직원은 123,633달러를 각각 받고 있다.

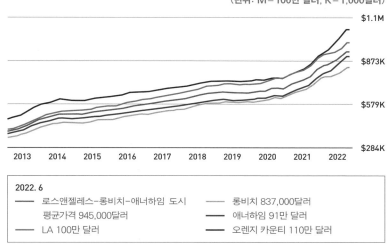

〈도표 38〉 로스앤젤레스-롱비치-애너하임 메트로 도시 주택가격 변화추세

(단위: M＝100만 달러, K＝1,000달러)

$1.1M

$873K

$579K

$284K

2013 2014 2015 2016 2017 2018 2019 2020 2021 2022

2022. 6
—— 로스앤젤레스-롱비치-애너하임 도시   —— 롱비치 837,000달러
    평균가격 945,000달러   —— 애너하임 91만 달러
—— LA 100만 달러   —— 오렌지 카운티 110만 달러

자료: Noradarealestate.com

▶ 로스앤젤레스 시의 2020년 기준 주택수는 362만 주택이며, 자가율은 46.0%다. 주택 중앙값
은 615,500달러, 월 임대료는 1,534달러다. 로스앤젤레스 주택 시장은 미국 부동산시장과
세계 부동산시장의 바로미터라 할 수 있다.

미국 내의 다른 어떤 도시도 로스앤젤레스보다 글로벌 투자자들의
관심을 끌지 못했다. 지난 몇 년 동안 세계에서 가장 투자하기 좋은
도시 중 하나로 선정된 로스앤젤레스 주택시장은 공식적으로 전 세
계 투자자들에게 가장 바람직한 시장이 되었다.

2019년 필자가 현장에서 로스앤젤레스 부동산시장을 살펴보았을
때도 다양한 형태의 부동산시장 개발이 이루어지고 있었다. 인구 구
성면에서도 백인이 70.2%를 차지하지만 여기에는 백인계 히스패닉
의 49.1%가 포함되어 있다. 순수 백인은 25.3%다. 이어서 아시안계

15.6%, 아프리카계 미국인 9.0% 순으로 이루어져 있어 소득수준과 교육수준이 높은 것으로 추정된다.

국제부동산투자자협회(AFIRE)에 따르면 LA의 부동산은 지난 2021년 파리·보스턴과 함께 가장 가격이 많이 오른 지역으로 평가된다. 아울러 최근 설문조사에서도 LA는 투자자들이 가까운 장래에 가격 상승추세가 계속될 것이라고 확신하는 도시 가운데 하나다.

많은 글로벌 기업들과 인구의 이동으로 세계적 관심이 집중된다는 점에서 앞으로도 LA 전역의 기업활동이 증가할 것으로 예상되며, 이는 주택 수요자, 판매자 및 부동산투자자와 같이 시장에 참여하고자 하는 모든 사람들에게 매우 좋은 현상이라 할 수 있다. 로스앤젤레스 주택시장은 향후에도 부동산 투자자에게 인기 있는 투자처로 주목을 받을 것이다.

현재 로스앤젤레스 주택시장 동향은 코로나19의 창궐과 직접적으로 관련이 있다. 지역 부동산은 팬데믹이 시작될 때 부동산 가격 하락을 경험했지만 이로 인해 억눌렸던 수요의 증가, 역사적으로 낮았던 금리, 빠르게 상승하는 부동산 가격 등은 2021년 부동산시장에서 가장 큰 관심을 불러일으킨 동인이 되었다. 역설적으로 팬데믹은 다소 혼란의 시기가 있었지만, 실제로 투자하고자 하는 모든 사람들에게 기회의 장을 만들어준 셈이다.

일리노이 주와 시카고 일대의
부동산시장 현황

    2020년 기준 시카고의 주택 공시지가 중앙값은 299,790달러이고, 판매가격은 평균 348,233달러였다. 주택 판매량은 전년대비 0.6% 하락한 2,469건이다. 일리노이 주의 실업률은 2022년 7월 기준 4.5%, 평균수입은 92,375달러이며, 시카고 시민의 평균수입은 11만 달러다.

〈도표 39〉 시카고-네이퍼빌-엘긴 메트로 도시 주택가격 변화추세 (단위: 1,000달러)

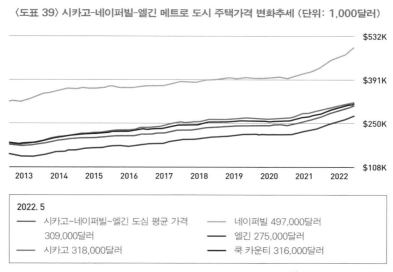

자료: Noradarealestate.com

▶ 2020년 기준 시카고의 주택 공시지가 중앙값은 299,790달러, 판매가격 평균은 348,233달러. 주택 판매량은 전년대비 0.6% 하락한 2,469건이다. 일리노이 주는 부동산시장 둔화가 개인 파산율을 시사하는 미국에서 가장 높은 주택 압류율로 나타나고 있다.

일리노이 부동산시장은 최근 미국 전체 부동산시장의 움직임과는 동떨어진 마치 외딴 섬과도 같았다. 이는 다른 주보다 시급한 문제가 많다는 것을 의미한다. 최근 일리노이 주 부동산시장에서는 주택판매가 약간 감소했다. 매년 주택재고와 판매량 감소는 향후 공급부족을 야기하면서 부동산 가격의 상승을 유발할 가능성이 높은 것으로 평가되고 있다.

주택의 잠재 구매자가 주택 소유로 이동할 준비가 되어 있다는 것은 거의 의심의 여지가 없지만, 수요를 따라갈 수 있는 재고가 충분하지 않다. 더구나 일리노이 주의 엄청나게 높은 재산세는 주택소유에 대한 생각을 포기하도록 만드는 데 일조하고 있다.

일리노이 주는 미국에서 가장 높은 주택 압류율을 나타내고 있다. 역설적으로 일리노이 주 부동산시장은 상대적으로 저렴해서 부동산을 취득하고자 하는 투자자에게는 기회가 될 것으로도 평가된다. 다만 자산을 매입할 때는 미래가치가 중요한 만큼 미래 부동산 가격의 상승이 예상되지 않는 한 매수는 당분간 저조할 것으로 보인다.

최근 일리노이 주 경제가 다소 완만하게나마 개선되면서, 주정부는 부동산투자자들에게 매력적인 제안을 모색중인 것으로 알려졌다. 도시 성장은 유입인구의 증가 없이는 불가능하기 때문이다.

2021년 이후 시카고 부동산시장은 회복세를 보이고 있다. 동부의 다른 대도시와 같은 수준은 아니지만 지역 투자자들이 보기에 매우 빠른 속도로 회복되고 있다. 상대적으로 낮은 가격이 수요자들에게는 투자에 대한 매력을 느끼게 하는 요인으로 판단된다. 팬데믹으로 늘어난 잠재적 주택 소유자들이 본격적으로 주택사냥에 나선 것이 주요 요인이다.

코로나19 바이러스의 여파로 더 많은 변화가 예상되지만, 시카고 부동산시장의 가까운 미래에 대한 기대감은 매우 강하다. 시카고 부동산 전문가들은 시카고 부동산시장의 경우 지금보다 더 좋은 시기는 없다고 본다. 전염병에 의해 생성된 새로운 시장은 투자자들에게 가장 매력적인 부동산시장을 찾을 수 있도록 동기부여중이다. 특히 장기 임대 부동산 사업이 유망해 보인다.

미국 주요 도시 부동산시장의 5가지 공통점

이상과 같이 미국 3개 주요 도시의 부동산시장을 살펴본바, 다음의 5가지 공통점을 찾을 수 있다.

첫째, 미국의 대도시 중심 메트로 권역은 인구 유입에 필요한 기업 활동과 학교 등 기반 문화시설이 확장되는 만큼 성장 가능성이 여전히 높다.

둘째, 팬데믹에도 불구하고 미국의 부동산시장은 크게 위축되지 않았고, 오히려 소득수준과 부동산시장의 호황 사이의 상관관계가 높게 나타난다.

셋째, 서브프라임 모기지 사태로 부동산시장의 버블붕괴에 따른 충격과 교훈이 미국 부동산시장에 잠재해 있다. 따라서 미 연준과 재무부의 팽창적 재정 및 통화정책에도 불구하고 미국의 부동산 경기는 버블을 만들 만큼 크게 성장하지 않았다.

넷째, 미국 주택시장의 가격상승은 대체로 소비자물가 상승속도에 맞추어져 있다. 금리 측면에서는 30년 만기 부동산 담보대출 금리가 미 연준의 정책 기준금리와 연동한다. 따라서 일반적인 미국 내 부동산시장 가격상승은 대도시를 제외하고 이 같은 일반 모형을 따른다.

다섯째, 개인파산과 관련한 미국의 정책은 주택시장 파산이 금융시장 위기로 확산되는 것을 막는 방어벽(firewall) 역할을 담당한다. 즉 금융사들은 대출업무를 하는 데 있어 개인소득과 신용거래 기록들을 참고해 대출한도와 범위, 금리수준을 결정하도록 되어 있다. 그럼에도 불구하고 개인이 파산할 경우 개인은 집 외에 그 어떤 자산도 부동산 관련한 부채 채무 변제에 강제예속당하지 않는다. 즉 집만 내주면 파산은 깨끗하게 정리가 된다. 우리나라의 경우 집값이 떨어지면 그 차액만큼 지속적으로 채무 변제를 요구받지만, 미국의 경우는 그렇지 않은 것이다.

부동산시장의 안정화는 수요와 공급의 시장원리에 맡기는 것이 가장 먼저다. 다음은 사회 기반시설의 확충 등 유입인구에 대한 동인이 있어야 한다. 예를 들어 서울과 수도권에 집중된 기업과 학교 및 다양한 문화시설을 감안할 때, 기타 도시의 주택가격은 머지않은 미래에 하락할 가능성이 높다.

다가올 미래,
한국 부동산시장의 흐름

가까운 미래의 한국 부동산시장의 모습을 가정해보면 다음과 같다. 첫째, 고령화 저출산으로 인구절벽의 시기가 오고 있다. 둘째, 기업 및 교육시설 등 기반시설 확충이 부산, 대구, 울산, 광주, 대전 등 광역시를 제외하고는 주택 수요자를 창출할 만큼 높지 않다. 셋째, 지속 가능한 성장동력을 찾지 못할 경우 한국경제의 가장 큰 '블랙홀' 경제인 중국경제에 급속히 빨려 들어갈 수 있다. 그러면 한국 부동산은 중국의 부동산시장 중 일부로 전락할 가능성도 높다. 넷째, 지금껏 우리나라 국가경제의 성장 가운데 부동산시장 성장이 항상 20% 이상의 비중을 차지해오고 있는 터라, 건설업의 둔화와 부동산 경기하락은 국가경제 성장의 전반적인 둔화를 의미한다.

무엇보다 한국경제는 출산율이 하락할 가능성이 더 크고, 65세 이상 인구가 전체 인구에서 차지하는 비중이 20%를 넘어서게 되는 초고령화 사회의 초입에 서 있다. 이미 시골 농촌지역에서는 빈집들이 늘어나고 있다.

경제성장의 메커니즘을 말로 하면 너무나 간단하다. 국가경제가 잠재성장률 수준 이상으로 지속 성장하면서, 고용과 안정적 소득이 지속적으로 가능하게 하고, 교육과 문화·환경적인 충족감을 만족시켜줄 때 출산을 비롯한 세대 중첩과 전환기를 비교적 무난하게 넘기며 경제는 발전한다.

사람이 모이는 이유는 간단하다. 좋은 일자리가 있고, 이를 뒷받침하는 교육이 있으며, 노동과 여가의 적정한 균형을 위해 문화공간과 자연환경이 적절히 어우러진, 좋은 환경의 도시로 이동하는 것은 너무나 당연한 일이다. 문제는 공간적으로 모든 사람을 받아들이기 힘들다는 점과 주택 건설 공간이 제한되어 있다는 점이다. 따라서 도시는 다시 팽창한다. 이런 현상이 몇 개 도시에 제한적으로 일어나면, 사람들의 심리는 다시 동요한다. "나도 저들과 같이 지내야 뒤처지지 않는다."

대한민국에서 사야 할 부동산 vs. 팔아야 할 부동산

부동산에 투자하면 주식처럼 큰 손실이 나지는 않는 듯한데 부동산시장은 주식시장과 과연 무엇이 다를까. 서울과 수도권의 부동산시장은 향후에도 뜨거운 관심을 받을까.

서점에 가면 부동산 투자와 관련한 많은 책들을 볼 수 있다. 필자는 결코 부동산 전문가는 아니다. 그러니 거시적 관점에서 부동산시장이 향후 어떤 방향으로 전개될지만 간단히 살펴보겠다. 하지만 한국의 부동산시장의 방향과 가격변동에 대한 가장 기본원칙은 충분히 설명되어 있다. 행간에서 이 점을 채굴하는 것은 독자의 몫이다. 앞에서 설명한 3가지, 즉 인구구조 변화, 경기 펀더멘털, 주기적 유동성 변화를 통해 거시적 환경변화를 짚어보기로 한다.

먼저, 인구구조는 초고령화 사회진입을 눈앞에 두고 있다. 이 점은 지방과 서울 수도권의 부동산 가격등락에 중요한 단초가 된다. 인구구조 변화는 경제 펀더멘털의 차이를 야기시킨다. 수요가 있는 곳에 공급이 따르고, 수요가 없더라도 공급이 수요를 창출하기 마련이다. 수요는 사람의 수다.

소득도 중요하다. 사람이 모이는 곳에는 그만한 이유가 있겠지만, 무엇보다 소득과 돈의 흐름이 타 지역보다 많고 빠르다는 것을 의미한다. 식품점에 가도 유명한 식품점이 인기가 있는 것은 그만큼 상품의 회전율이 빠르다 보니 늘 신선제품으로 채워지기 때문이다.

필자는 오래전부터 강연에서 다음과 같은 질문들을 많이 던졌다. 세계에서 가장 땅값이 비싼 곳이 어디일까. 뉴욕? 그럼 뉴욕 시에서 더 좁힌다면? 맨해튼? 맨해튼에서 더 좁힌다면? 소호가 있는 서남쪽, 아니면 자유여신상이 보이는 남쪽? 그렇다. 센트럴파크가 있는 지역이 제일 비싸다. 그 이유는 녹지환경을 가지고 있고, 도심에서 보기 드문 자연 산책로가 있기 때문이 아닐까.

마찬가지로 영국의 경우도 가장 땅값이 비싼 곳은 런던, 하이드파크 부근이 아닐까. 그렇다면 서울과 수도권 중 가장 땅값이 비싼 곳은 지금은 강남일대일지 모르지만, 머지않은 미래에는 도심 공원이 있는 곳, 통일까지 언급하면 너무 거창한 시나리오일지 모르지만 이 부분까지 고려하면 수십 년 이내 우리나라에서 땅값이 제일 비싸고 주택지 가격이 비싼 곳은 분명 '도심에 공원이 있는 곳'일 것이다.

사람이 모이고, 소득이 발생하며, 돈의 흐름이 많은 서울 안에, 그래도 공원이 주거환경을 쾌적하게 한다면 도심 속 공원이 조성된 지역이 부동산 가격이 오를 것은 너무도 당연한 일 아닐까. 시간이 지나도 바뀌지 않는 것이 얼마나 될까. 지금은 강남시대일지 모르나, 머지않은 미래에는 다시 강북시대가 도래한다고 말하면 필자의 지나친 전망일까. 적어도 강남과 강북의 경계선 자락인 한강 주변은 상당한 변화를 맞게 될 것이다.

과거 그린벨트의 개념도 시대의 변화와 발맞춰 갈 것이다. 녹지가 풍부하지 않고 산에 나무가 없던 시절엔 그린벨트가 중요한 도시 미학적 개념을 지녔다고 할 수 있다. 하지만 요즘 도로망이나 산의 녹지 환경을 보면 점차 주거시설은 일부를 제외하고 미국과 프랑스 등 서구 도시처럼 서울 외곽으로 나갈 듯 보인다. 따라서 수도권 개발도 점차 증가할 것으로 보인다. 전철과 도로망이 더욱 촘촘히 연결되면 부동산시장 개발은 수도권 중 녹지환경이 더욱 차별화된 지역과 주거 형태로 변해갈 가능성이 높다.

인구가 감소하는 상황에서 교통환경이 개선된다면 '서울 도심에 주거시설을 고집한다는 것은 비경제적'이라는 생각이 늘어날 수 있다. 이럴 때는 시민의식이 중요해진다. 환경에 대한 관심과 다양한 자연보호와 관련된 시민의식이 고취될 때 주거환경의 변화가 뒤따를 수 있기 때문이다.

서울의 부동산시장 변화도 여기서 끝이 아니다. 이른바 '초고령화' 속도가 빨라지는 가운데 도심과 수도권 주변 경계지역으로 갈수록 이 같은 현상은 더욱 뚜렷해진다. 특히 수도권 외곽지역의 초고령화 현상은 더 심각하다. 이는 서울 및 수도권을 벗어나면 대부분의 농촌지역에서 초고령화 사회가 이미 시작되었음을 의미한다.

코로나19 사태가 있기 몇 년 전 경북 구미에 강연차 들렀다가 놀라운 이야기를 들은 적이 있다. 32평 아파트에 사람이 들어오지 않아 월세로 내놓으려는데 월 10만 원 선이면 가능하다는 이야기였다. 구미공단이 위축되고, 많은 젊은이들이 일자리를 찾아 대도시로 이동하면서 노인인구가 상대적으로 급속히 늘어나고 있다는 의미다.

앞으로 20년 내에 대부분 산업 기반이 없고 펀더멘털이 약한 지역에서 이 같은 현상을 흔히 볼 수 있을 것이다. 지역별 총생산 규모(GRDP)도 좋은 바로미터가 된다.

도시가 발전하면 인구가 집중되고, 인구가 집중되면 다시 새로운 주거지를 찾아 나설 것이다. 다소 앞서나가는 가정 같지만, 머지않은 미래에 드론으로도 1시간 거리 정도는 가볍게 오가는 길이 된다면(물론 속도와 영공, 항로 등의 문제 등이 있겠지만), 국경의 개념은 단순히 지리적 개념에 국한될 것이다.

다음으로 많이 듣는 질문이 "큰 평수 아파트와 작은 평수 아파트 중 어느 것이 더 좋을까요"라는 질문이다. 큰 아파트가 되었든 작은 아파트가 되었든, 대도시 주거지역에 대한 수요는 증가하기 마련이다. 돈이 몰리고, 정치·경제·교육 및 사회적 인프라가 가장 잘 갖추어진 곳으로 사람이 많이 이동해 발전하기 때문에 아직 아무도 자세히 묻지도 않고 따지지도 않는 부동산 관련 이슈가 하나 있다. 통일 이후 한반도 부동산시장의 변화다. 이를 간단히 정리하자면 다음과 같다. 축선이 2개다. 강릉-속초에서 원산으로 이어지는 '강원도 함경도 축선'과 서해안 고속도로의 연장선을 신의주까지 이을 때 나오는 '서해안 축선'이다. 이는 한 번쯤은 생각해봐야 하는, 미래 부동산시장 변화의 가장 큰 잠재적 변수다.

부동산의 개념도 주거의 개념과 투자의 개념으로 이분법화되는 상품이 발생할 수 있다. 최근 NFT 등을 통해 게임이 이루어지는 공간에 부동산투자 개념이 들어와 수천 달러에서 수백만 달러에 이르기까지 상상의 공간이 투자대상이 되고 있다. 언젠가 일론 머스크가 1만 6,000개의 위성을 지구 밖에 설치하게 되면, 지구상의 모든 지역은 10cm×10cm 형태의 정사각형의 경도와 위도를 갖는 디지털 경계가 만들어질 수도 있다.

부동산의 개념과 정의가 순식간에 투자와 주거의 개념으로 양분될 수도 있다. 그러나 근본적으로 인간이 거주하는 부동산의 개념이 보다 실질적이고 현실적인 반면, 상상 속의 투자의 개념으로써 부동산이 얼마나 오랫동안 적절한 투자처로서 인정받게 될지는 지역별·국가별·세대별로 천차만별일 수 있다.

7장

다가올 미래,
가상화폐의 흐름

가상화폐의 변동성이 크다는 것은 수익의 변화가 크다는 의미다. 보스턴컨설팅의 산업 분류로는 가상화폐를 아무래도 '잭팟' 산업 정도로 본다. 암호화폐 혹은 가상화폐는 2008년 서브프라임 모기지 사태가 단초다. 중앙정부 발행의 법정화폐에만 의존하다 보니 시장의 비대칭 정보를 왜곡해 폭리를 취하는 사례가 많다는 판단에, 정부 혹은 중앙은행 화폐를 부정하고 새로운 화폐 개념을 디지털로 도입해보자는 취지에서 개발된 것이다.

가상화폐는 기술적인 내용들을 어느 정도 이해해야 가능한 화폐다. 용어들도 생소한 것들이 많다. '채굴(mining)'이라 불리기도 하고, NFT의 경우에는 '화폐주조(minting)'로 불린다. 모두 다 블록체인 기반의 디지털 암호화 기술이다. 디지털 전기 신호는 0과 1로 이루어진다. 간단히 말하자면, 40개의 순열 조합 암호 코드를 모두 0으로 풀어내야 하지만 블록체인 내 모든 회원들의 메모리에 동시 신호가 이루어지고 당사자 간에는 암호키가 열리면서 대화의 창이 열리게 되는 구조다.

초기 비트코인 3개로 피자를 사먹었다는 이야기는 현재 가치로는 피자 값이 적어도 6만 달러 정도라는 의미다. 화폐는 이렇게 가치변화가 급격할 수 없다. 따라서 이 같은 측면에서 암호화폐는 법정화폐의 화폐가 아니라 포켓몬카드와 같은 희귀 수집용 카드 정도로 비유되기도 한다.

가상화폐에 대한 찬반 논리가 분분하다. 하지만 이 문제는 양자 컴퓨터가 나오는 시점에서, 특히 양자 PC가 대량 생산되는 시점에서 '순삭'될 수도 있다. NFT는 나름 양자 PC시대에서도 존재 이유를 찾을 수 있다. 물론 암호화폐도 새로운 형태로 등장할 수 있다.

가상화폐 투자는
부정과 긍정의 관점이 공존한다

　먼저 결론부터 이야기하는 것이 좋을 것 같다. 가상화폐 혹은 암호화폐를 비롯한 메타버스 관련 NFT 등 디지털 토큰에 대한 관심은 가지되, 적극적으로 투자하기에 앞서 좀더 지켜보는 것이 좋을 듯하다. 이 지점에서 독자들 대부분이 답을 잘 알고 있는 질문이 하나 있다. "I4.0 시대의 가장 중요한 핵심은 무엇일까" 하는 것이다. 70~80% 이상의 독자들은 '빅데이터'라고 답을 할 것이다. 하지만 그다음 질문에는 약 40% 정도가 답을 할 수 있을 것이다. "빅데이터가 왜 중요한가." 그리고 다음 질문은 어쩌면 1%만이 답을 할 수 있을지도 모른다. "빅데이터란 무엇인가." 물론 이 답들은 독자들이 스스로 찾는 것으로 남겨두고자 한다.

　가상화폐 투자에 대한 찬반 논리는 이상하게 들릴지는 모르지만, 양쪽 모두 맞다. 하지만 암호화폐는 여전히 '법정화폐'가 아니며, 중장기적으로도 이를 '법정화폐'로 인정하기는 어렵다. 통화정책이 불가능하기 때문이다. 하지만 동전의 양면성과 같이 가상화폐에 대한 부정과 긍정의 관점이 모두 공존하는 가운데, 현재 시중에 유통은 되고 있다. 그러나 아직은 투자 위험이 크다. 거래소와 감독위원회 등 기본 거래 인프라에 문제도 당연히 많다. 물론 위험한 자산에 투자해야 수익이 크다고 할 수 있다. 그럼에도 필자가 암호화폐 투자에 대해 조심스러운 접근을 이야기하는 이유는 다음과 같다.

첫째, 디지털 기술발전 과정에서 현재는 초기 단계다. 초기 단계에서 선점을 한다는 점도 중요하지만, 초기 단계의 열기는 자칫 투기 세력들에 의해 가치가 왜곡될 여지가 많다. 바로 이것이 코인 다단계가 성행하는 이유다. 주변에서 코인을 상장만 해도 수백억의 이권을 챙긴다는 허무맹랑한 이야기를 자주 듣는다.

둘째, 무엇이든 "일찍 일어나는 새가 먹이를 제일 먼저 먹는다(Early bird eats warm first)"지만 디지털 경제에서는 그에 따른 투자비용도 만만치 않다. 여기서 비용이란 투자위험을 뜻한다.

셋째, 양자컴퓨터 시대가 앞당겨질 경우 버틸 수 있는 가상화폐 혹은 암호화폐는 비트코인과 이더리움 정도가 될 듯하다. 다만 그때의 가격은 현재 가격과 큰 차이가 날 수도 있다.

넷째, 무엇보다 국가와 정부가 화폐로서 인정하지도, 인정할 수도 없다. 자본시장 교란을 막을 길이 없기 때문이다.

뜨거웠던 가상화폐 열기가 빠른 속도로 가라앉았다. 사람들이 가상화폐에 열광하며 몰렸던 이유는 크게 다음의 2가지다. 첫째, 희귀하다는 점이다. 둘째, 그 희귀성을 투자의 대상으로 삼고 투자를 과감히 하던 세력들이 있었기 때문이다. 이른바 '머니게임(money game)'이었다.

'계'는 참여자 모두가 형평에 맞는 이해관계를 충족시키면 문제가 생기지 않는다. 하지만 누군가 곗돈을 내지 않거나, 순번에 차질이 발생하면 계원들 간에 신뢰가 급격히 무너지면서 '머니게임'이 중단된다. 가상화폐 투자는 일종의 낙찰계였던 셈이다.

가상화폐 투자를 더 부정적으로 표현하면 '폭탄 돌리기' 게임이다. 시장이 좋을 때는 누구나 할 것 없이 뛰어들어 이익을 가질 수 있지만, 시장 상황이 악화되는 순간, 모든 수요가 사라지면서 가상화폐 가치는 종잇조각이 되어버린다.

가상화폐 투자의
장점과 단점

가상화폐 투자에 대한 비판적 시각은 17세기 중반 네덜란드의 '튤립 버블' 현상에 대한 논박으로 해석될 수 있다. 튤립은 뿌리의 발육 상태에 따라 꽃을 피우기까지 시간이 오래 걸린다고 한다. 더구나 새로운 유전변이를 일으키는 희귀한 무늬의 튤립은 상품적 희귀성과 이를 구매하고자 하는 사람들이 존재하면서 소위 '부를 과시하는 수단'으로 큰 인기를 누려오다가 어느 순간 튤립 재배가 늘어나면서 튤립 가격이 무려 99%나 폭락한 것이다.

당시 네덜란드는 동인도주식회사의 급성장으로 해상권과 유럽의 경제권을 모두 쥐고 있었다. 1637년 갑자기 튤립 버블이 붕괴되고, 1651년부터 세 번에 걸친 영국과의 전쟁에서 패하면서 네덜란드 경제는 주도권을 잃게 된다. 이처럼 당시 튤립은 지금의 가상화폐와 유사했다. 최근 가상화폐 시장의 가격추세도 이와 비슷하지 않을까. 2020년 비트코인의 경우 68,770달러를 넘어섰던 적도 있다.

하지만 팬데믹에 따른 경기침체와 수요감소, 다양한 가상화폐가 시장에 나타나기 시작하고, 더구나 루나의 대폭락으로 투자대상으로서의 신뢰가 무너지면서 비트코인 가격은 2022년 최고점 대비 64% 이상 하락한 상황이다.

그렇다면 계속 가상화폐에 투자해야 할까. 지금이 바닥이니 매수해도 좋을까. 언제쯤 재매수에 들어가는 게 좋을까. 『오즈의 마법사』이야기도 좋은 비유가 된다. 1900년에 프랭크 바움(Lyman Frank Baum)이 출간한 이 소설의 소재가 바로 '금본위제도'와 '은 본위제도'다. '금'을 '가상화폐'에 견주면 된다.

금의 가치가 올라가는 이유는 간단하다. 채굴량이 한정적이기 때문이다. 결국 물건값보다 금값이 더 오를 수밖에 없다. 즉 화폐가치가 재화와 용역의 가치보다 오른다는 것은 '디플레이션'을 의미한다. 경제에서는 '인플레이션'보다 '디플레이션'이 더 나쁘다. 하지만 금본위제도의 취약성은 1929년 이후 대공황의 통화론적 배경이 되었다. 결국 가상화폐 혹은 암호화폐도 '금본위제도'의 부작용과 비숫한 효과를 가져올 수 있다. 일단 채굴량이 제한되어 있고, 시장유통에서 법정화폐로 인정받지 못하고 있으며, 만에 하나 이를 법정화폐로 받아들인다 하더라도 당초 비트코인의 채굴 의도가 중앙정부의 통화정책 간섭 배제를 전제로 한 것이라는 점은 주목해야 할 부분이다.

다만 가상화폐 혹은 암호화폐의 가치는 '희소성'의 원칙과 함께 '개인정보의 보호', '개인의 지적 재산권의 디지털화' 등을 전제로 투자의 대상이 될 수는 있다. 하지만 역시 이 부분도 수요와 공급의 시장원칙에 따라 이루어져야 한다. 즉 양자컴퓨터 시대에 만일 암호화폐의 공급이 지금 '채굴' 과정보다 훨씬 정교하고 보호체계를 갖춘 형태가 될 경우 대량생산이 가능해진다. 다만 이때 그 가격은 현재 시장에서 생각하는 가치보다 훨씬 떨어질 가능성이 크다.

'튤립' 버블의 붕괴와 '금본위제도'의 한계 등의 비유를 적절히 혼합하면, 가상화폐 혹은 암호화폐의 투자가치로서의 한계와 장단점을 이해할 수 있을 것이다.

암호화폐는 다이아몬드와 같다?

중장기적으로 양자컴퓨터의 등장 등 디지털 기술의 발전은 가상화폐의 미래가치와 역의 관계에 있다. 향후 20년을 생각하면 가상화폐 시장에 대한 투자는 투자 대비 어느 정도 수익을 가져올 수는 있겠지만, 그 이후로는 일종의 수집용 카드와 같은 재화로 인식되지 않을까 예측해본다.

단기적 시장에서는 수많은 디지털 기술의 발전이 어떤 양상으로 전개될 것인지 구체적으로 예측하기 어려운 상태다. 따라서 가상화폐 시장은 매력적인 시장으로 간주될 수도 있다. 하지만 자본의 유출입이 있는 거래가 이루어지는 자본시장이라는 측면에서 주식이나 채권, 부동산 자산처럼 거래를 규율하고 감독 및 관리할 수 있는 기관이나 기능이 없다는 점은 큰 핸디캡이다.

경기가 다시 호조세로 전환될 때 투자자들이 가상화폐 시장을 어떻게 해석할지도 중요하다. 주식이나 채권, 부동산과 같이 투자할 수 있는 대체자산으로는 무엇이 있을까. 그림 시장도 요즘 뜨겁다는 이야기가 들린다. 하지만 가상화폐 시장이 후퇴하면서 그림 시장에서 청년들의 소장품이 조금씩 나오기 시작한다는 이야기도 들린다. 적절한 미래 투자자산의 발굴이 핵심이다. 사람들은 스타트업과 벤처 같은 기업운영보다 일반적으로 단순하고 간단한 투자자산을 찾고자 한다.

한 가지 분명한 것은 창의성과 상상력의 세상이 강조되는 메타버스 공간에서는 각자의 아이덴티티(identity)를 나타낼 하나의 인증(certificate)이 필요하다는 점이다. 여기서 각자란, 플레이어 개인을 포함해 가상의 공간에서 사용되는 모든 제품과 서비스를 포함한다. '인증'의 가치를 과연 화폐만으로 측정하고 가치부여를 할 것인가,

〈도표 40〉 비트코인 가격 변화추이 및 이더리움 가격변화 추이

〈비트코인 가격 변화 추이〉

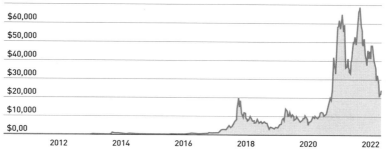

〈이더리움 가격 변화 추이〉

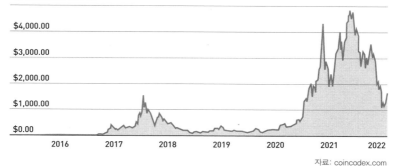

자료: coincodex.com

▶ 가상화폐 투자를 부정적으로 표현하면 '폭탄 돌리기' 게임이다. 시장이 좋을 때는 누구나 할 것 없이 뛰어들어 이익을 가질 수 있지만, 시장 상황이 악화되는 순간 모든 수요가 사라지면서 가상화폐의 가치는 종잇조각이 되어버린다.

아니면 가상화폐라는 매개체로 표현할 수도 있을 것인가. 최근 루나의 몰락이 이에 대한 답을 충분히 할 수 있을 것이다.

디지털 정보통신 기술의 발전을 단순히 컴퓨팅 기술발전으로 해석해서는 곤란하다. 창의력과 창조성이 그 어느 능력보다 중요한 교

육의 목표가 되어야 하는 이유다. "국가 100년의 목표는 교육에서 시작된다"는 말은 결코 허언이 아니다. 교육의 본질이 창의성에 있는지, 암기력에 있는지는 한 국가가 세계경제와 산업발전에서 주도적인 역할을 할 수 있는지 없는지를 가르는 중요한 잣대가 된다.

'창의'와 '창조'라는 개념은 무에서 유를 만들어내는 형이하학적 개념이 아니다. 스티븐 호킹(Stephen Hawking) 박사의 천체 물리학과 아인슈타인의 일반/특수 상대성 이론의 사고 공간은 암기력에 의해 이루어진 시공이 아니라 늘 '변화'하는 우주의 기본원리에 근거한 설명과 해석이라는 데 주목해야 한다.

표현이 다소 어려울지 모르나 암호화폐의 시작은 정부와 기업의 역할변화 가능성에 대한 포괄적인 질문에서 시작되었다. 그리고 신자본주의의 탐욕과 시장질서의 본질적 수급 상황이 암호화폐의 일반적 가치체계보다 특수적 가치체계를 이용함에 따라 최근 급격한 가격상승이 일어났다는 점을 간과해서는 안 된다. 물론 기업가는 암호화폐의 특수적 가치체계를 일반적 가치화하여 정부와 개인들에 대한 지배력을 강화하려들 수 있다. 1984년에 처음 개봉한 〈터미네이터〉와 같은 영화 속에 등장하는 '기계와 인간의 대결'이 단순히 오락을 위한 영화 시나리오가 아니라는 데 주목하길 바란다.

그것을 어떻게 알 수 있는가. 주가가 오를 때는 암호화폐의 가격도 오른다. 주가가 내릴 때는 암호화폐의 가격도 내린다. 하지만 그 가운데 등락폭이 크지 않은 암호화폐가 있다. 그 암호화폐는 다이아몬드와 같은 것이 아닐까. "Diamond is forever"라는 말이 충분한 힌

트가 되었길 바란다.

　가상화폐에 대한 좀더 자세한 논의는 책 맨 뒤의 '부록'을 참고하기 바란다. 가상화폐에 대한 논의를 부록으로 따로 정리해 설명한 것은 자칫 가상화폐 시장이 자산시장의 메인으로 이해되는 것을 주의하고자 함이다.

8장

다가올 미래, 산업에서 돈이 흐르는 방식

21세기에 우리가 생각할 수 있는 산업은 전기자동차, 무인자동차, 드론, 우주항공, 로봇, AI, IoT, 메타버스와 AR, VR, 바이오 및 보건 신약, 반도체, 배터리, 3D 프린터, 센서, 섬유, 스마트시티(smart city)와 SW콘텐츠 등 수없이 많다. 6G와 웹 3.0의 시대에 이어 양자컴퓨터 시대까지 신산업의 확장과 전개는 우리가 상상하는 그 이상을 초월할 것이다.

돈은 이런 산업으로 투자자금이 되어 흘러들어간다. 여기서 매출수익을 내고, 주가가 오르면 투자수익을 배당으로 지급받고, 파생되는 새로운 산업에 재투자하는 과정을 반복하게 된다. 승수효과를 감안하면 100원의 투자가 10년 뒤에 1억 원이 될 수 있는 세기의 초입부다.

당연히 이 같은 기술을 놓고 경쟁하는 국가들 간의 신경전과 실질적 전쟁이 벌어질 확률이 그 어느 때보다 높다. 자주 하는 말이지만, 태양(日)과 달(月)이 함께하면 밝을 명(明)자가 되지만 각각이 태양이라고 우길 때는 세계경제는 매우 피곤해진다. 이같은 경쟁이 벌어지는 것은 산업패권이 가져오는 부가가치의 엄청난 크기 때문이다. 기술패권을 쥐면 산업패권을 쥐게 되고, 산업패권은 글로벌 기술 표준화와 룰 세팅을 통해 조세경제(tax economy)를 강화하기 때문이다. 조세경제란 일정 기간 로열티를 받거나, 기축통화 지위를 이용해 자국 부채를 일시에 타국에 떠밀어버리는 효과 등을 의미한다. 힘들여 일할 필요 없이 정기적으로 '조공 공물'이 들어오니 이보다 편리한 부가가치 창출 경제가 어디 있겠는가. 이러한 창의적이고 창조적인 인프라와 기술력을 갖지 못한다면, 적어도 주요 부품과 소재를 공급하는 정밀 가공과 화학적·물리적 기초가 있어야 한다. 그러한 힘은 교육을 통해 축적된다.

전기자동차에
돈이 몰린다

미래 산업 발전의 향방은 이미 거의 세상에 다 알려져 있다. 전기
자동차와 무인자동차, 드론, 로봇, AI, IoT, 우주항공, 바이오, 반도체,
배터리, 콘텐츠 산업 등이다. 이들 산업을 주도하는 기업들의 주가
변화를 보면 돈이 어디로 흘러 들어갔는지와 향후에 돈이 어디로 흘
러 들어갈지를 단박에 짐작할 수 있다.

〈도표 41〉에서 보듯 전기자동차 회사인 테슬라 주식은 2010년
7월 4일 3.48달러였다. 2013년 10달러대로 상승한 후 2017~2019년
12월 중반까지 80달러 아래에서 거래가 이루어졌다. 2020년 1월 12일
100달러를 돌파하더니, 팬데믹 기간이었던 2021년 10월 31일 주당
1,222.09달러의 고점을 찍은 후, 2022년 8월 1일 기준 891.83달러까
지 하락했다.

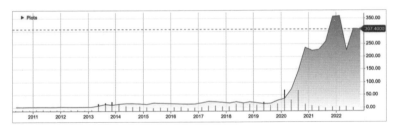

자료: cnbc.com

▶ 테슬라 주식은 2010년 7월 4일 3.48달러였다. 2013년 10달러대로 상승한 후 2017~ 2019년 12월 중반까지 80달러 밑에서 거래가 이루어졌었다. 2020년 1월 12일 100달러를 돌파하더니, 팬데믹 기간이었던 2021년 10월 31일 주당 1222.09달러의 고점을 찍은 후 2022년 8월 1일에는 891.83달러로 하락했다.

전기자동차의 역사를 보기 위해 위키디피아를 살펴보면, 1912년 부터 1914년 토머스 에디슨(Thomas Edison)이 전기자동차 앞에서 찍은 사진을 볼 수 있다. 전기자동차의 역사는 100년 이상이다. 1973년 사진에서는 한 신사가 전기충전소에서 자동차를 충전하는 모습도 볼 수 있다.

GM은 1996년과 1998년 사이에 EV1이라는 모델을 개발 및 시판했으나 그 뜻을 이루지 못했다. 2006년 크리스 페인(Chris Paine)이 다큐물로 제작한 영상 '누가 전기차를 죽였나(Who killed the electric car?)'에서는 전기자동차를 공동묘지에 쌓아놓고 장례식을 치르는 장면까지 볼 수 있다.

누가 당시 전기자동차를 죽였을까. GM, 포드, 크라이슬러 등은 내연기관자동차를 만들던 시기였다. 새로운 동력을 이용한 전기자동차의 개발을 아무래도 탐탁지 않게 여긴 내연기관차 카르텔과 OPEC 등 원유 생산국들의 '보이지 않는 손'이 작동하지 않았을까.

〈도표 42〉에서 GM과 포드의 주가변화를 보면 테슬라의 주가변화에 비해 크지 않다. 발행주식 수에서 차이가 있겠지만, 테슬라의 시

〈도표 42〉 GM 주가변동 추이 및 포드 주가변동 추이

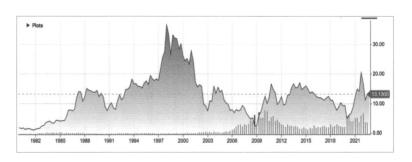

자료: cnbc.com

▶ GM과 포드의 주가변화를 보면 테슬라의 주가변화에 비해 크지 않다. 발행주식 수의 차이가 있겠지만, 테슬라의 시가총액은 9315.1억 달러, GM은 536.1억 달러, 포드는 616.7억 달러로 약 15배 이상 차이가 난다. 즉 돈이 테슬라로 몰린 것이다.

8장 다가올 미래, 산업에서 돈이 흐르는 방식

가총액은 9,315.1억 달러, GM은 536.1억 달러, 포드는 616.7억 달러로 약 15배 이상 차이가 난다. 즉 돈이 테슬라로 몰린 것이다. 이렇다 보니 GM과 포드도 전기자동차 생산에 집중하려는 계획을 발표한 바 있다.

미국 소비자들의 전기차 구매도 높아지고 있다. 〈도표 43〉에서 보듯 2021년 기준 미국 내 전기차 판매량은 1,471,826대로 2020년에 비해 약 86.2% 급증했다. 이 가운데 테슬라의 시장 점유율은 23.9%, 포드 8.0%, 현대기아 7.5%, GM 1.7%, 스텔란티스 2.7% 순이다.

미국 자동차 소비층의 전기자동차에 대한 인식이 긍정적으로 전환되는 가운데, 정부의 엄격한 환경규제와 함께 전기자동차 구매에 대한 정책지원으로 전기차 상용화에 힘쓰고 있다. 미국 전기차 판

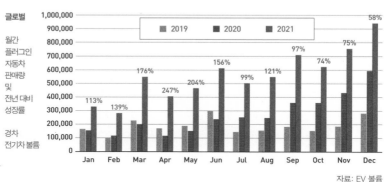

〈도표 43〉 글로벌 월간 전기자동차 판매 건수와 전년대비 판매 증가율 변화추이

자료: EV 볼륨

▶ 2021년 기준 미국 내 전기차 판매량은 1,471,826대로 2020년에 비해 약 86.2% 급증했다. 이 가운데 테슬라의 시장 점유율은 23.9%이고, 그 다음으로 포드 8.0%, 현대기아 7.5%, GM: 1.7%, 스텔란티스 2.7% 순이다.

매량은 지난 5년간 꾸준히 오르는 모습을 보여주며 2021년에는 약 86% 급증했다.

유럽은 전기자동차에 대해 최근 오락가락하는 모양새다. 2022년 6월까지만 해도 독일을 비롯한 EU 27개국은 향후 2035년까지 환경 문제와 관련해 내연기관차 생산을 중단하기로 하는 등 적극적인 전기자동차 시장으로의 전환을 발표한 바 있다.

하지만 2022년 7월 들어서는 전기차 전환에 다소 부정적인 견해들을 내놓고 있다. 그 이유는 2가지다. 첫째, 중국과의 경쟁에서 뒤졌다는 점, 둘째, 배터리 경쟁과 원자재 확보에 어려움을 극복하기가 현재로서는 쉽지 않아 보인다는 점 등이다.

전기차에 대한 정부지원 및 보조금 정책도 전기차 판매에 중요한 동기부여가 된다. 독일은 4만 유로(5,320만 원) 이하인 전기차에 지급하던 보조금 6,000유로(798만 원)를 2023년 초부터 4,500유로로, 2024년부터는 3,000유로로 줄여나갈 계획이다.

이 부분에서도 중국이 경쟁적으로 미국 및 유럽 국가들의 경쟁사에 비해 비교우위를 점하고 있다. 2022년 7월 25일 국회 예산정책처가 발표한 '친환경자동차 지원 사업 분석' 보고서에 따르면, 2018~2021년 중국·유럽·미국·한국·일본 등 5개국의 국내 전기차 판매비중은 중국이 47.5~65.7%로 가장 높고, 다음은 유럽이 14.1~35.3%로 높은 비중을 차지했다. 3위는 미국으로 10.7~14.7%, 한국은 1.9~2.1%로 4위를 차지했다.

전기차의 핵심인 배터리팩 역시 중국을 필두로 한 아시아 국가들이 독식하고 있다. 시장조사기관 'SNE리서치'에 따르면, 2021년 기준 1~10위 배터리 회사 중 중국기업이 6개이고, 한국기업이 3개, 일본 기업이 1개 순이다. 점유율로 보면, 중국이 48.6%, 한국이 30.4%, 일본이 12.2% 순이다. 특히 1위 업체인 중국 CATL은 점유율이 32.6%나 된다.

아울러 배터리 생산에 필요한 4대 광물(리튬·니켈·코발트·망간)이 특정 국가에 한정된 점도 주목해야 한다. 미국 지질조사국(USGS)의 2022년 '국가별 주석 매장량' 보고서를 보면, 전기자동차 배터리의 주요 소재인 광물의 생산량은 리튬의 경우 호주 48.1%, 칠레 26.0%, 중국 16.1%로 3개국에 집중되어 있다. 니켈은 인도네시아 30.7%, 필리핀 13.3%, 러시아 11.3% 순이다. 코발트는 콩고 68.9%, 러시아 6.3%, 호주 4.0%다. 망간도 남아프리카공화국 34.4%, 호주 17.6%, 가봉 17.5% 순으로, 기본 광물 편중이 향후 중요한 자원 안보 측면에서 큰 이슈가 될 전망인 데다 코로나19로 인한 공급 불안정성, 미중 간의 갈등구도 등도 종국적으론 전기차 전환의 부담 요소가 될 수 있다.[*]

자동차 업계에서는 내연차 관련 일자리 보호 문제도 주요 이슈로 부상하고 있다. 하지만 '전기차로의 전환'이란 큰 흐름을 바꾸기는 쉽지 않다. 1990년대와 사정이 다르기 때문이다. 팬데믹 상황에서 세계 유수의 내연자동차 회사들은 중국이라는 거대 미래시장의 변화를 두고 자국의 내연기관차 생산만을 고집할 수 없게 되었다.

---

[*] "전기차 전환에 '급브레이크' 밟는 유럽국가들, 왜?", 2022년 7월 30일 경향신문

친환경 문제를 들고 나오면서 중국의 무역정책을 규제하려던 움직임은 역으로 친환경과 전기자동차 이슈로 확대되었다. 전기자동차에 중요한 배터리 산업과 관련한 기술발전은 니켈·망간·코발트·알루미늄 같은 기본 소재와 원자재 조달의 안정성 및 의존성의 문제를 대두시켰다. 또한 배터리의 양극과 음극을 연결한 후 각 배터리로부터 고르게 전압을 이끌어낼 수 있는 정보처리 기능을 내재한 '배터리 관리 시스템(Battery Management System, BMS)'의 반도체 기술도 주행거리 및 폭발 안정성과 관련해 중요한 기술 산업으로 부상하고 있다.

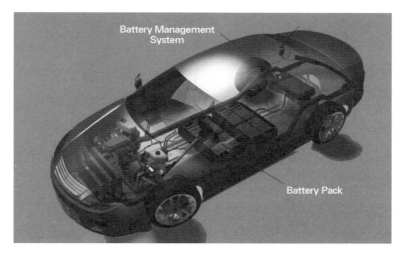

* 주: BMS 구조

> ▶ 배터리의 양극과 음극을 연결 후 각 배터리로부터 고르게 전압을 이끌어낼 수 있는 정보처리 기능을 내재한 '배터리 관리 시스템(Batter Management System, BMS)'의 반도체 기술도 주행거리 및 폭발 안정성과 관련해 중요한 기술 산업으로 부상하고 있다.

전기자동차 산업과
콘텐츠 산업이 뜬다

전기자동차 산업이 본격적인 궤도에 오르기 시작하면 연관된 산업의 발전도 병행해 이루어진다. 대표적인 수혜 산업은 콘텐츠 산업이다.

웹 1.0이 생산자가 데이터를 갱신하는 웹사이트들의 집합체라면, 웹 2.0은 웹 애플리케이션을 제공하는 하나의 완전한 플랫폼으로 발전한 것을 의미한다. 즉 웹 2.0은 주체가 생산자이면서 동시에 소비자가 되는 상호작용을 통해 콘텐츠를 재생산하며, 사회적 네트워크를 형성해나가는 것이다.

블로그(Blog), 위키피디아(Wikipedia), 딜리셔스(del.icio.us) 등이 웹 2.0에 속한다. 사용자들이 데이터에 직접 붙이는 태그인 플리커(Flickr)나 딜리셔스, 2개의 블로그를 서로 연결하는 링크를 만들어주는 트랙백(track back), 사용자 인터페이스인 검색창의 추천 검색어, 검색로봇이 웹 페이지에서의 링크 횟수를 파악해 데이터의 우선순위를 보여주는 구글의 페이지랭크(Page Rank) 등이 모두 웹 2.0의 특징을 나타내주는 대표적인 예이다.

웹 2.0은 사회적으로는 다양한 소수의견이 교환되고 문화의 저변이 확대되는 데 핵심적인 역할을 하는 장점이 있는 반면, 각종 커뮤니티들이 집단적으로 자신들만의 의견이나 행동을 표출함으로써 과장되고 세력화되는 데 대한 우려가 지적되기도 한다. 하지만 웹 3.0

은 개인화·지능화된 웹으로 진화해 개인이 중심에서 모든 것을 판단하고 추론하는 것을 목표로 한다. 웹 3.0은 탈중앙화 시대의 본격적인 시작인 셈이다.

웹 3.0은 블록체인(blockchain) 등 분산화 기술을 이용해 서비스 참여자들이 수익을 공유하는 새로운 형태의 웹 동작 모델로, 사용자들이 데이터·개인정보 등의 플랫폼에 종속되지 않고 개인이 소유하고 보호하는 탈중앙화 웹(decentralized Web) 형태다.

웹 1.0이 인터넷 혁명이고 웹 2.0이 스마트폰 혁명이었다면, 웹 3.0은 개인이 플랫폼이 되는 세상이기에 전기자동차가 가지는 플랫폼으로서의 가치는 앞으로 계속 커질 수밖에 없다.

전기자동차, 무인자동차 및 드론 등의 미래 교통수단에 장착될 콘텐츠 개발의 선두 그룹에 일본 소니가 있다. 소니의 요시다 켄이치로 회장은 지난 2022년 1월 CES 2022 행사에서 획기적인 발표를 했다. 당시 소니는 VISION-S 02라는 개념의 전기차 SUV 모델을 선보였지만 소니는 가격과 관련된 정보를 전혀 공개하지 않았다.

알려진 바로는 VISION-S 02모델 전기차는 5G를 사용하고 승객이 디지털 비디오 서비스를 통해 플레이스테이션 게임을 차내에서 즐길 수 있다. 한편 소니는 자사의 전기자동차에 고감도, 고해상도, 넓은 다이내믹 레인지 CMOS 이미지 센서 및 입체 공간을 정확하게 감지하는 LiDAR 센서 등이 포함될 것이라고 한다. 소니의 미래 자동차는 인공지능 및 로봇 공학에 대한 전문지식을 활용할 것이 분명하다.

블룸버그는 소니가 이미 "자율주행 및 자기인식 차량용 센서를 만드는 데 앞장서고 있으며, 이는 전 세계 스마트폰과 디지털카메라 대부분에 걸쳐 이미징 사업의 성장 부문"이라고 보도한 바 있다.

현재 소니의 공식 웹 사이트에 따르면 VISION-S 02모델에는 잠재적으로 총 40개의 센서가 탑재되도록 설계되어 있다. 이 센서는 차량 안전은 물론 셀프 주차 및 자동차선 변경과 같은 개념을 지원할 것으로 보인다. 소니는 현재 고급 레벨 2의 운전자 지원 시스템을 지원하기 위해 유럽에서 도로 테스트를 실시하고 있다고 밝혔다.

전기자동차와 무인자동차 및 드론의 시대에는 무궁무진한 콘텐츠 개발 및 탑재 공간과 시장이 존재한다. 이 같은 소프트웨어 기술의 정수는 반도체 설계와 센서 기술, 인공위성을 통한 GPS 시스템의 안정성과 의존성, 5G를 능가하는 6G 이상의 속도와 정보처리 능력 등을 충분조건으로 한다.

디지털 기술은 배터리 기술을 비롯해 비록 하드웨어라 하더라도 점차 갈수록 '경박단소'한 산업으로 진화할 것이며, 이에 대한 경쟁력은 끊임없는 기술개발과 투자에 의해 이루어질 수밖에 없다.

하지만 이보다 더 중요한 것이 있다. 무한한 창의력과 상상력이 존재하는 시장과 이를 합리적이고 논리적인 전개로 도덕과 윤리적 가치를 사회 규범으로 설정할 수 있고, 기초화학과 기초생물 같은 기본교육이 모두 하나의 패키지로 진화·발전해가야 한다는 것이다. 사회발전이 경제발전보다 뒤처질 수 없다. 경제로 풀지 못하면 정치로라도 풀어야 하듯이, 모든 정치·경제·사회의 속성은 서로 독립적이지만 동시에 상호의존적인 모습을 가진다.

이제는 로보틱스에
주목해야 할 때다

〈도표 44〉는 로봇 공학의 혁신에 가장 앞장 서 있는 미국계 회사들 중 18개 회사들을 정리한 것이다.

미국 전역의 로봇 회사들에서 엔지니어링과 과학의 융합발전은 향후 혁신적인 제품, 즉 인간이 일반적으로 해왔던 일을 로봇이 더 잘 수행하는 제품 생산방식을 채택하기 시작했다. 재래식 용접에서부터 첨단교육, 자동차 조립 및 수술 등 다양한 로봇 기술의 발명품은 우리가 살고 일하는 방식을 변화시키고 있다.

얼마 전 필자가 다녀온 중소기업은 커피를 내리고 감자칩과 통닭

〈도표 44〉 로봇 공학의 혁신을 주도하는 미국계 회사들

• Anduril	• Bluefin Robotics
• Skydio	• Applied Aeronautics
• Zipline	• Left Hand Robotics
• Outrider	• Righthand Robotics
• Shapeways	• Dronesense
• Nuro	• Harvest Automation
• Piaggio Fast Forward	• Rethink Robotics
• Diligent Dynamics	• Vicarious

자료: builtin.com

▶ 로봇 공학의 혁신에 가장 앞장서 있는 미국계 회사들의 목록이다. 이 회사들은 혁신적인 제품, 즉 인간이 일반적으로 해왔던 일을 로봇이 더 잘 수행하는 제품 생산방식을 채택하기 시작했다.

을 튀겨내는 일을 단 6~10개의 축 이동을 통해 수행하는 로봇을 제작하고 있었다. 로봇에 인공지능을 탑재하면 사이보그가 된다. 무인 자동차도 일종의 인공지능 로봇, 즉 사이보그라 할 수 있다. 로봇 공학과 로봇 산업이 발전하기 위해서는 역시 하드웨어와 소프트웨어 기술 발전이 병행되어야 한다.

중국의 주요 로봇 회사들도 주목해야 한다. 특히 SIASUN은 중국 과학 아카데미에 속한 하이테크 상장 기업으로, 로봇 기술을 핵심으로 삼아 지능형 제품 및 서비스 제공에 중점을 두고 있다. SIASUN은 세계에서 가장 포괄적인 로봇 제품 라인을 보유한 중국 로봇 산업에서 TOP 10 선도 기업이라 할 수 있다.

중국에서 가장 큰 로봇 산업 기지인 SIASUN은 2000년에 설립되었다. 본사는 심양에, 국제 마케팅 본부는 상하이에, 금융사업 본부는 베이징에 각각 위치하고 있다. 최근 심양, 상하이, 항저우 및 칭다오에 산업단지가 설립됨에 따라 SIASUN은 중국 전역의 6개 주요 지역을 포괄하는 국가 R&D 및 서비스 네트워크를 완성한 상태다.

SIASUN은 홍콩과 싱가포르에 위치한 글로벌 시장을 중심으로 본격적으로 판매전략 수립 활동을 시작했으며, 4,000명 이상의 R&D 인재와 함께 핵심기술, 핵심구성 요소, 선도적인 제품 및 산업 솔루션으로 구성된 전체 산업가치 사슬을 형성한 상태다. 현재 SIASUN의 시장가치는 전 세계 로봇 산업에서 세 번째로 빠른 성장률을 보이고 있다.

이 밖에도 중국에는 SZ DJI Technology Co.,Ltd., Foxconn

Technology Co.,Ltd., Shenzhen Inovance Technology Co., Ltd. 등의 로봇 기업들이 있다.

중국정부는 로봇 공학과 융합할 미래의 인공지능 분야, 벤처와 스타트업 부문 육성에도 적극적이다. "중국이 미국을 추월해 인공지능 연구개발의 선두주자로 자리매김하고 있는가." 비록 논쟁의 여지가 있는 질문이지만, 한 가지 분명한 사실은 중국은 인공지능과 관련한 산업 분야에 대해 지금 우리가 상상하는 것 이상의 연구와 투자를 진행하고 있다는 점이다.

대만에 있는 중국 국립박물관을 다녀온 사람들은 이런 추정이 근거 없는 가정이 아님을 알 수 있다. 실제로 중국은 2014년 인공지능(AI) 관련 특허 등록과 딥러닝 논문 등 인공지능(AI) 연구 실적에서 미국을 넘어섰다.

2016년 중국은 향후 5년간 로봇 산업 성장을 위한 목표와 전략을 요약한 로봇 산업 개발 계획을 발표했으며, 2017년부터 2030년까지 AI 기술 분야의 세계 리더가 되겠다는 야심찬 계획을 현재도 진행중이다.

AI와 로봇 공학의 융합에는 빅데이터 분야의 발전이 충분조건이다. 인구 15억의 중국은 그 어느 나라보다 충분한 임상실험의 빅데이터를 가지고 있으며, 이런 빅데이터에서 나오는 수많은 자료들에 더해 서구의 의식체계와 사회구조, 정치 및 경제사회 발전의 역사적 경험까지 입력할 경우, AI 기술과 로봇 공학을 도입한 미래 전기자동차와 무인자동차, 드론 산업에서의 경쟁력은 가히 상상을 초월할 수도 있다.

특히 제조업 강국인 중국은 인건비 상승과 경제성장 둔화에 대응하고 경제 전반에 걸쳐 기술을 업그레이드하기 위해 AI에 베팅하고 있다. 중국정부의 야심차고 정량화 가능한 목표 설정, 부처 간 조정, 국제협력 및 연구개발을 위한 정부자금으로 고위급 정책이 지원하는 포괄적이며 전방위적 전략을 통해 AI와 로봇 산업을 지원하고 있는 것이다.

중국은 AI 및 관련 기술에 300억 달러 이상을 투자할 것으로 예상된다. 반도체 분야에 2010년 중반 이후 약 134조 원을 투자해 '반도체 굴기'라는 목표를 세웠듯이, 프라이스워터하우스쿠퍼스(PWC)는 머지않은 미래에 중국이 세계에서 가장 거대한 AI 승자가 될 것이라고 전망한다. 2030년까지 이러한 신기술의 채택은 중국 GDP를 26% 증가시키고, 이로 인해 세계 GDP는 평균 14% 증가할 것이다. PWC 연구 보고서에서는 중국 최고의 로봇 신생기업 중 10곳으로 AI Nemo, AUBO, Borns Robotics, Geek+, Makeblock, Rokid, Slamtec, UBTECH Robotics, Youcan Robotics 및 ZongMu 등을 꼽는다.

로봇은 주로 전기기계 및 자동차의 조립 라인에 활용되어 생산 효율성 증대와 노동력 부족 문제의 해결 등에 기여하면서 핵심 산업으로서 그 중요성이 강조되었다.

최근 일본에서는 인구 고령화로 인해 로봇 기술이 잠재적인 산업과 경제 문제들을 해결하는 것은 물론 의료 분야의 응용체계에 활용되면서 산업발전의 중심이 되고 있다. Mitsubishi Electric, Fanuc

및 Kawasaki Heavy Industries와 같은 일본의 로봇 기업은 로봇 세계 시장에서 확고한 위치를 점유하고 있다. 〈도표 45〉에서 보듯 일본의 로봇 기업들은 전 세계 최대 로봇 특허를 보유하고 있으며, 특히 Toyota Motor는 일본 기업 중 로봇 특허 분야에서 선두 주자라 할 수 있다.

일본은 산업용 로봇 유닛 출하량에서 두 번째로 큰 비중을 차지하며, 중국보다도 앞서 있다. 앞서 살펴본 바대로 중국시장의 성장은 타의 추종을 불허하지만 일본이 최첨단 로봇 기술을 개발하고 사용

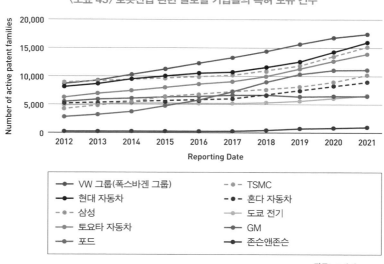

〈도표 45〉 로봇산업 관련 글로벌 기업들의 특허 보유 건수

자료: statistica.com

▶ 일본의 로봇 기업들은 로봇 세계 시장에서 확고한 위치를 점유하고 있다. 일본 기업들은 전 세계 최대 로봇 특허를 보유하고 있으며, 특히 Toyota Motor는 일본 기업 중 로봇 특허 분야에서 가히 선두주자라 할 수 있다.

하는 선두주자 중 하나임은 분명하다. 특히 협업 제조 로봇에 대한 수요는 향후 10년 내에 크게 증가할 것으로 전망된다.

일본정부는 과학기술 혁신을 위한 국가정책 지침을 마련한 '과학기술기본계획'에서 인공지능, 로봇, 사물인터넷(IoT), 빅데이터의 발전과 사용을 강조하고 있다. 'Society 5.0'은 기술 솔루션을 가정해 산업 및 대중의 인프라에 대해 완전한 융복합화를 구축하기 위한 프로그램이다.

일본의 연구개발 기관 중 하나인 신에너지 및 산업기술 개발기구(NEDO)의 연구 프로젝트는 '라스트 마일' 배달 또는 무인 항공기와 같은 물류산업용 로봇 공학 문제에 집중하고 있다. 일본 내 물류 및 이동 로봇 시장에 대한 전망은 매우 밝은데, 2027년 추정치가 약 82.4억 엔에 달하는 것으로 추정된다.

e-커머스는
여전히 대세다

2020년 팬데믹이 본격화되기 전부터 상거래 방식은 온라인 전자상거래 산업이 번성하고 있었고 아마존, 이베이 및 알리바바와 같은 기업은 2017년만 하더라도 74.8%나 성장했으며 이미 선두그룹을 형성하고 있었다.

세계 전자상거래 시장은 2021년 13조 달러 시장으로 성장했다.

IMARC Group은 향후 전자상거래 시장이 2027년까지 55.6조 달러에 이를 것으로 예상하며, 2022~2027년 동안 연평균 27.4%의 성장률을 보일 것으로 예상한다.

이 같은 온라인 쇼핑의 부상에는 다음과 같은 몇 가지 이유가 있다. 첫째, 온라인 쇼핑은 쉽고 빠르다. 둘째, 연료비가 절약되고 소비자는 침대에서 편안하게 쇼핑할 수 있다. 셋째, 여러 유통과정이 생략되다 보니 'door to door' 'end to end' 거래가 가능해 저렴하다. 넷째, 다양한 제품과 시장가격을 비교할 수 있는 방식은 소비자에게 더 많은 구매 욕구를 불러일으킨다. 다섯째, 배달비용 및 시간을 절약할 수 있다. 온라인 쇼핑몰들은 출시가 임박하면 고정된 연간비용으로 구매자가 배달 및 배송 가격을 간단히 추정 및 책정할 수 있다.

전자상거래는 인터넷을 통해 전자로 수행되는 상업거래를 말한다. 여기에는 소비자 제품, 마켓 플레이스 서비스 및 고객 지원과 온라인 경매, 지불 게이트웨이, 온라인 발권 및 인터넷 뱅킹과 같은 기타 활동이 포함된다.

전자상거래는 일반적으로 B2B(Business to Business), B2C(Business to Customer), C2B(Customer to Business) 및 C2C(Customer to Customer)를 포함하는 수많은 비즈니스 모델을 기반으로 분류된다. 글로벌 고객에게 접근 및 도달할 수 있는 범위, 최소한의 거래 비용, 높은 이익 마진, 관련 당사자 간의 직접 의사소통 및 상품 및 서비스의 신속한 전달 등과 같이 판매자에게 다양한 이점을 제공한다. 더욱이 전 세계의 급속한 도시화는 전자상거래 시장의 성장을 주도하는 핵심 요소 중 하나이다.

또한 전자상거래 포털에 접근하기 위해 스마트폰, 랩톱 및 태블릿과 같은 개별 디지털 도구들의 사용이 증가하면서 시장 성장에 활력을 불어넣고 있다. 전자상거래를 통해 조직은 물리적 존재 없이도 비즈니스를 수행할 수 있으므로 인프라, 통신 및 간접비를 최소화할 수 있다. 전자상거래 시장은 온라인 쇼핑에 대한 선호도가 증가하고 쇼핑 습관에 대한 소셜 네트워킹 플랫폼의 영향력이 커짐에 따라 여성들에 의해 더욱 주도되고 있다.

온라인 소매판매 채널은 저렴한 가격대에서 선택할 수 있는 다양한 제품을 표시하면서 소비자에게 번거로움 없는 쇼핑 경험을 제공한다. 아울러 마케팅 기법으로서 개인상표 및 소비자 기반 비즈니스 모델에 대한 직접적인 소개와 창업 가능성 등으로 미래시장 성장도 매우 긍정적이다. 이를 통해 조직은 소비자 데이터를 수집 및 사용하고, 소비자에게 개인화된 제품 및 쇼핑 기회를 제공하기도 한다.

코로나19 팬데믹의 확산으로 고객의 시장접근이 폐쇄되고 사회적 거리두기 조치로 온라인 플랫폼을 통해 필수품을 주문해야 하는 상황이 되면서 전자상거래 활동이 더욱 발전할 수 있는 추진력이 되고 있다.

2021년 한국 전자상거래의 시장규모는 세계 5위 수준이었다. 지난 2022년 4월 중소벤처기업진흥공단이 발표한 '글로벌 이커머스 HOT 리포트'에 따르면 한국의 전자상거래 소매판매 점유율은 2.5%로 일본에 이어 5위를 기록한 것으로 나타났다. 1위는 52.1% 점유율을 보인 중국이 차지했고, 이어 미국(19.0%), 영국(4.8%), 일본(3.0%) 순으로 나타났다. 한국에 이어 독일(2.1%), 프랑스(1.6%), 인도(1.4%), 캐나다(1.3%), 브라질(0.8%) 등이 그 뒤를 이었다.

전자상거래의 성공요건 중 또 다른 하나는 상거래 접촉자 수, 즉 소비자 수의 증가다. 미국은 높은 가처분 소득을 가진 소비자들이 많으며, 니즈도 다양한 것이 특징이다.

예를 들어 미국은 세계인구의 35%가 이용하는 아마존을 비롯해 월마트, 이베이 등 다양한 유형의 플랫폼이 있다. 시장 성장성은 2017년 21.3억 달러가 온라인으로 지출되었으며, 이후 세계 전자상거래 시장규모는 2019년 9.09조 달러로 평가되었다. 2020년부터 2027년까지 14.7%의 연평균 성장률(CAGR)이 예상된다. 인터넷 보급률이 증가함에 따라 전 세계적으로 스마트폰을 사용하는 인구가 증가하고 있다는 점도 향후 전자상거래 시장의 지속적인 성장을 예측하는 데 도움이 된다. 거래되는 상품 종류도 늘어나고 있다.

예를 들어 인터넷 사용량 증가로 디지털 콘텐츠, 여행 및 레저, 금융 서비스 및 전자 테일링 등 새로운 시장이 추진력을 얻고 있다. 향후에도 인터넷에 접근하는 고객이 사용할 수 있는 다양한 전자상거래 옵션을 구성할 수 있다. 따라서 고객들이 느끼는 기술발전에 대한 인식은 시장 성장에 긍정적인 영향을 미칠 것으로 예상된다. 더 빠른 브라우징의 중요성이 커짐에 따라 빠르고 정확한 연결성의 개발은 5G 기술의 발전으로 이어지고 있다.

고객과 전자상거래 기업 간의 연결망으로서 5G 기술구현은 사용자에게 지속적이고 원활한 쇼핑 경험을 제공하기 때문에 시장 성장에 긍정적인 영향을 미칠 것으로 예상된다. 6G의 시대가 오면 AI 기능이 먼저 소비자에게 필요한 물품을 마케팅할 수도 있게 될 것이다.

스마트폰을 통한 상거래활동은 상당한 속도로 발전하고 있다. 여기에서 집적되는 소비자의 다양한 개인정보들은 향후 빅데이터화된 AI 데이터 크롤링(crawling) 방식으로 활용될 전망이다. 정확히 고객의 '니즈(needs)'를 판단하는 AI와 6G 기술로 고객에 대한 온라인 쇼핑의 노출이 증가할 수밖에 없다. 과연 스마트폰의 역할은 어느 정도 확대될 것인가. 6G의 시대에도 지속될 것인가.

대형 플랫폼 기업이 우세한 다른 국가와 달리 카테고리별로 특화된 전자상거래 업체가 시장을 분산 점유하게 될 것이다. 중소기업의 수가 증가하면서 2027년까지 전자상거래 수요가 더욱 증가할 것으로 보이기 때문이다. 대기업에 비해 상대적인 마케팅 자본력이 떨어지는 중소기업들의 향후 마케팅 전략은 전자상거래 마케팅으로 대거 집중될 가능성이 높다. 특히 인도, 남아프리카 공화국 및 러시아에서 상당한 속도로 성장하고 있다.

예를 들어 Make in India 및 Start-up India와 같은 이니셔티브로 인해 비즈니스를 위한 온라인 시장을 채택해 시장 성장에 힘을 실어주는 신생기업의 수가 증가하고 있다. 이들 신흥국 및 개도국 소비자의 소득이 증가하면서 2022년 이후 전자상거래 시장은 더욱 성장세를 보일 전망이다. 전자상거래는 고객에게 더 넓고, 쉬운 접근 방법과 접근 가능 범위를 제공한다는 점에서 비즈니스에 더욱 적극적으

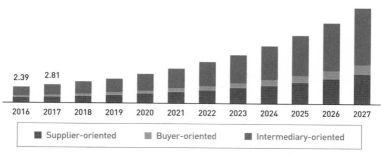

〈도표 46〉 2016~2027년 아시아태평양 B2B 전자상거래 시장규모 추정

2.39   2.81

2016 2017 2018 2019 2020 2021 2022 2023 2024 2025 2026 2027

■ Supplier-oriented   ■ Buyer-oriented   ■ Intermediary-oriented

자료: grandviewsearch.com

▶ 신흥국 및 개도국 소비자의 소득이 증가하면서 2022년 이후 전자상거래 시장은 더욱 성장
세를 보일 전망이다. 전자상거래는 고객에게 더 넓고, 쉬운 방식의 접근 방법과 접근 가능
범위를 제공하므로 비즈니스에 적극적으로 도입될 수밖에 없다.

로 도입될 수밖에 없다.

또한 전자상거래는 구글 광고 및 페이스북 광고와 같은 온라인 마
케팅 도구의 중요성이 증가하면서 그 활용도가 더욱 높아지고 있다.
최근 유튜브와 틱톡과 같은 소셜미디어 응용 프로그램이 풍부해지면
서 이들이 전자상거래 시장을 성장 궤도로 이끄는 데 일조하고 있다.

코로나19 팬데믹으로 자영업자와 소상공인들의 상점이 폐쇄된 이
후 온라인 쇼핑에 대한 고객의 선호도가 높아지고 있다. 미국, 중국,
독일 및 프랑스 등 북미와 유럽 같은 지역에서 이 같은 현상은 더욱
두드러질 것으로 보인다.

예를 들어 Emarsys와 GoodData가 제공한 데이터에 따르면 주
문량은 미국에서만 2020년 1월 이후 54% 증가하고, 전자상거래

부문 사업 수익은 37% 증가한 것으로 나타났다. 매출 측면에서 B2B(Business to Business)의 시장 점유율은 2019년 63.1%이다. 또한 2020년부터 2027년까지 가장 빠른 성장을 기록할 것으로 예상된다. 이는 많은 기업들이 상품과 서비스를 온라인으로 판매하고 구매하는 방식을 선호할 가능성이 높아질 수밖에 없기 때문이다.

B2B 전자상거래 플랫폼은 회사에 제품 구매 및 판매를 위한 새로운 가능성을 제공해 운영 및 재고 비용을 크게 절감할 수 있다.

B2B 전자상거래 플랫폼을 통해 상품과 서비스를 판매하고 구매하려는 기업의 성향은 전 세계적인 추세임이 분명하다. B2B 전자상거래 플랫폼을 선호하는 기업은 마켓 플레이스 모델 또는 직접 인하우스(in house) 모델을 통해 다양한 비즈니스를 제공할 수 있다. 특히 마켓플레이스 모델에는 경쟁사와 함께 공통 플랫폼에서 제품을 판매하는 회사가 포함되며, 직접 모델에는 회사가 개인 B2B 플랫폼을 설정하고 구매자에게 직접 판매하는 형태를 모두 포함한다.

한편 다양한 기술개발로 인해 전자상거래 부문이 보다 효율적이고 투명하게 발전할 수 있게 되었다. 중산층 인구의 증가와 소셜미디어의 강렬한 사용은 다양한 제품 및 서비스의 온라인 구매에 대한 수요를 확대시켜 나감으로써 'B2C(Business to Consumer)' 부문의 성장에 긍정적인 영향을 미치고 있다.

이미 인터넷은 사람들이 상품과 서비스를 판매하고 구매하는 방식을 변화시키고 있다. 전자상거래 또는 온라인 판매는 고객의 쇼핑방식이나 이를 통한 쇼핑의 다양한 경험도 빠르게 변화시키고 있다.

이에 가장 필요한 부분이 전자상거래 결제 시스템이다. 전자상거래 업계의 은행 및 기타 금융 서비스 참가자들은 투명하고 안전한 온라인 결제 플랫폼을 개발하고 있다. 지불방식의 변화는 새로운 금융시장의 발전을 의미한다.

따라서 최근 시장 플레이어들은 판매자와 소비자가 온라인으로 거래할 수 있도록 비즈니스 모델의 고유한 변화에도 관심을 가지고 있다. 개인적으로 매우 중요한 소비 및 금융거래 정보를 축적하고 이를 통해 소비자의 새로운 소비패턴을 창출해낼 수 있기 때문이다.

특히 중국시장은 혁신적인 마케팅, 연구기술 및 광고의 혜택을 누리고 있는 소비자 혁명을 경험하고 있다는 점에서 향후 미국과 함께 전자상거래에 중요한 역할을 할 것으로 보인다. 브랜드는 중국 소비자를 유치하는 데 점점 더 중요한 이슈가 되고 있다. 명품 및 서비스 제공업체는 중국에서 상당한 성장이 예상된다.

북미와 유럽 시장 역시 꾸준한 성장을 기대하고 있다. 미국 소비자들은 외국 브랜드와 제품에 열려 있고, 제품의 품질·구성 및 가격에 대해 오랜 경험과 노하우를 가지고 있다는 점에서 글로벌 표준화 및 룰 세팅에 직·간접적으로 적극적일 것으로 예상된다.

주요 기업 및 시장점유율에 대한 일반적인 전망은 치열한 경쟁을 통해 성장할 것이다. 점차 더 많은 플레이어들이 전자상거래 시장에서 살아남기 위해 다양한 전략을 구현할 것으로 보인다. 전략적 파트너십, 합병 및 인수를 통한 비즈니스 확장이 향후 더욱 활기를 띨 것이다.

항후 글로벌 전자상거래 시장에서 주목받을 기업들은 아마존, JD, 애플, 알리바바, 플립카트, 월마트, 이베이, 베스트 바이 및 홈 디포 등이다.

우주항공은
새로운 블루오션이다

새로운 기회를 창출하는 혁신이 늘 함께하는 분야가 우주항공 분야라 할 수 있다. 더 이상 무기체계는 지상이나 공중, 해상에서만 펼쳐지지 않는다. 우주항공 무기체계도 괄목한 성장을 이루었다. 무기는 전쟁을 수반하지만 기술은 또 다른 차원의 공급과 수요를 창출해낸다.

일론 머스크의 스페이스X 사업이 대표적인 예다. 세계가 2022년으로 접어들면서 상업용 항공여행 및 고객주문 활동의 추세는 코로나19 팬데믹 이후 이전의 전망치보다 훨씬 나은 모습을 보이고 있으며, 이는 업계에 긍정적인 신호다.

코로나19 백신의 전 세계적인 유통과 공급은 항공여행의 정상화를 향한 길을 열어주는 데 도움이 되지만, 특정 지역의 새로운 델타 변종 감염의 확산과 급증은 여행수요를 당장 완화시킬 가능성은 높지 않아 보인다.

항공 이용객이 2020년 최저치에서 많이 회복되어 최근 부분적으로 늘어남에 따라 2022년 이후에는 애프터마켓 매출이 크게 회복될 것으로 기대하고 있다. 우주항공 분야의 새로운 기술, 비즈니스 모델의 진화, M&A 활동 증가는 디지털 및 운영 효율성으로의 전환을 더욱 가속화시킬 것으로 보인다.

특히 디지털 스레드(digital thread)와 스마트 팩토리는 시장 출시 시간과 사이클 시간을 단축할 수 있는 효율성 및 생산성 향상 기술을 다양하게 제시함에 따라 혁신에 중점을 둔 우주항공 기업들은 2023년 이후의 시장상황을 매우 낙관적으로 전망하고 있다.

향후 우리가 관심을 가지고 지켜봐야 할 항공우주 및 방위산업의 7가지 동향은 다음과 같다.

첫째, 디지털 기술의 발전과 스마트 팩토리 기술이 우주항공 시장에도 접목되어 새로운 산업발전의 기회와 전환을 맞이하게 될 것이다. 2022년 이후 이에 필요한 주요 부품과 소재산업 분야의 설계와 응용 부문 기술이 설계와 3D 프린팅 기술, 메타버스에 의한 가상현실 세계 속에서 기술개발 등 더 빠르게 디지털 기술을 접목해 발전할 것으로 보인다.

이는 우주항공 산업이 지금껏 지속해온 일반적인 산업환경을 획기적으로 전환시킬 것이다. 디지털 스레드를 활성화하는 것은 우주항공 비즈니스가 오늘날 급변하는 비즈니스 환경에서 민첩성을 유지하는 데 중요한 변수가 된다.

디지털 스레드는 초기 설계에서 최종 제품에 이르기까지 우주항공 제품의 엔드 투 엔드 수명주기 전반에 걸쳐 연결되어 실시간 피드백을 수집·분석·전달하게 된다. 디지털 스레드를 통한 산업 내 종합적 통찰력에 상응하는 발빠른 조치는 우주항공 기업들의 제품출시 기간을 단축하고, 전반적인 서비스 비용을 줄이며, 끊임없이 변화하는 고객의 요구를 유연하게 충족하는 데 도움이 될 것이다. 디지털 스레드를 활용해 모든 공정 단계에서 제품을 간소화, 설계, 조정 및 유지 관리할 가능성이 높아졌다.

둘째, 애프터마켓 수익증대를 위한 디지털 혁신에 집중할 수 있을 만큼 항공기 운행이 팬데믹 이전 수준으로 점차 회복될 수 있을 것으로 보인다. 그동안은 팬데믹으로 인해 애프터마켓의 수익과 이익이 크게 감소했었다. 비용과 해결 시간을 줄이고 위험을 관리하는 것은 일반적으로 항공우주 고객의 주요 우선순위라고 볼 때 항공산업 기업들은 최근 스페이스X 등 상업용 항공우주 분야의 회복이 가속화됨에 따라 애프터마켓에서 더 많은 부가가치를 얻을 수 있는 방법을 찾고 있다.

아울러 많은 기업에서 디지털 기술을 활용한 사전 예방 및 예측 유지관리 기능 제고에 노력하고 있다. 이러한 디지털 서비스는 경쟁우위를 확보하고 향상된 고객 경험을 제공하는 데 도움이 될 수 있다.

일론 머스크가 13년의 실험과 실패 끝에 우주 로켓의 연료 탱크를 바닷물에 떨어뜨려 버리는 것보다 자체 회수할 수 있는 기술을 개발해 성공한 점도 다른 각도로 그 의미를 살펴볼 필요가 있다.

셋째, 첨단 군사 능력을 구축하기 위해 혁신을 활용하는 방위 산업체로 거듭나고 있다. 우주항공 기술은 곧 고급 군사 능력에 해당한다. 방위산업은 상업용 항공우주 산업보다 코로나19의 글로벌 영향을 상대적으로 훨씬 적게 받고 있으며, 국방전략에 대한 미국정부의 지속적인 지원으로 2022년 이후에도 국방지출은 안정적으로 유지될 것으로 보인다.

지정학적 리스크가 점차 중동에서 극동 지역에서의 새로운 위협으로 이동함에 따라 방위산업 관련사들은 성장을 주도하기 위해 전투기, 우주 복원력, 조선 및 사이버 보안의 향상된 역량구축에 더욱 집중해야 한다. 이러한 새로운 역량강화를 위한 노력은 2022년 이후의 매출 성장을 견인할 것으로 보인다. 주요 방위산업 관련 기업체들에는 좋은 소식이 아닐 수 없다.

넷째, 우주시장의 발전 가능성에 주목할 필요가 있다. 2022년에는 '발사산업, 위성동향, 신기술'의 3가지 핵심영역에 따른 개발이 기업·사회 및 소비자에게 실질적인 가치를 제공하는 우주 기반 서비스의 성장을 주도하고 있다.

2022년에는 소형위성이 폭발적으로 증가하면서 광대역 인터넷이 전 세계적으로 배포되는 방식에 큰 변화가 일어날 수 있다. 스페이스X 사업을 통해 2027년까지 1만 2,000개의 스타링크 위성을 지구 일정 궤도상에 위치시켜 이전에는 불가능했던 지역사회 및 위치를 모두 연결할 수 있게 한다는 머스크의 야심찬 계획이 일부 현실로 나타나기도 했다. 러시아-우크라이나 전쟁 당시, 통신망 두절에도 불구하고 일론 머스크의 위성을 통한 광역대 통신 서비스는 가능했던 것이다.

또한 지구 관측 분야에서 위성은 매일 지구의 모든 구석에서 테라바이트 단위의 세분화된 이미지를 점점 더 많이 캡처할 수 있게 됨으로써 다양한 산업 분야의 정보수집과 분석에도 기여하게 될 것이다. 학문과 문명이 바뀌는 대전환의 시대가 열리게 되는 것이다.

다섯째, 첨단항공모빌리티(Advanced Air Mobility. 이하 AAM) 기업들 가운데 특히 전기 수직 이착륙(eVTOL) 항공기를 개발하는 회사가, 전통적인 항공우주 회사에서 사모 투자가에 이르기까지 다양한 출처를 통해 계속 상당한 투자를 받고 있다.

미래 AAM 분야는 점점 더 큰 추진력을 얻고 점차 주류 우주항공 분야가 될 것이 분명하다. 많은 조직이 이미 연구개발(R&D) 단계를 통과했으며, 현재 테스트 및 파일럿을 수행하고 있다. 인증, 테스트 및 평가, 프로토타입 확산은 2022년 이후 더 많은 관심과 추진력을 얻을 것으로 예상된다.

미국에서만 AAM 시장이 2035년까지 연간 1,150억 달러에 이를 것으로 추정됨에 따라 경쟁이 치열할 수 있다. 그런 만큼 AAM 분야 기술의 선두 및 선점 기업들 간에 시장우위를 점하기 위한 경쟁이 시작되었다. AAM 기업들은 성공적인 상업운영을 위한 견고한 비즈니스 전략을 당장 공식화해야 할 것이다.

가장 주목할 만한 기회가 있는 운영 비즈니스 모델과 소비자 부문을 평가하고 분석하면서 그 결과는 이 기업들이 구상하는 전략적 비전, 핵심 전문지식 및 조직 능력과 일치해야 한다. 우리나라에서는 플라나(PLANA)가 2028년 서울과 제주 운항을 목표로 하고 있다.

여섯째, 탈탄소화다. 탈탄소화를 주도하는 혁신적인 기술 및 솔루션 접목을 강조하고 있다. 2020년과 2021년에는 우주항공산업, 특히 상업용 항공우주 분야에서 환경적으로 지속 가능한 제조 관행을 구현하고 탄소 배출량을 낮추기 위한 변화가 시급하다는 사회적 압력이 높아졌었다.

2022년은 모든 기업이 운영뿐만 아니라 제품에 대해서도 ESG를 비롯해 탈탄소화를 약속하는 한 해가 되고 있다. 업계가 연료 효율성을 높이기 위해 질 높고 새로운 제조 기술을 도입하는 데 앞장서고 있는 지금은 우주항공 기업들이 환경산업과 탈탄소화를 위해 그 어느 때보다 고급기술을 활용해야 할 시기라고 할 수 있다. 따라서 우주항공 업계는 기술 및 운영 개선에 중점을 두고 배출량을 크게 줄이기 위해 제트 연료에 대한 새로운 시스템과 대안을 고민하고 개발해야 한다.

일곱째, 화두는 합병 인수(M&A)다. M&A를 통한 신기술의 성장이 주도적으로 이루어질 것으로 예상된다. 이 분야 기업들은 2021년 상반기 동안 이미 다양한 규모의 M&A를 경험한 바 있다.

2020년 220억 달러의 M&A 활동과 비교해 2021년에도 8월 31일까지 610억 달러 규모의 M&A 활동이 이어졌다. 2022년도 예외는 아니다. 기술혁신, 지정학적 및 규제의 변화는 모든 산업 부문에서 강력한 거래환경을 주도할 것이기 때문이다.

업계 관계자가 포트폴리오를 재평가하고 비핵심 자산의 매각에 집중함에 따라 재무 상태가 좋은, 잘 준비된 기업은 주주가치를 높이는 현명한 M&A 결정을 내려야 한다. 팬데믹 이후 우주항공 산업 분야가 회복되는 가운데 상업용 항공우주 분야의 M&A가 우주항공 분야 M&A의 핵심 동인으로 남을 가능성이 높다.

바이오 의약품이 미래의 돈이다

제약산업의 시장규모는 2023년 1.5조 달러까지 증가할 것으로 예상된다. 제약 전문가들의 약 38%는 빅데이터가 제약산업에 가장 큰 영향을 미칠 것으로 예상한다.

한편 바이오 의약품 시장규모는 2021년 약 4,013.2억 달러로 평가되었다. 2027년에는 5,341.9억 달러에 이를 것으로 예상되며, 예측기간(2022~2027년) 동안 7.32%의 연평균 성장률이 전망된다.

코로나19 팬데믹은 이미 바이오 제약 산업에 중요한 영향을 미쳤다. 대부분의 바이오 제약 회사는 SARS-CoV2 바이러스에 대한 백신 개발을 위해 광범위하게 노력하고 있다. 여러 제약사에서 아직 개발에 집중하고 있는 백신 후보 중 일부는 불활성화 및 약독화된 제품과 같은 전통적인 유형의 백신들이다. 하지만 개발중인 백신 후보물질의 대부분은 고급 DNA, RNA 및 단백질 서브 유닛 백신들로, 향후 전염병 백신개발에 대한 바이오 의약품 시장의 성장을 촉진할 것으로 예상된다.

R&D 관련 투자가 집중됨에 따라 바이오 의약품에 대한 엄청난 수요도 뒤따르고 있다. 유엔 교육과학문화기구(UNESCO) 통계연구소에 따르면, 2020년 R&D에 대한 전 세계 지출은 1조 7,000억 달러에 달해 사상 최고치를 기록했다.

바이오 의약품 산업의 발전은 과거 치료할 수 없었던 질병들을 이제 어느 정도 치료 가능하거나 보다 나은 희망을 기대할 수 있을 정도로까지 시장혁신과 의약품 개발의 기회를 제공하고 있다. 하지만 엄격한 규제와 높은 투자비용 및 장벽들은 바이오 의약품 개발에 필요한 연구와 시장개발을 여전히 제한하고 있는 것도 사실이다.

최근 몇 년 동안 제약산업 분야는 엄청난 성장을 구현하고 있으며, 2022년 이후 역시 긍정적이다. 바이오 제약업계의 시장규모는 2023년 1조 달러를 초과할 것으로 예상된다. 현재 임상 개발중인 수천 종류의 화합물과 2022년 이후 임상 승인을 기다리는 수백 개의 신제품이 바이오 제약업계 시장의 발전을 예고하고 있기 때문이다.

한편 바이오 의약품 시장의 경쟁은 매우 치열하다. 특히 경쟁관계 속에서 여러 주요 업체들의 협력도 적극적으로 이루어지고 있다. 또한 기술발전과 제품혁신에 있어 중소 제약업체들의 입지가 점차 넓어지고 있다.

향후 글로벌 제약산업을 변화시킬 10가지 트렌드에 대해 설명하면 다음과 같다.

첫째, 제약 분야에 인공지능 사용이 점차 증가하고 있다. 인공지능

(AI)은 모든 산업에서 점점 채용이 증가하고 있는 분야다. 본질적으로 컴퓨터 시스템을 사용함으로써 인간의 지능을 필요로 하는 작업을 수행한다. 예를 들어 의사결정, 음성인식 및 시각적 인식과 같은 작업 등이 AI로 이루어진다. 제약산업에서 AI의 사용은 약물의 발견 및 개발을 가속화하는 등 더욱 증가될 것으로 예상된다. 한편 AI 기술발전의 혜택을 누릴 수 있는 영역 중 일부는 임상시험, 사기탐지 및 약물의 전반적인 개선을 포함한다.

둘째, 의료용 마리화나의 사용인식에 대한 변화가 일어나고 있다. 물론 의료용 마리화나의 사용을 찬성하지 않는 의사들도 아직은 많다. 하지만 이러한 고전적 시각은 조금씩 변화하기 시작하고 있고, 이런 변화는 앞으로도 가속화될 추세다. 과거에는 받아들이기 어려웠던 많은 의료 전문가들이 통증감소, 기분조절, 소화기능 증진, 암 성장 지연 및 혈관 건강 향상 등과 같은 의료용 마리화나의 장점을 받아들이기 시작했다. 또한 이 같은 인식의 변화는 제약 회사들로서는 엄청난 신약 개발의 기회로 인식되기에 충분하다.

셋째, 정밀의학 분야의 발전이 빠르게 이루어지고 있다. 특정 환자별 치료 의학의 발전은 특정 환자 진단을 기반으로 약물을 생산한다. 약물이 최적의 효과와 특정 환자의 진단결과에 맞게 조정되도록 하는 것이다. 정밀약물의 사용은 다른 옵션보다 높은 수준의 효과가 입증되고 있다.

다만 이 같은 특정 약품을 생산하는 제조업체의 문제는 생산약물의 규모가 소량이라는 점이다. 특히 정밀의학의 생산은 대부분의 공장보다 전문화되고 집중화된 소규모 시설을 필요로 한다. 이처럼 제조업체에 핸디캡이 존재하지만, 사실상 정밀의학 분야에 관심을 가지고 여기에 적극적으로 투자하는 투자자의 수는 생각보다 많다.

넷째, 블록체인 기술과의 융합 분야다. 금융 분야에서 블록체인 기술과의 접목이 확대됨에 따라 제약업계에서 이 혁신을 사용하는 방법을 찾기 시작했다. 블록체인 기술의 주요 목적은 거래가 발생하는 방식을 단순화하는 동시에 중간 신용을 보증하는 별도의 회사를 두지 않고 보안과 투명성을 최적화하는 것이다. 따라서 블록체인 기술은 프로세스를 간소화해 효율성을 높일 수 있다는 장점을 가지고 있다. 이는 의료 클리닉, 병원, 규제기관 및 기타 이해 관계자와 관련된 거래에 적용될 수 있다. 아울러 연구개발 결과도 극대화할 수 있다.

다섯째, 디지털 프로세스 구현이 가능하다. 디지털 프로세스의 구현은 새로운 것은 아니지만, 제약산업에서 더 큰 추진력을 얻을 수 있을 것으로 판단된다. 현재 존재하는 수동적 프로세스와 표준은 향후 디지털 프로세스로 전환 및 대체되어 의료서비스 체계가 보다 효율적으로 향상되어 표준 운영절차가 편리해질 수 있다. 아울러 디지털 프로세스는 규정준수를 추진하는 데 도움이 될 전망이다.

많은 제약회사들이 디지털 프로세스의 구현을 높이 평가하는 이유는 고비용에도 이점이 훨씬 크기 때문이다. 또한 투명성을 향상시키고 데이터 손실을 완화할 수 있는 잠재력을 가지고 있다.

여섯째, 정밀의학 의약품은 대량생산보다 소규모 제조시설을 필요로 한다. 따라서 소규모 생산시설 수가 증가할 것으로 보인다. 이러한 소규모 시설은 적은 수의 고품질 약물을 생산하고자 하는 목표에 적합하다. 더 적은 수의 약물이 생산되면 분명히 더 적은 수의 환자에게 합리적이고 유리하게 적용될 것이다.

하지만 소규모 생산설비와 정밀의학 약품개발에 따른 향후 해결해야 할 과제 중 하나는 적은 수요를 수용하고 빠른 생산을 통해 작지만 최대이익을 보장해야 한다는 점이다. 결국 주요 질병에 대한 고가 의약품의 적용이 극히 적은 수의 환자에게 혜택이 주어지는 것으로 이어질 수 있다.

일곱째, 트렌드는 역시 디지털 기술과 관련한 클라우드 기술사용의 증가에 있다. 집이나 직장에 컴퓨터를 가지고 있는 사람이라면 누구나 클라우드 기술에 익숙하게 된다. 클라우드 기술이 제약산업에서도 빠르게 적용될 추세다. 클라우드 기술을 통해 제약회사는 더 높은 수준의 효율성으로 여러 이해 관계자와 파트너 관계를 맺을 수 있다.

이처럼 클라우드 기술을 사용해 강력한 인프라를 구현하면 데이터의 정보가 변경되거나 오염되지 않도록 하는 원칙, 즉 데이터의 무결성(無缺性)을 향상시킬 수 있는 기회가 된다. 클라우드에서 사용되는 응용 프로그램의 결과로 GxP(Good Practice, 우수 사례 품질 지침 및 규정)를 준수하는 일이 증가하고 있다. 이 기술이 다른 모든 산업으로 확대되고 있듯이 제약산업에 적극적으로 도입될 경우 이 산업의 지속 가능한 성장을 지원할 것이 분명하다.

여덟째, 의약품 비용을 줄이려는 노력의 일환으로 보건복지 서비스를 제공하는 정부기관은 할인 및 리베이트 비율을 늘리려 한다. 과거에도 제약시장 중심의 접근방식을 사용하려는 노력이 있었다. 2022년 이후에도 의약품 가격을 조사하고 부적절한 소비자 가격 착취나 시장단합 등에 대한 불완전 경쟁을 확인하기 위한 지속적인 조사, 관리 및 감독은 계속될 것이다. 이 같은 노력은 앞으로도 계속 확대될 전망이다.

아홉째, 제약 분야에서도 디지털 교육이 강화될 추세다. 운영 관점에서 볼 때 2022년 이후 성장할 트렌드 중 하나는 구현된 기술의 적절하고 효율적인 사용을 보장하기 위해 디지털 교육을 사용하는 것이다. 이는 규정준수를 위한 목적도 있다.

다른 산업에서와 마찬가지로 제약회사 및 약국 내 직원은 규정에 대한 날카로운 지식을 가지고 있어야 하며, 규정을 준수하는 방식으로 구현되는 다양한 시스템을 탐색할 수 있어야 한다. 높은 생산성과 전반적인 효율성을 유지하기 위해 지속적으로 제약 분야의 지식을 구축하는 것도 중요하다. 교육에 디지털 플랫폼을 사용하는 것은 맞춤형 직원 교육을 할 수 있기 때문에 비용절감 측면에서 매우 효율적이다.

마지막으로, R&D 가치에 대한 집중적인 확대가 예상된다. 약물의 가치에 대한 관심이 높아지면서 결과적으로 제약회사는 연구개발이 의도된 목표에 도달할 수 있도록 기업의 지적 재산권과 특허가 보호 및 보장되길 바란다. 환자의 요구를 충족시키기 위해 더 큰 효과와 효율성을 달성하고 수익을 보호하기 위한 노력이 뒤따라야 한다. 예를 들어 환자의 경험과 삶의 질을 향상시킬 수 있는 약물을 식별하기 위해 제약사는 지속적인 연구개발 노력과 함께, 그 결과에 대한 검토와 분석을 통해 보다 세련되고 집중된 신약개발에 집중해야 하기 때문이다.

지금까지 정리한 제약산업의 10가지 주요 트렌드는 제약산업을 변화시키고 있으며, 단기적 혹은 중·장기적인 영향을 미칠 가능성이 높다. 제약업계에서 일어나고 있는 디지털 기술을 포함한 혁신의 수준은 앞으로 엄청난 가치를 창출할 것이다.

9장

다가올 미래,
위기의 실체들을
다시 점검해보자

역사적으로 계속 순환 반복되는 위기는 크게 3가지가 있다.

첫째, 반복하는 위기다. 경기 사이클에 따라 늘 일정 시점이 있으면 호경기에서 쇠퇴기를 거쳐 바닥을 치고 다시 상승하고 정점을 찍는, 반복되는 경기 순환이다. 문제는 수억 년의 역사를 거듭하면서도 이러한 순환이 한 번도 제대로 예견된 적이 없었다는 점이다. 대부분이 사후약방문식이었다.

둘째, 위기는 늘 특정한 전조현상이 선행된다. '잃어버린 30년'의 일본경제도 그랬고, 2008년 서브프라임 부실도 그랬으며, 1929년 대공황의 서막 때도 모두 부동산 시장의 붕괴 조짐이 나타났었다. 역시 이러한 전조현상을 단 한 번도 시장은 경고로 받아들인 적이 없었다.

셋째, 경제위기의 본질은 돈의 흐름을 제대로 간파하지 못하는 데 있다. 댐에 갇혀 있던 물이 제방이 무너지면서 한꺼번에 흘러내릴 때의 힘은 그 어떤 것으로도 막을 수 없다. 돈이 고여 있을 때는 조용한 호수를 연상시켰을지 모르지만, 댐이 붕괴되는 이유는 돈이 가지는 하중을 이겨내지 못해서임을 애써 부정하려 든다.

중요한 것은 이 3가지의 결론이다. 위기를 지나고 나면 그 위기는 또 다른 사회와 정치, 경제, 문화 및 제도의 업그레이드에 필요한 고통의 시간이었다는 점이다. 즉 부정보다 긍정의 힘이 강하다. 따라서 문제를 받아들이고 제대로 분석한다면 풀지 못할 일이 없다. 그래서 위기는 기회다.

세계경제 위기와
한국경제 위기의 실체를 알자

세계경제와 한국경제 위기의 실체들은 다음과 같이 크게 6가지로 요약할 수 있다. 인플레이션과 금리인상, FOMC의 테이퍼링, 러시아-우크라이나 전쟁, 미중 무역갈등, 신냉전시대, 그리고 경기침체의 지속 가능성 등이다.

이 가운데 2023년 이후에도 지속될 위기변수들은 미중 무역갈등, 미 금리인상, FOMC의 테이퍼링 속도, 신냉전시대, 경기침체의 지속 가능성 정도다. 이 같은 위기변수들은 2023년 상반기를 지나면 어느 정도 전환기를 맞을 수도 있다.

예를 들어 러시아-우크라이나 전쟁이 어느 정도 해결 기미를 보이거나 곡물가 및 유가의 안정이 가시화될 경우에 인플레이션 압력은 크게 줄어들고, 이에 따라 미 연준의 금리인상 속도와 폭은 매파보다 비둘기파들의 목소리가 커질 가능성이 높다. 따라서 신흥국과 개도국의 환율사정도 2022년보다는 다소 나아질 가능성이 크다. 미 연준만 하더라도 경기침체 우려가 상대적으로 부상한다면 금리인 상, 즉 테이퍼링 속도는 다소 늦춰지거나 완만하게 이루어질 가능성이 크다.

가장 중요한 변수는 미중 간의 갈등과 신냉전 시대에 대한 우려다. 하지만 이 점에 대한 우려도 중장기적 과제로 남거나 아니면 미중 간의 합의와 협력이 글로벌 경제에 중요한 변수라는 점을 상호 인식할 가능성이 높다.

다만 디지털 기술과 새로운 바이오 산업의 발전과정에서 미국과 중국 가운데 누가 헤게모니(hegemony)를 움켜질 것인가를 두고 양국은 지정학적 요인은 물론 경제 사회적 요인, 국가 안보적 요인 등 대부분의 사회적 변수들을 놓고 첨예한 이해관계의 대립과 갈등을 보일 수도 있다.

필자가 이 책을 쓰고 있는 중에 우크라이나의 곡물수출이 재개되면서 국제 곡물가격이 급락했다는 소식이 나오고 있다. 지난 2022년 8월 6일 유엔 식량농업기구(FAO)가 발표한 2022년 7월 세계식량가격지수가 전월대비 8.6% 하락한 140.9포인트를 기록했다.[*] 이는 지난 2008년 10월 이후 24년 만에 가장 큰 폭으로 곡물과 유지류 가격이 하락한 것이다. 이 지수는 러시아-우크라이나 전쟁이 일

---

[*] FAO는 지난 1996년부터 24개 품목에 대한 국제가격 동향을 모니터링해 곡물·유지류·육류· 유제품·설탕 등 5개 품목군별 식량가격지수를 매월 집계해 발표한다.

어난 직후인 2022년 3월 역대 최고치인 159.7포인트를 기록했다가 6월까지 3개월 연속 하락한 수치다. 우크라이나 수출재개와 북반구의 곡물수확이 차질 없이 진행되면서 국제 밀 가격이 크게 떨어진 것이 전체적인 곡물가격 하락을 이끌었다.

2022년 7월에는 5개 품목군의 가격지수가 모두 내려가면서 2008년 10월 이후 전월 대비 가장 큰 하락 폭을 기록하기도 했었다. 이와 함께 최근 주요 수출국의 작황이 개선되고, 글로벌 경기침체에 따른 소비 저하 가능성 및 유가하락 등이 복합적으로 작용하면서 국제 곡물 가격이 2022년 6월 이후 안정세를 보이고 있다.

하지만 〈도표 47〉에서 보듯이 시카고 선물시장의 콩 선물 가격과 옥수수 선물 가격을 비교해보면, 안타깝게도 이 같은 곡물가 하락세가 향후 추세적인 하락이라는 것을 확인시켜주지는 못하고 있다. 러시아-우크라이나 전쟁이 만일 어느 정도 휴전과 종전의 접점을 찾는다면 이 같은 곡물, 유지류 및 육류 가격의 안정화는 빠르게 회복될 가능성이 크다.

유가하락은 이에 비해 좀더 뚜렷하게 나타나고 있다. 러시아-우크라이나 전쟁 직후 고공행진하던 국제유가는 2022년 8월 4일 기준 배럴당 90달러 밑으로 주저앉았다. 뉴욕상업거래소에서 9월 서부텍사스원유(WTI)는 전달 대비 배럴당 2.3% 떨어진 88.54달러에 거래를 마쳤다. 러시아-우크라이나 전쟁 발발 이전의 수준으로 가격이 회귀한 것이다.

전 세계가 고물가의 위험에 인플레이션 압력까지 눌려온 점을 감

9장 다가올 미래, 위기의 실체들을 다시 점검해보자

〈도표 47〉 콩 및 옥수수 가격 변화추이(2022년 8월 5일 기준 시카고 곡물 선물시장)

Month	Options	Chart	Last	Change	Prior settle	Open	High	Low	Volume	Updated
AUG 2022 ZSQ2	OPT	il	1616'4	+1'4 (+0.09%)	1615'0	1624'6	1624'6	1598'2	229	16 : 38 : 57 CT 05 Aug 2022
SEP 2022 ZSU2	OPT	il	1462'2	+1'0 (+0.07%)	1461'2	1460'2	1477'6	1443'4	18,736	16 : 39 : 03 CT 05 Aug 2022
NOV 2022 ZSX2	OPT	il	1407'0	-10'6 (-0.76%)	1417'6	1416'0	1428'6	1392'6	95,921	16 : 39 : 08 CT 05 Aug 2022
JAN 2023 ZSF3	OPT	il	1414'0	-11'4 (-0.81%)	1425'4	1422'6	1436'0	1401'0	19,085	16 : 37 : 53 CT 05 Aug 2022
MAR 2023 ZSH3	OPT	il	1415'2	-10'2 (-0.72%)	1425'4	1424'2	1435'0	1401'0	8,434	16 : 37 : 24 CT 05 Aug 2022
MAY 2023 ZSK3	OPT	il	1416'4	-9'6 (-0.68%)	1426'2	1429'0	1435'2	1402'0	3,951	16 : 38 : 03 CT 05 Aug 2022
JUL 2023 ZSN3	OPT	il	1413'0	-10'2 (-0.72%)	1423'2	1428'4	1431'4	1399'4	2,961	16 : 38 : 08 CT 05 Aug 2022

Month	Options	Chart	Last	Change	Prior settle	Open	High	Low	Volume	Updated
SEP 2022 ZCU2	OPT	il	609'0	+6'6 (+1.12%)	602'2	602'0	614'0	597'0	100,408	16 : 39 : 00 CT 05 Aug 2022
DEC 2022 ZCZ2	OPT	il	609'0	+2'6 (+0.45%)	606'2	606'0	615'2	600'4	133,012	16 : 39 : 08 CT 05 Aug 2022
MAR 2023 ZCH3	OPT	il	616'4	+2'2 (+0.37%)	614'2	613'6	623'0	608'2	22,405	16 : 39 : 19 CT 05 Aug 2022
MAY 2023 ZCK3	OPT	il	621'2	+2'4 (+0.40%)	618'6	618'2	627'0	612'6	12,108	16 : 38 : 40 CT 05 Aug 2022
JUL 2023 ZCN3	OPT	il	621'6	+2'2 (+0.36%)	619'4	619'0	627'6	613'6	14,305	16 : 39 : 14 CT 05 Aug 2022
SEP 2023 ZCU3	OPT	il	591'6	+4'2 (+0.72%)	587'4	588'0	594'2	583'2	6,495	16 : 38 : 25 CT 05 Aug 2022
DEC 2023 ZCZ3	OPT	il	581'0	+4'4 (+0.78%)	576'4	576'0	583'4	571'2	3,313	16 : 39 : 04 CT 05 Aug 2022
MAR 2024 ZCH4	OPT	il	589'2	+5'2 (+0.90%)	584'0	585'0	589'6	582'6	109	16 : 38 : 17 CT 05 Aug 2022
MAY 2024 ZCK4	OPT	il	593'4	+5'4 (+0.94%)	588'0	592'6	593'4	592'6	3	16 : 37 : 47 CT 05 Aug 2022

자료: cme.com

▶ 시카고 선물시장의 콩 선물가격과 옥수수 선물가격을 비교해보면, 안타깝게도 이 같은 곡물가 하락세가 향후 추세적인 하락이라는 것을 확인시켜주지는 못하고 있다. 러시아-우크라이나 전쟁이 만일 어느 정도 휴전과 종전의 접점을 찾는다면 이 같은 곡물, 유지류 및 육류 가격의 안정화는 빠르게 회복될 가능성이 크다.

안하면 유가하락은 반가운 소식이다. 하지만 그렇다고 마냥 웃을 수만은 없다. 치솟던 유가가 고꾸라진 데는 글로벌 경기침체에 대한 공포가 반영되어 있기 때문이다. 이처럼 유가의 하락세는 '인플레이션의 공포'에서 '경기침체의 공포'로 무게중심이 이동했다는 의미로 받아들일 수 있다.

인플레이션의 위협은 앞으로도 지속될 것이다

주요국 중앙은행들의 공격적 기준금리 인상도 경기침체 가능성을 높이고 있다. 자칫 공격적 긴축이 소비시장 위축을 불러올 수 있어서다. 두 달 연속으로 0.75%p 금리인상을 단행했던 미 연준과 함께 브렉시트와 존슨 총리의 사임 등에 위축되어 있던 영국 중앙은행도 1995년 이후 27년 만에 0.5%p 인상을 단행했다.

영란은행은 인플레이션이 2022년 10월이면 13.3%로 정점에 도달하고, 2023년 내내 높은 수준으로 유지될 것으로 예상한다. 2025년이 되어서야 겨우 목표물가 수준인 2% 수준으로 떨어질 것으로 예측한다.

이처럼 그동안 유가, 원자재 가격 및 곡물가 인상에 따른 인플레이션에 대한 공포가 순식간에 경기침체 우려 목소리로 바뀌고 있다. 윌리엄 더들리(William Dudley) 전 뉴욕 연방준비은행 총재는 "당장은 징후가 뚜렷하진 않지만 전면적인 경기침체가 오고 있는 것은 거의 확실하다"고 강조했다.

하지만 긍정적인 소식도 있다. 2022년 7월 미국 ISM 조사에서 서비스 분야 구매자 관리지수(PMI)가 3개월 만에 56.7로 최고치를 기록하면서 경기확장이 지속될 가능성에 대한 기대감이 높아지고 있는 것도 사실이다.

앞서 소개한 미국 주요 대기업 CEO들의 설문조사 자료에서도 이런 기대감이 나타났다. 대부분 제조업들이 경기둔화를 전망하는 데 비해 서비스 분야에서는 신규수주 지수가 55.6에서 59.9로 견조한 증가세를 보이는 등 상반기 2분기 동안 마이너스 성장률에도 불구하고, 최근 경제가 침체국면이 아닐 수 있음을 시사하는 지표들이 나오고 있는 것이다.

고용지수도 개선되고 있다. 전반적인 노동자 부족현상이 지속되는 가운데 산업별로는 도매·공공 부문·광물업 등이 성장세를 보이고 있으며, 농업·소매·금융 부문은 활동이 위축되고 있는 양상이다. 경기 연착륙이 쉽지는 않지만 경제여건은 경기침체를 피할 수 있을 만큼 양호하다는 견해도 존재한다.

따라서 2022년 미국경제는 2% 성장이 무난하고, 비록 금리인상으로 제조업 활동이 제약을 받고는 있지만 당초 우려보다 금리인상 속도가 다소 둔화되기 시작할 경우 세계경제는 당초 우려보다 나쁘지 않을 수 있다는 조심스러운 낙관론도 존재한다.

미 연준 주요 인사들의 반응은 어떤가. 미니애폴리스 연준의 닐

카시카리(Neel Kashkari) 총재는 2023년 금리인하 가능성이 없는 것은 아니지만 인플레이션 움직임을 고려할 때 매우 낮다고 지적한다. 연준의 2% 물가 목표가 가능하다는 확신이 있을 때까지는 금리인상이 계속되어야 한다는 견해다.

세인트루이스 연준의 제임스 블라드 총재 역시 2022년 정책금리는 3.75~4.0% 수준이 될 것이며, 특히 조기에 대폭 인상하는 것을 지지하고 있다. 그는 인플레이션이 안정되지 않으면 금리를 더 높은 수준에서 장기간 유지해야 한다는 점을 제기한다.

이 같은 공격적 금리인상에는 샌프란시스코 연준의 메리 데일리 총재도 공감한다. 하지만 리치먼드 연준의 토머스 바킨 총재와 캔자스시티 연준의 에스더 조지 총재는 인플레이션 억제가 가능하지만, 이로 인해 경기침체가 재발할 수 있다는 점에 주목할 필요성을 제기하기도 한다.

결론적으로 미 연준의 정책금리인상과 인상 폭은 인플레이션, 즉 원유, 곡물 및 원자재 가격의 향후 추가적인 움직임이 결정적인 역할을 할 것으로 보인다. 노동시장의 수급 문제와 안정적 소득에 대한 문제는 제조업과 서비스업 분야의 경기가 팬데믹 이전 수준으로 회귀한다는 확정적 지표가 일관되게 나오지 않는 한, 미 연준의 금리정책이 다소 누그러질 가능성은 적다고 봐야 한다.

여기서 우리가 또 하나 짚어봐야 할 문제점은 중국경제다. 팬데믹현상으로 더욱 철저히 베일에 감춰진 중국경제의 향방이 글로벌 경제의 향방은 물론 미중 간 갈등의 충돌과 신냉전 체제의 구축 가능성에 주요한 바로미터가 될 소지가 높기 때문이다.

단기적으로 러시아-우크라이나 전쟁의 여파로 유가와 곡물가, 원자재 가격상승이 인플레이션이라는 그림자를 드리우는 것처럼 보였지만, 실제는 2008년 이후 미국이 풀고 전 세계 주요 경제가 모두 동참한 통화팽창 정책의 여파임은 부정할 수 없다. 따라서 러시아-우크라이나 전쟁에 따른 인플레이션 위험보다 흩뿌려진 통화를 어떻게 다시 중앙은행으로 끌어들여 화폐가치를 안정적으로 유지할 것인가가 핵심과제다.

결국 '돈의 전쟁'이다. 중국으로서는 이 시기가 미국 달러화의 '기축통화국'으로서의 무책임함과 글로벌 경제질서상의 위험요인임을 부각시키고, 상대적으로 자국통화 내지는 통화 바스켓을 통해 보다 안정적이고 글로벌 경제활동에 신뢰성을 담보할 수 있는 새로운 기축통화 안(案)을 내놓을 것이 분명하다. 바로 이 점이 '글로벌 패러다임 전쟁'이고, 누가 이 룰을 세팅하고 표준화할 것인가를 두고 미중 간 첨예한 갈등과 대립이 본격적으로 시작되는 시기에 진입하고 있음을 간과해서는 안 된다.

러시아-우크라이나 전쟁, 유가, 원자재 가격 및 곡물가의 상승과 인플레이션 문제는 표면적인 문제일 뿐이다. 보다 본질적인 문제는 미중갈등과 신냉전이라는 점에 주목해야 한다.

미중 갈등과 신냉전이라는
큰 그림으로 돈의 흐름을 파악하자

이러한 큰 그림 속에서 이후 돈의 흐름을 좀 더 신중하게 살펴볼 수 있다.

첫째, 유가는 배럴당 80~100달러 선에서 등락을 거듭할 수 있다. OPEC+의 2022년 9월 증산목표가 일일 10만 배럴로 유가에 대한 영향은 극히 제한적일 전망이다. 따라서 경기회복 수준이 향후 유가전망의 주요 변수가 될 것이다. 일일 10만 배럴 수준의 증산은 세계수요의 0.1% 수준에 불과하다. 따라서 유가에 미치는 영향은 거의 없을 것으로 예상된다.

다만 이번 OPEC+의 결정은 최근 유가하락을 반영한 증산 수준이며, 증산 추세가 지속되고 있다는 자체가 중요하다는 시장의 일부의견도 유의해야 한다.

하지만 경제활동이 당초 가정보다 약화될 가능성은 예상보다 낮은 에너지 소비를 초래할 수 있다. 원유공급에 대한 불확실성을 유발하는 요인으로는 서방세계의 대 러시아 제재가 러시아의 석유 생산에 미치는 영향, OPEC+의 생산결정, 미국의 석유 및 천연가스 생산량 증가속도 등을 꼽는다.

이에 따라 브렌트유 원유의 현물가격은 2022년 평균 배럴당 104달러, 2023년에는 94달러가 될 것으로 예측된다. 미국의 일반 휘발유 소매가격은 2022년 상반기에 갤런당 평균 4.11달러에서

2022년에 평균 4.05달러, 2023년 3.57달러로 하락할 것으로 보고 있다.

둘째, 곡물가격은 향후 수확시기가 다가오고 우크라이나 곡물의 수출이 보다 활성화될 경우 다소 하락할 가능성이 높지만 이 같은 추세가 지속될 가능성이 매우 유동적이라는 점에 주목해야 한다. 러시아 푸틴 대통령의 전략적 선택일 가능성이 높기 때문이다. 서방세계의 대 러시아 제재를 풀기 위한 '당근'일 수 있다는 점이다.

옥수수 역시 우크라이나의 수출재개, 수확진정 등에 따라 가격이 하락했고, 쌀도 주요 수출국의 환율변동 등의 영향을 받아 가격이 하락했다. 팜유는 최대 수출국인 인도네시아의 공급 여력이 충분할 것으로 예상된다. 대두유는 지속적인 수요저조에 따라 가격이 하락하고 있고, 유채씨유는 신규 수확량의 공급이 충분할 것으로 관측되면서, 각각 가격이 큰 폭으로 하락하고 있다.

쇠고기의 경우 주요 생산국의 수출 여력이 커져서 가격이 내려갔고, 돼지고기는 전반적인 수입수요가 저조한 이유로 가격이 내려갔다. 따라서 곡물가격은 당분간 하락 가능성에 무게를 두지만, 러시아-우크라이나 전쟁의 향방이 가격변화의 중요한 갈림길이 될 전망이다.

셋째, 국제 원자재 가격은 미국 달러화의 강세기조와 전기자동차 산업의 발전방향에 주목할 필요가 있다. 미국의 달러화 가치가 하락하면 상대적으로 금에 대한 수요가 증가하면서 금값이 상승한다. 한편 전기자동차 산업의 발전은 전체 생산비용의 30~40%를 차지하는 배터리 산업의 소재와 부품가격 상승을 유도한다.

인도네시아는 자국의 니켈 수출에 대해 관세를 부과하기 시작했고, 중국이 리튬 등 자동차 배터리용 원자재 수출에 대한 제재조치를 단행하면서 이들 원자재 가격이 상승하고 있다. 국제 원자재 가격 상승은 동전의 양면과 같다. 높은 원자재 가격은 알루미늄·니켈과 같은 금속에 의존하는 재생 가능 에너지 비용을 상승시킨다.

한편 전기자동차와 신성장 동력 산업의 발전이 새로운 소재와 부품산업의 발전으로 이어지면서 이들 희토류에 대한 자원의 안보화가 향후 가격결정에 중요한 변수가 될 전망이다. 특히 중국의 희토류 수출에 대한 제재조치는 미중 간의 갈등을 넘어 글로벌 경제에 중요한 '자원 무기화 트렌드'를 강화시킬 전망이다.

재닛 옐런 미 재무부장관은 희토류 관련해 중국에 대한 의존을 끝낼 필요성을 강조한 바 있다. 중국으로부터 희토류 공급에 차질이 발생하면 태양광 패널 등 여러 첨단 주요 제품들의 생산이 불가능한 상황을 더 이상 용인할 수 없다며 견조한 공급망 확보와 공급망의 다각화를 추진할 계획을 밝히기도 했다.

넷째, 중국경제는 팬데믹 봉쇄 완화조치로 소비자들의 신뢰가 개선되면서 2022년 7월 차이신 서비스 구매자 관리지수가 55.5을 기록, 15개월 만에 최고치를 기록했다. 하지만 중국정부의 팬데믹 봉쇄 완화조치로 최악의 상황이 끝났다고 볼 수는 없다. 고용부진은 여전하기 때문이다.

중국 지도부는 2022년 경제성장률 5.5%의 의무적 달성은 중요하지 않으며, 각 부처의 성과를 평가하는 데 해당 목표를 사용하지도 않을 방침이라고 밝힌 바 있다.

중국경제의 가장 큰 뇌관은 부동산시장 분야다. 중국의 2022년 7월 신규주택 판매가 전년동월대비 39.7% 급감한 5,231억 위안을 기록하면서 전반적인 중국 내 부동산 수요 및 잠재적 주택구매 능력 약화를 우려하고 있다. 중국 부동산시장의 신뢰가 하락하고 있다는 점이 가장 큰 부담이 될 전망이다.

이에 따라 중국 인민은행은 부동산 부문에 대한 안정적인 대출을 강조하고 있다. 부동산 부문에 대한 자금조달 여건을 강화함으로써 경기회복 촉진을 지원하겠다는 의도다. 여기에 새로운 부동산 개발 모델을 제시하면서 채권발행 및 대출수단을 확대할 계획도 같이 밝히고 있다. 이런 와중에 중국 기업들은 대외투자 유치에도 적극적이다.

중국기업들은 투자자본 유치를 위해 새로운 해외증시 상장에도 적극적이다. 2022년 7월 말 중국 증권감독원의 승인 아래 4개의 중국 회사가 스위스에서 처음으로 주식을 상장, 발행하기 시작했다. 분명한 점은 중국정부는 당장은 대규모 경기부양책이 필요하지 않다고 인식하고 있다는 것이다.

2022년 3분기 건설 부문 경기가 정점을 통과할 것으로 예상되는 가운데 최대 고용창출 등에 대한 방안을 마련중이지만, 내부 경기둔화가 가속화될 가능성에 대한 경계감만큼은 상당한 것으로 추정된다.

———

다섯째, 신흥국과 개도국의 외국인 자본유출이 2022년 상반기 동안 지속되고 있다는 점에 주목할 필요가 있다. 경기침체 우려와 미 연준의 금리인상 등이 원인이다. 2022년 상반기 내내 외국자본의 신흥국 유출은 약 380억 달러 규모로, 2005년 이후 최장기간의 유출로 판단된다.

아시아 국가들도 대외 요인에 의한 물가상승을 억제하기 위해 금리인상으로 대응하지만 경기둔화 우려가 잠재적 뇌관이 되고 있다. 따라서 급격한 금리인상에는 신중하며, 이에 통화가치 약세 및 높은 물가상승 압력이 지속되는 상황이다. 이처럼 미 연준의 금리인상이 신흥국 금융위기의 단초가 되지만, 단기간 내 추세전환 가능성도 매우 낮은 편이다.

한편 전 세계적으로 다발성 위기가 가시화되면서 개도국의 부채 위험이 심화되고 있다. 미국이 1975년 브레튼체제 붕괴 이후 모두 열 차례의 급속한 금리인상을 단행했지만, 그 결과 모두 신흥국과 개도국에서 금융위기가 초래되었던 점도 주목해야 한다.

최근 상황은 중남미와 아프리카 등 저소득국가의 자본유출 및 부채 문제 해결이 어려워질 수도 있다. 특히 채무조정 협상에 소극적인 중국이 제공한 부채규모가 큰 것도 전통적인 방식의 해결을 어렵게 하는 요소다. 세계경제의 양극화 문제를 점차 해결하기 위해서는 선진국들이 금융과 공급망에서 개도국에 대한 지원을 확대해야 할 시점이다.

경제 관련 전문가들 가운데 미 연준의 장·단기금리의 차이를 두고 경기분석을 하기도 한다. 일반적으로 경기가 좋을 것으로 예상되면 장기금리가 높다. 그 이유는 상대적으로 단기금리가 낮다고 보고 인플레이션에 대한 대응조치로 장기금리를 올릴 것을 예상하기 때문이다. 그런데 만일 이것이 역전되었다고 가정해보자. 이것은 무엇을 의미할까.

일반적으로 경기가 중장기적으로 둔화될 것을 가정하면, 투자자들은 안정적인 장기채권 매입에 관심을 갖는다. 경기가 불안할수록 장기물에 대한 관심이 커지기 때문이다. 채권가격과 금리는 반대 방

〈도표 48〉 미 연준의 장·단기 금리 변화추이

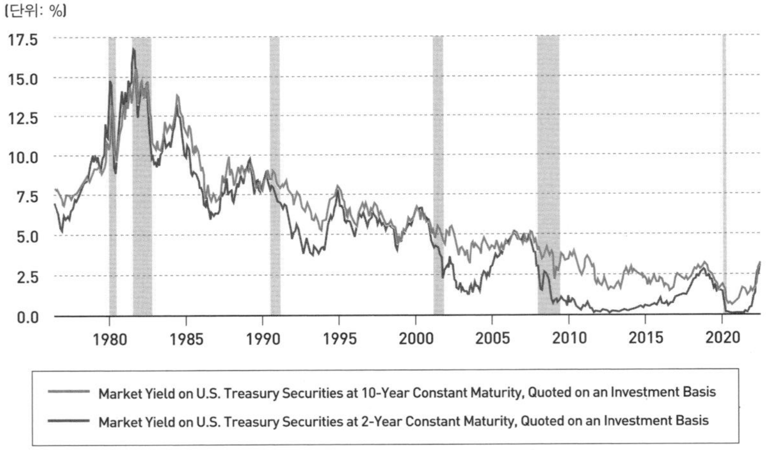

[단위: %]

자료: 세인트루이스연준은행

▶ 단기금리보다 장기금리가 낮아지는 이 금리차 역전은 향후 1~2년 이내 경기침체가 발생할 신호로 간주된다. 이 자료에서 보듯 2022년 3월과 6월에 이어 7월에도 장·단기금리 역전 현상이 일어났다는 점은 향후 미국경제와 세계경제가 후퇴할 가능성에 높은 확률을 둔다는 의미가 된다.

향으로 움직인다. 이렇게 되면 단기금리보다 장기금리가 낮아지게 되는데, 이 금리차 역전을 향후 1~2년 이내 경기침체가 발생할 신호로 보는 것이다.

〈도표 48〉에서 보듯이 2022년 3월과 6월에 이어 7월에도 장단기 금리 역전현상이 일어났다는 점은 향후 미국경제와 세계경제가 후퇴할 가능성을 높게 본다는 의미가 된다. 이렇게 되면 신흥국과 개도국들의 달러화 자본유출은 더욱 빠르고 강하게 나타날 가능성이 높다. '블룸버그 이코노믹스'는 몇 달 전만 해도 미국경제가 침체할 확률이 거의 없다고 보던 포지션에서 12개월 내 침체할 확률을 38%로 상향했다.

여기서 2가지 경제지표를 참고할 필요가 있다. 하나는 앞에서 말한 미 국채의 장·단기금리 역전현상이고, 또 다른 하나는 소위 국가부도 위험을 나타내는 CDS* 스왑지표다. 〈도표 49〉에서 보듯 현재 국가신용도 면에서 가장 큰 위기국가는 엘살바도르, 가나, 튀니지, 파키스탄, 이집트 순이다. 브라질도 2022년 7월 기준 11위다.

---

* 신용 디폴트 스왑(CDS)은 채무불이행의 경우 대출기관에 보험을 제공하는 파생상품(금융 계약)의 한 유형이다. CDS의 판매자는 대출기관(투자자)과 차용자(이 경우 정부) 사이의 제3자를 나타내며, 커버리지를 받는 대가로 CDS의 구매자는 스프레드로 알려진 수수료를 지불하며, 수수료는 베이시스 포인트(bps, 0.01%)로 표현된다. 수수료가 높을수록 국가신용도, 즉 부도가 날 확률이 높다는 것을 의미한다. 예를 들어 CDS가 300bps(3%)의 스프레드를 가지고 있다면, 이는 100달러의 부채를 보장하려면 투자자가 연간 3달러를 지불해야 한다는 것을 의미한다. 현재 우크라이나의 5년 CDS 스프레드인 10,856bps(108.56%)에 적용하면 투자자는 100달러의 부채를 보장하기 위해 매년 108.56달러를 지불해야 한다는 의미로, 이는 시장에서는 우크라이나가 채무불이행을 피할 수 있는 능력이 거의 없다고 본다는 것을 의미한다.

〈도표 49〉 국가별 CDS 리스크 순위(2022년 7월 기준)

	Sovereign Debt Vulnerability Ranking	Government Bond Yield [Latest]	5Y Credit Default Swap Spread [Latest, Bps] 1basis point[bps]=0.01%	Interest Expense 2022 [% GDP]	Government Debt 2022 [% GDP]
El Salvador	1	31.8%	3,376	4.9%	82.6%
Ghana	2	17.1%	2,071	7.2%	84.6%
Tunisia	3	32.1%	1,200	3.0%	87.3%
Pakistan	4	16.8%	1,492	4.8%	71.3%
Egypt	5	13.2%	368	8.2%	94.0%
Kenya	6	14.6%	1,134	4.4%	70.3%
Argentina	7	20.7%	4,470	1.7%	74.3%
Ukraine	8	60.4%	10,856	2.9%	49.0%
Bahrain	9	6.6%	327	4.5%	116.5%
Namibia	10	9.4%	593	4.2%	69.6%
Brazil	11	6.0%	299	7.2%	91.9%

자료: Bloomberg. Visualcapitalist.com

▶ 국가부도 위험을 나타내는 CDS 스왑지표를 보면 2022년 7월 기준 가장 높은 국가 신용도 위기의 국가는 엘살바도르, 가나, 튀니지, 파키스탄 및 이집트 순으로 나타나고 있다. 브라질 또한 2022년 7월 기준으로 11위다.

여섯째, 미중 간 신냉전의 시작이다. 러시아-우크라이나 전쟁은 현재 우리가 직면한 글로벌 경제위기의 본질이 절대 아니다. 우선은 단기적인 유럽 내 경제패권이나 러시아의 NATO 동맹국 확산에 대한 자국 안보 차원의 대립갈등이라는 해석이 가능하다. 그러나 궁극적으로 미국과 유럽에 대응하기 위한 체제나 이념의 다툼이라고 보는 것은 본질을 크게 벗어난 잘못된 해석이다.

1950년대 흐루쇼프의 말을 떠올릴 때다. "미래의 적은 러시아가 아니라 인구 8억의 중국이다." 당시 중국은 흐루쇼프의 구 소련을 '수정 사회주의'라고 강하게 비판했었고, 구 소련은 중국을 향해 '교

332
PART 2 다가올 미래, 돈의 흐름이 바뀐다

조주의'라고 맞받아치던 시기였다. 흐루쇼프의 말이 무엇을 뜻하는지 알고, 지금 일어나는 국제정세 변화의 본질을 제대로 파악한다면 쉽게 이해할 수 있을 것이다.

러시아와 유럽 그리고 미국은 언젠가는 중국에 대응해 많은 것들과 경쟁하고 충돌할 수밖에 없다. 따라서 러시아를 적으로 돌리지 말라던 흐루쇼프의 말은 오늘날 현실이 된 것이다.

1970년대 중반 이후 독일과의 수교를 시작으로, 미국과의 핑퐁외교와 수교 등으로 이어지면서 '데탕트' 시대가 열렸다. 20년이 지나면서 동독이 무너지고 독일이 통일되었으며, 구 소련은 러시아로 좁혀지면서 많은 동유럽 국가들이 자유시장 경제체제로 편입되기 시작했다.

당시 세계시장이 자유시장체제와 사회주의 계획경제체제로 양분되어 있었다면, 1992년 이후의 세계경제는 자유시장 경제체제 하나로 통일을 이룬 셈이다. 그에 따른 가장 중요한 변화는 미국 달러화의 통화량 차이에 숨어 있다. 세계경제가 2배가량 규모가 커질 때 세계 기축통화인 미국 달러화의 유통량이 냉전시대와 같이 동일하다면 미국 달러화 가치는 엄청나게 상승했을 것이다. 하지만 실상 미 달러화는 매우 안정적인 가격변화를 보여주고 있다.

〈도표 50〉을 보면 미 달러화 가치가 1991년에 상승한 후 1992년 하반기에 일시적으로 하락하는 듯하다가 1993년 초에 다시 상승한 후 1997년 아시아 외환위기가 발생하기까지 하향 안정되는 모습이다. 이를 다르게 해석하면 아시아의 외환위기는 미 달러화 가치의

〈도표 50〉 미 달러화 지수 변화추이

Dollar Index 106.6210 +0.7180 (+0.68%)

160
140
120
106.62
100
80

1980   1990   2000   2010   2020

자료: Tradingeconomics.com

▶ 미 달러화 가치가 1991년에 상승한 후 1992년 하반기에 일시 하락하는 듯하다가 1993년 초에 다시 상승한 후 1997년 아시아 외환위기가 발생하기까지 하향 안정되는 모습을 볼 수 있다. 이처럼 미 달러화는 매우 안정적인 가격변화를 보여주고 있음을 알아야 한다.

저평가가 가져온 예고된 위기였다는 점이다.

하지만 이 같은 미 달러화의 저평가 구간은 2005년 이후 다시 미국발 서브프라임 모기지 사태를 초래했을 것이다. 2018년 이후 미국 달러화 가치는 다시 상승하는 추세를 보이고 있다는 점에 주목할 필요가 있다. 과연 이것은 무엇을 의미할까.

전 세계의 통화량은 규모가 얼마나 될까. 2022년 2월 기준 약 102조 달러 정도로 추정된다. 이들 통화량은 각국의 총생산량 규모와도 밀접한 관련이 있다. 2022년 미국의 GDP 규모는 25.35조 달러, 중국의 GDP 규모는 19.91조 달러로 전망한다. 바로 이 숫자에 미중 간 갈등

요소가 내재되어 있다는 점을 명심해야 한다.

미국 달러화의 가치상승은 곧 미국경제의 견조한 성장세를 의미한다. 그 반대의 경우는 3가지 정도로 해석이 가능하다. 첫째 미국경제가 둔화되고 있다. 둘째, 임의적인 미 달러화 약세정책을 통해 미국의 국가채무 및 무역수지 적자를 개선하려는 통화정책이 이루어지고 있다. 셋째, 미 달러화의 약세와 저금리 정책은 언젠가 그 후폭풍을 가져올 수밖에 없는데 이때 대부분의 경우 신흥국과 개도국이 경제위기 혹은 글로벌 경제위기를 경험하게 된다는 점 등이다.

경제적 갈등이 아닌 이념적 갈등이 지배하는 세상이 시작되다

20세기의 1·2차 세계대전 이후, 그리고 1930년대 미국과 유럽, 아시아의 대공황 위기 이후 사실상 미국경제를 대체할 수 있는 경제가 없었다. 따라서 경제적 갈등보다 이념적 갈등이 냉전체제라는 정치적 이분법 질서를 가져왔던 것이다. 20세기 내내 지속되던 정치적 질서체제는 후반 이후 급격히 무너지기 시작했다.

현재를 살아가는 21세기 초입부는 바야흐로 '검은 고양이, 흰 고양이'들이 새로운 글로벌 경제질서의 패권을 차지하기 위한 구도 짜기의 기간이었다. 미국은 전 세계 교역의 10%, 국내총생산(GDP)의 15%를 차지하지만 국제교역 결제의 절반을, 주식·채권 발행의

3분의 2를 차지한다. 그 결과 21세기 세계경제 질서가 바뀌고 있지만 미 달러는 여전히 브레튼우즈체제가 붕괴되던 당시만큼이나 중요한 상태로 남아 있다는 것은 늘 글로벌 경제위기의 단초가 될 수밖에 없다는 점도 간과할 수 없다.

러시아-우크라이나 전쟁을 러시아-미국 전쟁의 대리전으로 해석하고, 우크라이나는 전쟁터를 빌려준 대가를 톡톡히 치르고 있다는 식의 해석도 가볍게 봐서는 안 된다. 러시아-우크라이나 전쟁을 미국과 구 소련의 부활에 따른 신냉전 전쟁에 빗대기로 하지만, 이러한 해석은 완벽하게 잘못된 결과를 가져올 것이다

21세기 글로벌 질서는 미국과 중국, 즉 문명적으로는 '동양문명과 서양문명'의 갈등기간과 인류문명사적으로는 '백인 대 아시아인'의 다툼으로 해석이 가능하지 않을까. 그렇다면 우리는 관점을 확장해 러시아-우크라이나 전쟁, 원유, 원자재 및 곡물가의 상승, 인플레이션과 경기둔화 가능성과 같은 단기적 과제도 중요하지만 보다 중장기적 과제에 눈을 돌릴 필요가 있다.

반도체와 배터리 산업, 원유가 아닌 니켈·망간·코발트·알루미늄·리튬 등 새로운 소재와 광물질의 확보, 우주항공 산업과 메타버스와 블록체인, 전기자동차, 무인자동차 및 드론과 콘텐츠 산업, 인공지능과 빅데이터, 데이터 센터의 개발과 활용, 그리고 이들 산업들을 뒷받침할 수 있는 자본조달과 기술개발에 대한 투자 등이 이번 게임의 본질이다.

본 게임에 들어가기에 앞서 상대방의 경기능력을 탐색하는 탐색

전이 열리기 마련이다. 이 탐색전을 마치 본 게임처럼 이해해서는 많은 정책과 전략 및 전술에서 오류를 범하게 될 것이다. 빛의 속도로 변화하는 초격차의 시대에 이 같은 오류와 실수는 국가 간 경쟁력을 수십 년은 벌어지게 한다. 국가 경쟁력의 차이에 의한 결과는 취업과 소득은 물론 출산율, 교육 및 문화의 갭을 갈수록 더욱 벌어지게 할 것이다.

중국의 반도체 굴기와 정보통신산업의 굴기를 시진핑은 '중국의 꿈'으로 표현했지만, 그 배경에는 중국공산화 100년의 시점이 지난다는 것을 간과해서는 안 된다. 시진핑의 또 다른 아젠다인 '일대일로' 역시 중국위안화를 기축통화로 삼아 전 세계 무역과 교류의 네트워크를 형성하겠다는 목표로 봐야 한다. 그런데 이런 중국을 과연 미국이 앉아서 보고만 있을까.

2022년 8월 5일 반도체 산업을 놓고 미국과 중국이 노골적인 패권싸움을 시작한 가운데 중국 낸드플래시 메모리 반도체 업체인 YMTC(양쯔메모리테크놀로지)가 200단 이상 낸드 제품개발에 성공했다는 소식이 전해졌다. YMTC가 최근 4세대 3차원(3D) 232단 낸드 플래시 메모리 반도체를 개발하는 데 성공했다는 것이다. 미국의 마이크론과 한국의 SK하이닉스에 이어 셀(Cell)을 200단 이상 적층하는 데 성공한 세 번째 기업으로 YMTC가 등극한 셈이다.

칭화유니그룹과 중국 후베이성이 함께 투자해 2016년 설립한 YMTC는 사실상 중국정부가 소유한 국영 반도체 기업이다. YMTC가 공식적으로 제품개발과 양산 소식을 밝히지는 않았지만, 중국의 '반도체 굴기'가 현실화되는 것이라면 미국과 한국, 일본, 대만 등이 왜 반동체 동맹을 체결하려 하는지 이해할 수 있다.

하지만 이러한 중국의 반도체 굴기가 정확한 내용인지도 불투명하다. YMTC와 SMIC(Semiconductor Manufacturing International Corporation)는 중국정부의 반도체 지원금이 가장 집중적으로 사용되었을 공산이 큰 대표적인 반도체기업으로 꼽힌다. 그럼에도 이 기업은 지난 수년 동안 뚜렷한 성과를 내지 못하고 있다. 2006년 한신의 반도체 사기사건을 떠올리지 않더라도 무려 지금까지 134조 원의 정부지원을 받으며 성장하는 듯 보였던 중국 반도체 산업이 대형 스캔들로 비화할 조짐도 보이고 있기 때문이다.

미국의회 역시 최근 미국상원이 2,800억 달러(364조 5,040억 원) 규모의 투자를 결정한 '2022 칩과 과학법안'을 통과시켰다. 여기에는 반도체 제조 분야에 390억 달러, 연구와 인력 훈련에 110억 달러, 연구결과를 군수산업 등에 조기에 적용하는 데 20억 달러를 지원하는 내용도 포함되었다. 바야흐로 본격적인 기술경쟁의 시대로 진입한 것이다.

2019년 8월 마크 카니(Mark Carney) 영국은행 총재가 미 연준의 잭슨홀 콘퍼런스* 연설에서 뜻밖의 제안을 한다. 달러를 대체할 새로운 가상 기축통화를 만들자는 것이다. 그는 달러의 폐해를 막기 위

---

* 미국 캔자스시티 연방은행이 매년 8월 주요국 중앙은행 총재와 경제전문가를 와이오밍 주의 한 휴양지인 잭슨홀에 초청해 갖는 친목 모임 겸 거시경제 토론회를 가리킨다.

한 국제 결제통화 창설을 주문했다. 그는 새로운 기축통화를 '합성 패권통화(Synthetic Hegemonic Currency: SHC)'라고 부르며, 새로운 기축통화를 통해 '자본이탈'을 막기 위한 각국의 경쟁적인 달러 모으기를 피할 수 있고, 그렇게 되면 자원배분이 원활하게 되어 과도한 저축을 줄이고 성장률을 끌어올릴 수 있다는 게 그의 변이다.

즉 마크 카니 총재는 중국 위안화가 미 달러와 대등한 위치까지 오르는 식의 접근으로는 안 된다면서 각국 통화를 기반으로 하는 새로운 국제 기축통화를 만들어야 한다고 강조한 것이다. 여기서 우리는 3가지 이해관계를 볼 수 있다.

첫째, 미 달러가 미국의 경제위상에 비해 영향력이 지나치게 크다는 점을 영국이 근본적인 문제로 꼽았다는 점이다. 둘째, 이는 브렉시트 이후 영국경제의 침몰과도 밀접한 관련이 있다. 또한 새로운 돌파구를 모색해 유럽 내 금융경제 중심지로서의 지위를 유지하려는 영국의 의도가 포함된 것일 수 있다.

셋째, 국제경제에서 미국경제가 차지하는 비중은 계속해서 줄어들고 있음에도 달러의 기축통화 역할은 점증하면서 그 폐해는 주로 신흥시장에 집중되고 있다. 미국과 직접적인 교역이 없는 국가라 하더라도 현재의 달러화 수요는 늘 강하게 존재함으로써 과잉저축, 글로벌 성장둔화 요인으로 작용할 수도 있다. 결국 이 같은 국제 금융시스템상의 기능저하 내지는 유동성 경화가 글로벌 저금리에 기여했고, 경기둔화 시 많은 신흥국 및 개도국 경제를 희생양으로 삼는다는 주장이 가능하다.

현재 달러패권에 도전하는 움직임이 만만치 않다. 2003년경에도 사우디아라비아와 프랑스, 중국 등이 달러화 기축통화 대신 새로운 기축통화 바스켓 제도를 주장하다가 된서리를 맞았었고, 이는 서브프라임 모기지 사태로까지 이어지는 등 혈투가 벌어진 적이 있다.

최근 러시아-우크라이나 전쟁으로 제재를 받고 있는 러시아는 SWIFT(국제은행간통신협의회, Society for Worldwide Interbank Financial Telecommunication)를 우회할 방법을 원하고 있다. 여기에 독립적 외교정책을 유지하려는 인도는 자신들의 이해관계를 고려해 루피-루블화 결제시스템을 검토하고 있다.

하지만 양국통화가 국제무역에서 널리 사용되지 않기 때문에 루피-루블화의 거래평가 기준으로 중국 위안화가 사용될 수도 있다는 주장이 가능하다. 실제로 국제 에너지 무역을 '달러화 축소'의 호기로 삼으려는 러시아, 중국, 인도 및 이란 등은 광범위한 통화 바스켓을 사용해 '달러화 축소' 노력을 진행중이다. 사우디아라비아마저 원유수급 계약에서 중국과의 위안화 체결을 신중하게 고려중이다. 조만간 미국으로서는 이 국가들을 상대로 그에 상응하는 견제조치를 취할 것으로 예상된다.

중국의 대응은 매우 민감하면서도 미국의 약점을 정조준하기도 한다. 낸시 펠로시(Nancy Pelosi) 전 미 연방하원의장의 대만 방문과 관련한 중국의 반응을 단순히 군사적 충돌로만 봐서는 곤란하다. 달러의 기축통화 위상을 계속 공격하고 있다는 점을 눈여겨봐야 한다.

중국 위안화가 미국 달러화의 기축통화 지위에 맞설 적수는 안 되지만, 2050년 미국의 GDP 규모를 능가하게 될 시점 이후에 중국 위안화는(중국경제는) 명실상부한 글로벌 패권경제로서의 지위를 공고히 하는 수단이 될 것이라는 점은 분명하다. 이를 위해 중국은 지속적으로 기술경쟁과 산업 및 시장쟁탈 경쟁을 할 수밖에 없다.

그렇다면 이런 질문을 할 수 있다. "미래 주식투자를 한다면 중국주식이 좋을까, 미국주식이 좋을까, 아니면 한국주식이 좋을까" 답은 독자들이 찾길 바란다. 하지만 미국은 미래 기술을 선도할 것이고, 중국은 시장으로서의 역할을 담당할 것이고, 한국과 일본 등은 미국과 중국의 기술발전과 시장규모, 산업범위에 합당한 기술과 상품개발에 주력할 것이다. 간단한 설명이지만, 여기에 모든 답이 들어 있지 않을까.

부록

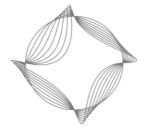

| 부록 1 |

에너지 부족에 직면한 독일의 단계적 조치, 그리고 러시아의 의도

에너지원 다양화 정책에 재생 에너지 비중을 더욱 강화하는 것이 미래 에너지 문제에 대한 즉각적인 해결책이 아니라면, 독일이 단기 간에 에너지 수급의 스트레스를 일부 완화할 수 있는 조치는 여전히 존재한다. 독일정부의 생각은 다음과 같다. 우리나라 정부도 독일의 에너지 문제에 대한 해법 찾기 정책과 전략에 주목할 필요가 있기에 여기서 간단히 요약해두기로 한다.

에너지 위기에 따른 비상계획

독일은 에너지 위기가 실물 및 자본시장 문제로 악화될 수 있다는 점을 인식하고 있다. 이로 인해 향후 러시아로부터 수입되는 다양한 화석연료의 부족 사태가 재현될 때 닥칠 심각한 국내 에너지 공급 문제 해결을 위해 비상계획(Contingency Plan)을 수립하고 명시했다. 이를 '조기경고 단계, 경고 단계, 가장 심각한 비상 단계', 이렇게 3단계로 구분 설정했다.

'조기경고 단계'는 2022년 3월 30일 러시아가 가스 결제 대금을 루블화로 받기로 하자 발효된 바 있다. 독일은 조기경고 단계를 발령하며 가스 공급 점검을 강화할 비상대책팀을 신설했다.

'경고 단계'는 러시아로부터 공급되는 가스의 감소에 대응해 2022년 6월 24일에 발효되었다. 6월 중순에 러시아의 국영 가스 회사인 가즈프롬(Gazprom)이 노르드 스트림 1을 통한 가스 흐름을 파이프라인 용량의 40%로 줄였기 때문이다. 경고 단계에서는 전기수요를 줄이기 위해 산업과 가정의 자발적인 협력을 요청하게 된다.

마지막의 '비상 단계'에서는 정부가 전기 배급제를 시행한다.

이 와중에 독일은 일시적으로나마 '석탄으로 돌아가기' 정책 카드를 꺼내 들었다. 환경 운동가들에게는 커다란 저항 이슈가 되겠지만, 독일은 일시적으로 에너지 투입을 석탄으로 전환하고 있다.

2022년 7월 셋째 주에는 10개의 석탄연료 발전소와 6개의 석유연료 발전소를 가동하는 법안이 통과되기도 했다. 또한 2022년 11월에 폐쇄될 예정이었던 석탄 발전소 11채는 개방된 상태로 유지될 예정이다. 공격적인 재생 가능 목표를 세웠던 국가인 독일이 석탄 발전소를 재개하고 있다는 사실은 그만큼 에너지 부족의 심각성을 강조하고 있는 것으로 볼 수 있다.

부록 1 에너지 부족에 직면한 독일의 단계적 조치, 그리고 러시아의 의도

미국으로부터의 LNG 수입 확대

독일정부의 계획에는 친환경 에너지라 불리는 LNG*를 수입할 수 있는 능력을 확보하고 개발하는 것도 포함된다. 미국에는 셰일 가스 매장량이 풍부한데, 이는 사실상 미국이 유럽 동맹국가들을 상대로 신뢰유지를 위해 약속할 수 있는 친환경 에너지인 셈이다. 따라서 미래의 에너지 전쟁에서 미국과 유럽은 지정학적으로 자연스럽게 우호적인 파트너가 될 것이다.

러시아의 우크라이나 침공 이후, EU는 바이든 대통령과 2022년 150억 입방미터의 LNG를 EU에 추가로 인도하는 협정을 맺었다. 문제는 LNG 또는 액체 천연가스의 거래에는 LNG 운반선을 비롯, 해저 파이프라인이나 현재 마련되지 않은 전문 인프라가 필요하다는 점이다. 환경 문제는 LNG 터미널을 공급하기 위해 새로운 파이프라인을 건설하는 것과 관련이 있다. 또한 인프라 개발에 필요한 막대한 자본투자는 화석연료에 대한 수요감소에 전념하는 국가와 세계경제에서 장기적 관점으로는 반드시 이루어져야 할 대목이다. 캐나다가 좋은 사례다.

사실 상당한 천연가스 자원에도 불구하고 새로운 LNG 터미널을 건설하는 데는 많은 어려움이 따른다. 제시된 터미널 시설이 18개나 되지만, 아직 LNG 터미널이 건설된 곳은 없다. 캐나다 서부의 브리

---

* 가스전에서 채취한 천연가스를 정제해 얻은 메탄을 냉각시켜 액화하는 과정에서 발생한 액화천연가스를 가리킨다.

티시 컬럼비아의 LNG Canada는 건설중인 유일한 수출 터미널이지만 2025년이 지나야 정상 운영이 가능할 것으로 보인다.

한 가지 해결책은 부유식 에너지 저장시설인 LNG 터미널(FSRU)의 배치다. 독일의 에너지 회사인 RWE와 유니퍼(Uniper)는 액화천연가스를 수입하는 데 사용할 수 있는 3개의 부유식 LNG 터미널(FSRU, Floating Storage Regasification Unit)을 임대할 계획이며, 2023년 겨울 정도에 일부 운영이 시작될 수도 있다.

에너지 저장 수준을 높이기 위한 새로운 공급원 찾기

2022년 기준 독일 에너지 수요의 약 35%를 러시아가 제공하고 있다. 러시아가 우크라이나를 침공하기 전의 약 55% 수준에서 크게 감소한 규모다. 당연히 이 약 20%p 부족분을 해결하기 위해 독일은 노르웨이, 알제리, 카타르와 같은 국가로 수입선 다각화에 눈을 돌렸다. 유럽국가 대부분이 이러한 움직임에 동참하고 있다.

노르웨이는 유럽에서 두 번째로 큰 가스 공급업체이지만 이미 최대 용량에 가깝게 운영되고 있다. 그럼에도 유럽의 부족에 대응해 가스 생산을 늘렸으며, 2022년에 가스 판매량을 8% 늘릴 것으로 예상된다.

알제리는 러시아-우크라이나 전쟁이 일어나기 전에 이미 유럽에 가스를 수출하고 있었고, 전쟁이 일어나기 전에 이탈리아와 스페인으로 가는 파이프라인을 통해 가스를 수출하고 있었다.

이탈리아의 에너지 거물인 에니(Eni)는 2022년 초부터 가스공급을 점진적으로 늘렸고, 결국 2023~2024년까지 연간 9bcm의 추가 가스공급에 합의하는 계약을 체결했다. 카타르로부터는 LNG 공급 계약을 준비중이다.

카타르는 이미 LNG 수출확대를 준비했지만, 유럽의 LNG 인프라 개발이 어느 정도 되기까지는 추가공급은 없을 것으로 보인다.

따라서 지금 간단히 언급한 대안들의 대부분은 향후 몇 년 동안 설령 가동이 되더라도 유럽 전체의 에너지 부족 문제를 해결하기는 어려울 것이다. 만일 러시아가 내일 당장 공급을 중단한다면, 이러한 새로운 가스공급원의 다각화에도 불구하고 대응할 방도가 마땅치 않다.

현재 독일은 이러한 문제해결을 위해 LNG 저장 수준을 적극적으로 확대하려 하고 있다. 독일의 가스규제 기구인 연방네트워크국(BNetzA)에 따르면 2022년 7월 첫 주말에 독일의 가스 저장 시설은 64.6%로, 동계월 전 90%의 저장 수준에 크게 못 미친 것으로 알려졌다.

천연가스는 하계월에 저장(6~9월), 동계월(10~3월)에 난방용으로 소비한다. 어찌되었건, 새로운 공급원 확보와 원활한 경제 활성화를 위해 당분간은 러시아로부터의 에너지 수입이 불가피하고, 이에 대응해 새로운 에너지 허브 도시와 인프라는 개발하더라도 지금 당장은 노르드 스트림 1이 다시 켜지지 않으면 해당 목표를 달성하기가 어렵다.

만일 노르드 스트림이 다시 개방되지 않는다면 어떻게 될까. 로베

르트 하벡(Robert Habeck) 독일 부총리에 따르면 독일은 2024년 여름까지 러시아 천연가스에서 자유로워질 수 있다고 보고 있다. 다시 말해 이는 러시아가 유럽의 가스공급 업체로서의 현재 입지를 활용하기를 원한다면 독일을 비롯해 유럽국가들의 점진적 에너지 전환이 완료되기 전에 해법을 찾아야 한다는 것을 의미한다.

러시아로부터 가스공급이 완전히 중단되면 그 결과는 치명적일 것이다. 독일경제는 멈춰 설 것이고, 소비자들은 엄청난 고통을 당하게 될 것이다. 이에 대해 하벡 독일 부총리는 "기업들은 생산을 중단하고, 노동자들을 해고하고, 공급망이 무너지고, 사람들은 난방비를 지불하기 위해 빚을 지게 될 것"이라고 말했다. 이 경우 독일은 앞서 설명한 비상계획의 3가지 단계 중 마지막인 '비상 단계'로 이동할 가능성이 크다.

만일 비상 단계로 이동해 배급제가 시행된다면 고객의 우선순위가 매겨질 것이다. 예를 들어 가정집, 베이커리, 슈퍼마켓과 같은 중소기업 및 병원, 학교, 경찰서 및 식품 생산자와 같은 필수 사회 서비스가 우선순위에 포함된다. 독일의 4,300만 가구 중 약 절반이 천연가스로 난방을 하고 있어 겨울철에는 국민과 가정을 최우선 순위로 설정하는 것이 중요하다.

현재 추세대로 러시아 우크라이나 전쟁이 가급적 빠른 시기에 종전되지 않을 경우, 유럽의 많은 가정들은 겨울 난방비가 3배 이상으로 늘어날 수 있다. 결국 산업 부문은 전기배급을 통해 직격탄을 맞게 될 것이다. 그 결과 생산 삭감과 해고가 발생하며, 특히 화학물질·

철강·비료·유리와 같은 에너지 집약적인 산업에서 이런 현상은 본격화될 것이다.

아울러 제품에 대한 공급망이 부족해져 글로벌 공급망에는 더 많은 문제가 야기될 것이다. 물가상승 압력의 대부분이 에너지 가격상승과 글로벌 공급사슬 문제가 원인이다. 그러므로 에너지와 완제품의 가격이 상승하면 이미 세계경제를 혼란에 빠뜨리고 있는 인플레이션 압력이 한층 더 가중될 것이다.

만하임대학교(University of Mannheim)의 한 연구에 따르면 '가스공급 감축의 영향은 독일 GDP의 8% 손실로 이어질 수 있다'고 추정했다. 바이에른 산업협회(Bavarian Industry Association)의 연구 컨설턴트인 프로그노스(Prognos)가 작성한 논문은 '노르드 스트림 1이 재개되지 않고 러시아가 독일을 완전히 차단하면 독일경제가 12.7% 축소될 것'이라고 예측하고 있다.

앞으로 인플레이션이 더욱 가속화된다면, 유럽 중앙은행이 그러한 급속한 성장감소를 해결하기 위해 할 수 있는 일은 거의 없다. 통화량 폭등에 따른 금리인상의 속도가 더욱 더 가파르게 급등할 것이기 때문이다.

요약하면, 단기적으로 노르드 스트림 1이 재개되지 않으면 독일 국민과 경제가 치러야 할 비용이 엄청날 것이다. 독일뿐만 아니라 유럽 국가들 대부분이 그러하다. 결국 독일은 단기적으로 가스공급을 러시아로부터 보충하고, 장기적으로는 러시아의 가스공급에서 벗어나려고 적극적으로 노력할 것이다.

———

러시아는 이러한 독일과 유럽국가들의 잠재적 수입 다변화 전략을 알고 있다. 독일과 유럽은 그리 조만간 수출시장이 될 수 없다는 사실을 잘 알고 있는 것이다. 바로 이것이 중국으로 이어지는 새로운 가스 파이프라인 건설이 본격적으로 제기된 배경이다.

푸틴은 재임기간 동안 에너지 자원을 이용한 기존의 경제적 레버리지를 강화하기를 주저하지 않을 것이다. 러시아는 독일과 유럽의 수입 다변화 전략이 성공할 경우 러시아 재정이 위기에 봉착할 가능성에 대해서도 인지하고 있다. 따라서 완전한 공급중단보다는 당분간 기본적인 최소량의 공급은 이어지도록 하면서 전후 상황에 대한 러시아의 천연가스와 원유 등을 이용한 전략적 이해관계를 지속하려는 속셈도 엿볼 수 있을 것이다.

현재 러시아는 매우 견조한 재정상황을 보이고 있다. 서방국가들의 연이은 제재에도 불구하고 러시아의 석유수출은 우크라이나를 침공하기 전보다 급증했다. 원유수출의 5주 롤링 평균은 2022년 2월 이후 9%나 증가했다. 그 결과 러시아의 현재 계정 흑자는 2022년 2분기에 70.1억 달러를 기록했으며, 에너지 및 원자재 수출로 인한 수입이 증가했다. 에너지 및 원자재 선적의 절반 이상이 중국과 인도로 향하고 있으며, 에너지 수요는 계속 증가하고 있고, 이에 대한 제재는 쉽지 않다.

예를 들어 2022년 5월 중국의 러시아산 원유수입은 1년 전보다 55% 급증했다. 중국의 러시아 LNG 수입도 급증해 전년 대비 22% 증가했다. 인도에서는 러시아산 원유수입이 4월 이후 50배 이상 증가했으며, 현재 해외에서 수입되는 원유의 10%를 차지하고 있다. 분명히 러시아 에너지의 또 다른 거대 구매자가 있다는 반증이다.

러시아가 서방국가들의 제재에 대해 보복하기를 원한다면, 바로 지금이 적기다. 러시아는 유럽이 새로운 공급원을 찾을 수 있는 것보다 더 빨리 석유 및 가스에 대한 대체 수요원을 발견했기 때문이다.

현재 푸틴이 쥐고 있는 그림이 독일과 유럽국가들이 미국의 코치를 받아 쥐고 있는 그림보다 분명히 더 우위에 있는 것으로 보인다. 더구나 푸틴의 생각을 예측하기는 결코 쉽지 않다. 따라서 서방세계는 그저 기다리며 무슨 일이 일어나고 있는지 지켜보기만 해야 할 것이다.

| 부록 2 |

가상화폐,
이보다 쉬울 수 없다

가상화폐의 생성원리를 알자

'비트'와 '동전'이라는 단어의 합성어인 '비트코인'은 2008년 10월 31일에 처음 정의되었다. 전기신호에서 0 또는 1을 저장하는 최소 단위가 비트(bit)인데, 이 비트 8개가 모이면 바이트가 된다. 비트는 '바이너리 디짓(binary digit)'이라는 말로, binary는 '0'과 '1'로 된 '이진수의'라는 뜻이다.

이진수란 2개의 숫자로 구성된 숫자체계를 말하고, 이때 사용하는 2개의 숫자가 전기신호인 0과 1이다. 전기 스위치를 보면 0과 1로 된 버튼을 쉽게 찾아볼 수 있다. 0은 전기를 차단하는 것이고, 1은 전기를 흐르게 하는 것이다. 0 또는 1이 사용되는 하나의 자리가 비트다. 비트는 여기서 0과 1로만 정보, 즉 숫자, 문자 및 음성신호 등을 표현하는 것인데, 0과 1이 어떤 순서로 배열되는지에 따라

서로 다른 정보를 나타낸다.

전기흐름으로 정보가 처리되는 컴퓨터가 바로 이 비트를 사용한다. 〈도표 51〉에서 보듯 이들 비트가 8개 모여 바이트가 되니, 바이트(byte)는 하나의 문자를 나타내는 가장 작은 단위로 컴퓨터가 처리하는 정보의 기본단위가 된다. 예를 들면 십진법의 5라는 숫자를 이진법으로 나타내면 '$1 \times 22 + 0 \times 21 + 1 \times 20$'이 되니 101이 이진법으로 '5'가 된다. 1바이트는 한 개의 문자를 표현할 수 있어서 1캐릭터(character)라고도 부른다.

영어 알파벳은 한 글자당 1바이트를 차지하고, 한글은 받침도 있기 때문에 한 글자당 2바이트를 차지한다. 참고로 애플 사의 로고인 사과 그림에 '한 입 깨어문(bite) 로고'는 철자는 틀리지만 발음이 같은 'byte'를 형상화한 것이다. 한편 'sky117 가을 하늘'이라는 글자를 입력하면 알파벳 3개와 숫자 3개는 각각 1바이트씩 필요하므로

〈도표 51〉 비트와 바이트의 원리

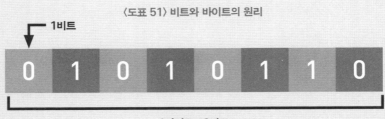

1비트

0 1 0 1 0 1 1 0

1바이트＝8비트

▶ 바이트(byte)는 하나의 문자를 나타내는 가장 작은 단위로, 컴퓨터가 처리하는 정보의 기본단위다. 바이트는 8개의 비트로 구성되고, 0과 1의 배열, 순서를 바꾸면 모두 256(28)가지의 다른 숫자, 문자, 특수문자와 같은 것들을 모두 표현할 수 있게 된다.

모두 6바이트가 되고, 한글은 한 글자당 2바이트가 필요하므로 모두 8바이트, 총 14바이트의 용량이 필요하게 된다.

이처럼 바이트는 8개의 비트로 구성되고, 0과 1의 배열·순서를 바꾸면 모두 256(2^8)가지의 다른 숫자·문자·특수문자와 같은 것들을 모두 표현할 수 있게 된다.

현재 일부 국가와 기업 및 개인들이 비트코인을 일부 화폐로 사용하고 있지만, 아직 많은 국가들이 공식적인 화폐로는 채택하고 있지 않다. 그도 그럴 것이 세계 기축통화로서의 자격요건을 갖추기엔 상대적으로 반정부적 성격과 함께 통제 및 관리가 불가능한 측면이 크기 때문이다. 엘살바도르와 중앙아프리카공화국이 비트코인을 합법적인 입찰로 채택했으며, 우크라이나가 러시아 침공에 저항하는 일에 자금을 지원하기 위해 비트코인 기부를 수락하고 있는 정도다.

한편 주요 국가들이 관심을 표명하고 적극적인 개발과정에 있는 중앙은행 디지털 화폐(Central Bank Digital Currency, CBDC)는 지난 2022년 북경 동계올림픽에서 중국 당국이 처음으로 실험적으로 사용한 바가 있다.

이러한 변화가 주는 메시지는 21세기 중반 이후 세계경제는 '디지털 경제(Digital economy)'로 패러다임 전환을 이미 진행하고 있다는 것이다. 무인자동차와 전기자동차, 드론, 인공지능(AI) 등과 같은 대부분의 디지털 정보통신 기술은 양자컴퓨터가 본격적으로 상용화되면 경제 분야에서 매우 중요한 성장동력으로 주목받게 될 것이다.

가상화폐 혹은 암호화폐는 어디서 어떻게 시작되었나.

암호화폐(cryptocurrency)의 출발은 2008년 사토시 나카모토 (Satoshi Nakamoto)라는 익명의 발명자 혹은 그룹에 의해 탄생된 비트 코인(bitcoin)에서 시작되었다. 비트코인은 피어 투 피어(peer to peer) 비트코인 네트워크에서 전송할 수 있는 디지털 통화다. 비트코인 거 래는 암호화를 통해 네트워크 노드에 의해 검증되고, 블록체인이라 는 원장에 기록된다.

실질적인 암호화폐 통화인 비트코인은 2009년에 사용되기 시작 했다. 당시 비트코인의 출발은 미국발 서브프라임 모기지 부실 사태 로 촉발되었다. 미국 달러화의 횡포에 맞서기 위한, 즉 자본시장과 기축통화가 미국 달러화의 무분별한 패권 악용으로부터 벗어나려는 일종의 첫 몸부림이었다. 여기서도 알 수 있듯이, 암호화폐는 미국 달러화에 대한 직접적인 도전장이었다.

달러화의 송수금은 모두 미 뉴욕연방준비은행의 정보기록에 보관 되지만, 암호화폐의 거래는 그렇지 않다. 따라서 비자금이나, 비밀거 래에 사용되는 문제는 글로벌 기축통화로서 가져야 하는 투명성 문 제에 심각한 장애요인이 될 수밖에 없다. 아울러 암호화폐의 가치단 위를 미 달러화로 측정하는 방식은 이미 루나 등 스테이블 코인의 위험성에서 잘 드러난 바 있다.

비트코인은 더 이상 정부의 간섭과 규제 및 감독 없이 자유롭게 개인과 기업 등이 통화를 거래할 수 있도록 만든 코드화된 화폐였 다. 정부의 지나친 통화정책이 시장기능을 저해하거나 왜곡시켰을 때 어떠한 방책도 없이 소수의 가진 자와 권력에 의해 시장이 왜곡되는 것을 막자는 취지에서 나온 대체화폐였던 것이다.

하지만 비트코인은 적어도 당시 많은 경제학자들에 의해 거품경제의 한 측면으로 묘사되었다. 요즘도 이 문제에 대해 많은 전문가들 사이에 갑론을박이 이루어지고 있으나, 앞서 설명한 대로 양자컴퓨터가 본격적인 상용화가 시작될 때 비트코인 시대도 막을 내릴 가능성이 높다는 데 주목해야 한다.

비트코인이 가치를 가지는 이유는 희소성과 함께, 그 희소성에 대한 투자자들의 수요가 있기 때문이다. 아무리 발행되어도 구매자가 없다면 가치는 존재하지 않는다. 그런 측면에서 비트코인 투자는 일종의 '머니게임(money game)'과도 같다.

비트코인은 첫 거래가 이루어지던 2009년부터 향후 100년간 2,100만 비트코인만 채굴하도록 제한되어 있다. 공급이 한정되어 있으니 수요가 몰리면 가격은 급등한다. 현재 약 1,700만 비트코인이 유통되고 있고 미래 유통량도 정해져 있다 보니 2011년만 해도 1비트코인의 가격은 겨우 1달러 수준이었지만 한때 약 4만 달러 이상까지 올랐었다.

이것은 거품일까. 당연히 거품이라 할 수도 있고, 아니라 할 수도 있다. 하지만 경제학적 관점에서는 '거품'이라고 정의하는 게 옳다. 공급량이 한정적이지만, 그것의 유용성을 가치화한다는 점에서 '조작'이나 '해킹' 등의 불법적인 가치왜곡 현상이 어느 누구의 간섭이나 제재도 받지 않은 채 발생할 수 있기 때문이다.

우선은 이러한 핸디캡에도 불구하고 시장에서 희소성과 투자적 가치에 대한 새로운 관점이 발생하다 보니 투자자가 몰리는 건 당연하다. 하지만 현금과 같이 눈으로 볼 수도 없고 만질 수도 없는, 즉 실체가 없으며 정부가 그 가치를 보장해주는 태환성도 없다는 점이 '거품'을 일으킬 수 있는 투기적 거래위험이 잠재하는 것이다.

비트코인 시스템은 앞에서도 설명했지만 거래와 거래기록, 그리고 발행량 조절을 모두 수학적으로 연결해 안전한 화폐구조를 만든 수학을 기반으로 발행되는(정확히는 채굴되는) 화폐다(정확히는 화폐적 화폐다). 그런데 비트코인을 얻기 위해 경쟁하는 사람들이 풀어야 하는 수학문제란 '암호화된 거래내용을 푸는 것'이다.

비트코인 시스템은 '공개키 암호'라는 방식으로 거래내용을 암호화하는데, 공개키 암호란 한마디로 '암호를 만드는 방식과 푸는 방식이 다른 암호체계'다. 예를 들어 다양한 공개키 암호화 방식 중에서 'RSA'라고 부르는 방식은 자연수로 이루어진 '공개키'를 이용해 메시지를 암호화한다.

이 메시지를 복원하기 위해서는 곱했을 때 공개키가 되는 두 소인수인 '비밀키'를 알아야 한다. 이 소인수를 찾기 위해서는 특별한 공식이 있는 것이 아니라 공개키의 소인수 조합을 하나씩 검토해봐야 한다. 만약 공개키의 자릿수가 100자리만 넘어가도 슈퍼컴퓨터로 몇만 년이나 계산해야 할 만큼 시간이 오래 걸리기 때문에 안전한 암호가 된다.

수많은 계산과 검토 끝에 문제를 푸는 사람이 비트코인을 얻게 된

다는 점은, 마치 광부가 광산에서 곡괭이질을 거듭한 끝에 금을 캐
내는 것과 비슷하다. 따라서 사람들은 비트코인을 얻는 과정을 '비
트코인 채굴'이라고도 부른다. 이렇게 컴퓨터를 이용한 문제풀이 경
쟁 끝에 암호화된 10분 동안의 거래기록을 풀어낸 사람은 그 내용을
장부에 기록하고, 모든 비트코인 사용자들에게 발표한다. 그리고 그
사람은 새로 발행된 비트코인을 받게 된다.

이때 새로 발행되는 비트코인의 액수 또한 수학적으로 계획되어
있다는 점이 비트코인의 또 다른 특징이다. 한편 비트코인에는 처음
제작(채굴)하는 순간부터 이후 거래가 이루어질 때마다 누가 사용했
는지 알려주는 꼬리표(이전 소유주의 디지털 서명)가 붙도록 되어 있
다. 따라서 아무리 많이 거래되어도 현재까지의 사용과정을 한눈에
파악할 수 있어서 안전하다. 이것이 '블록체인(Block Chain)'이고 암
호화폐 거래상의 보안기술이다. 이러한 보안기술들을 응용해 채굴
또는 발행되는 암호화폐가 비트코인 외에도 이더리움, 리플, 대시
등이 거래되고 있다.

최근의 NFT 열기에 주목하자

최근 들어서는 가상화폐의 신제품인 대체불가능 토큰(Non
Fungible Token, NFT)에 대한 열기도 뜨겁다. NFT 관련 주요 행사마
다 사람들로 인산인해를 이룬다. 메타버스(metaverse)를 오락·예술
·의학·스포츠 등의 거시적 생태계라고 한다면, NFT는 미시적인 각
분야별·개인별 지적재산권을 암호화한 가상화폐다.

비트코인과 NFT의 작동원리는 본질적으로는 같지만, NFT는 플랫폼 기능을 강조한 가상화폐다. 즉 모두 상상과 가상의 세계를 현실 세계로 전이시켰다는 점, 현실적으로 전자는 화폐적 기능, 즉 교환과 가치저장 및 판단의 단위로 사용되는 것, 발행되는 개수의 조절이 가능하다는 점이 같다. 그러나 전자는 '주조(minting)' 과정을 거치지만 후자는 '채굴(mining)' 과정을 거친다는 점이 다르다.

누구나 공부를 하면 NFT는 주조가 가능하다. 유튜브 채널 등에서 어떻게 NFT를 주조할 수 있는지 상세히 설명한 프로그램을 참고하면 누구나 손쉽게 만들어낼 수 있다. 하지만 암호화폐 (cryptocurrency)의 경우에는 다르다. '주조'하는 것이 아니라 '채굴' 해내야 한다. 만일 양자컴퓨터가 본격화되면, 암호화폐는 사라질 가능성이 크다. NFT가 보다 정교하게 발행될 수 있다.

현재 모든 전자신호 체계는 이진법을 쓴다. 전기신호는 '0'과 '1'로만 이루어지기 때문에 자칫 '0'과 '1'의 다양한 조합으로 이루어진 보안체계를 뚫고 들어오지 못하도록 오랫동안 같은 '블록(Block)' 안에 사슬처럼 얽혀 있는 많은 사람들의 정보를 기억하기 위해 복잡한 암호에 진입할 수 있는 열쇠를 사용하는 것이 암호화폐적 기능이다. 그에 비해 양자컴퓨터는 양자물리학에서 이야기하는 2개 이상의 양자가 중첩되는 '양자중첩' 원리를 이용하기 때문에 굳이 암호화된 키를 계산해낼 필요가 없어진다.

이는 해킹이 어렵게 된다는 의미다. '0'과 '0'이 중첩되고, '0'과 '1'이 중첩되며, '1'과 '0' '1'과 '1'이 각각 중첩되기 때문이다. 따라서

'관측'이 일어나기 전에는 정확한 '열쇠(key)'의 값을 알 수 없다. '채굴(mining)'도 불필요하다.

NFT의 '주조'과정도 비슷하다. 주조 알고리듬이 해킹을 당한다면 그 가치는 종잇조각보다 못할 수도 있다. 하지만 역시 양자컴퓨터 시대가 열리게 되면, 주조 알고리듬을 암호화하는 과정을 거쳐 토큰이 생성될 것이다. 그렇게 되면 지금의 NFT 가격보다는 몇 배 이상 상승할 가능성도 높다.

아래의 그림은 'Bored Ape Yacht Club(BAYC)'이라는 이름을 가진, 약 1만 개 정도 발행된 NFT다. 2022년 1월 31일에 270만 달러에 팔렸다는 NFT로 유명하다.

주: BAYC NFT

자료: boredapeyachtclub.com

▶ 'Bored Ape Yacht Club(BAYC)'이라는 이름을 가진, 약 1만 개 정도 발행된 NFT다. 2022년 1월 31일에 270만 달러에 팔렸다는 NFT로 유명하다. 요즘 서울 강남역과 역삼동 쪽으로 가다 보면 건물에 설치된 광고판에서도 볼 수 있다.

암호화폐의 종류로는 어떤 것이 있나

암호화폐의 종류는 8가지 정도로 나눌 수 있다. 먼저 지불형 코인으로 비트코인, 비트코인 캐시, 도지코인 등이 있다. 두 번째는 플랫폼 코인으로 이더리움과 에이다, 이오스 등이 있다. 세 번째 코인은 스테이블 코인으로 얼마 전 문제가 되었던 테더와 USD 코인이다. 네 번째 코인은 유틸리티 코인으로, 바이낸스(binance) 코인이 있다. 다섯 번째로 증권형 토큰인 리플이 있고, 여섯 번째인 프라이버시 코인에는 모네로, 대시, 지캐시 등이 있다. 일곱 번째 코인은 대체불가능 토큰, 즉 NFT로 디지털 자산에 일종의 저작권과 같은 '인식표'를 붙이는 데 사용하는 암호화폐다. 마지막으로 중앙은행의 디지털 화폐(CBDC)가 있는데, 유일하게 법정 디지털 화폐로 개발중이다.

일반적으로 비트코인이 암호화폐의 대명사로 통용되고 있지만, 각기 사용방식과 쓰임새가 다르다.

'지불형' 코인은 말 그대로 일상생활에서 재화와 용역을 구매할 때 사용하는 '화폐'로서의 기능을 보유하는 코인이다. 오래전 비트코인의 가치가 크지 않았을 때 피자를 구입하기 위해 비트코인 3개를 지불했다는 것이 '지불형' 코인이다. 테슬라의 일론 머스크가 테슬라 자동차 매입에 결제를 허가한 '도지코인'도 지불형 코인이다.

이더리움(etherium)은 플랫폼 기반의 암호화폐다. 해당 플랫폼에서 다양한 서비스를 제공하기 위해 만들어진다. 대표적으로 NFT의 기반이 플랫폼을 통한 다양한 서비스 창출이어서, 이더리움은 NFT 거래와도 밀접한 관련이 있다. 주로 음악, 그림, 스포츠 등과 관련한 코드 발생이 거래 대상이므로 사실상 "그래픽 카드가 품절현상을 빚었다"는 뉴스의 배경이 된다.

'코인의 가치를 어떻게 보장 내지 저장하고, 매 거래와 교환 때마다 미국 달러화에 대해 태환성을 보장할 것인가', 이 문제를 놓고 가치의 변동성을 안정시키기 위해 개발된 코인이 스테이블 코인이다. 스테이블 코인은 미 달러화와 1대 1로 가치를 유지하기 때문에 매우 안정적인 암호화폐로 인식되었다.

이처럼 스테이블 코인은 다른 가상화폐와 달리 변동성이 낮아 가상화폐 거래나 블록체인 기반의 탈중앙화 금융서비스인 '디파이 (DeFi)' 같은 가상화폐 기반 금융상품에 이용될 것으로 기대되었지만, 지난 2022년 5월 11일 '루나'의 가치가 97%나 폭락하면서 모든 암호화폐를 '죽음의 소용돌이(spiral death)' 속으로 몰아넣었다.

스테이블 코인의 몰락이 먼저인지, 아니면 비트코인의 위험성이 루나나 UST와 같은 스테이블 코인의 몰락을 야기시켰는지 기술적 검토와 감독 및 책임 소재 규명 등이 필요하다. 그러나 이를 통해 사실상 암호화폐 시장의 가장 허술하고 취약한 부분, 즉 '아무도 관리 및 감독의 기능을 갖지 않는다'라는 사실이 미래 리스크로 크게 부상했음을 상기할 필요가 있다.

유틸리티 토큰은 지금까지 이더리움을 이용해 플랫폼 운영체계가 구성되었을 때 그 체제 혹은 망 조직 내에서 실행되는 개별 프로그램 및 앱을 이용한 토큰이다. 따라서 이더리움의 파생 토큰으로 볼 수 있다.

증권형 토큰은 주식 및 부동산, 채권, 골동품과 미술품 등 자산가치와 연계한 암호화폐다. 최근 NFT 시장에서 가상현실 혹은 메타버스 공간에서 부동산 거래가 이루어지는 기본 알고리듬을 이용한 토큰이 증권형 토큰이다.

NFT는 메타버스의 새로운 미래 디지털 산업 공간과 함께 제조되는 암호화폐다. 블록체인 기술을 이용해 영상, 게임, 음악, 스포츠 등의 디지털 파일에 일종의 저작권이라 할 수 있는 꼬리표 혹은 인식표를 붙이는 데 쓰이는 암호화폐다.

미래의 일반적인 암호화폐 중에서 비트코인과 이더리움의 생명력이 그나마 오래갈 것이라고 보는 이유는 무엇일까. NFT의 기술기반이 비트코인의 채굴과정에서 사용되는 블록체인 기술과 이더리움으로 이루어지는 예술, 예능, 게임 및 가상·증강 현실 등에서의 콘텐츠 개발에 많이 사용되기 때문이다.

한편 '다크 코인'으로 불리기도 하는 프라이버시 코인은 암호화폐가 갖는 익명성을 보다 강조한 암호화폐다. 따라서 일반인을 상대로 대중적 암호화폐 거래가 이루어지기에는 상당한 문제점들이 있을 가능성이 높다. 현재 사용빈도 및 신뢰도가 가장 낮은 암호화폐다.

가장 신뢰도가 높을 것으로 여겨지는 암호화폐는 중앙은행이 발행하는 디지털 화폐, 즉 CBDC(Central Bank Digital Currency)가 될 가능성이 높다. 중국이 미래 위안화의 기축통화로서 지위 선점을 서두르는 이유도 여기에 있다. 문제는 역시 이를 대체할 담보가 국가 그 자체의 신용이라면 이러한 상상의 국가신뢰도 가치가 해당 국가의 지극히 주관적 판단일 수밖에 없다는 점이다. 이는 CBDC가 상용화되는 데 가장 큰 걸림돌이다.

가상화폐의 약점과 기회를 제대로 알고 대비하자

가상화폐를 거래하는 거래소의 역할과 거래소 기능에 대한 관리 및 감독 기능 역시 중요하다. 중앙은행이 디지털 화폐를 발행할 예정이고, 제조업 공정과정에서 나오는 무수한 데이터 자료의 AI 빅데이터로서의 가치를 볼 때, 그리고 NFT와 메타버스 시대에 가상화폐 시장의 기술적 성장 가능성은 분명히 크다.

하지만 취약한 점도 많다. 비트코인과 같은 암호화폐 거래는 익명성과 정부의 관리 및 감독체계를 벗어난 거래가 되다 보니 무엇보다 해킹에 취약하다. 더구나 탈세와 자본거래 이동에서 투명하지 못한 자금으로 치부될 가능성도 높다.

2022년 7월 27일 언론 보도에 따르면 외환송금과 관련해 나타난 불투명한 송금액이 우리은행 및 신한은행 계좌에서만 4.1조 원 규모라는 점은 세계 모든 정부가 관심 있게 추적해야 할 대목이다.[*] 가상

---

[*] 2022년 7월 27일, 우리은행과 신한은행에서 발생한 이상한 외환거래가 당초 알려진 것보다 2배 이상 더 많은 4조 원대인 것으로 드러났다. 이상 외환거래의 대부분은 국내 암호화폐 거래소에서 이체된 자금으로 '김치 프리미엄(국내 가상화폐 시세가 해외 시세보다 높은 현상)'을 노린 환치기라는 주장에 힘이 실리고 있다. 금융감독원은 전 은행권을 대상으로 이상 외환거래를 점검할 계획에 있다. 금융감독원이 2022년 7월 기준으로 확인한 암호화폐를 이용한 이상 외환거래가 이뤄진 은행은 우리·신한은행이다. 두 은행에서만 총 4조 1,000억 원 규모의 이상 외화송금 거래가 이뤄진 것이다. 이는 당초 은행이 금감원에 보고한 2조 5,000억 원보다 2배가량 높다.

화폐의 취약성은 많은 투자자들의 피해를 담보로 한다는 점이다. 특히 코인 상장과 관련해 많은 피해자들이 발생할 가능성에 대해 정부와 금융당국은 투자자들에게 명확한 주의 및 사실관계 확인을 강조해야 한다.

가상화폐 거래소의 종류 및 각각의 장단점을 요약하면 다음과 같다. 주식을 거래소에 공개 상장하는 IPO(Initial Public Opening)와 같이 가상화폐 시장은 ICO(Initial Coin Opening)를 통해 가상화폐 공급량의 일부를 대중에 판매할 수 있다. 하지만 코인 발행사가 돈을 받고 코인을 나눠주는 ICO는 폰지사기와 스캠 등으로 인해 투자사기가 급증하면서 인기가 하락했다.

이어 2018년부터 IEO(Initial Exchange Opening)를 이용해 가상화폐가 중앙화 거래소에 위탁 판매됨으로써 발행된 가상화폐가 진성임을 거래소가 보증하게 된다. 빗썸과 업비트 거래소가 이에 해당한다. 이 방식은 상장심사가 매우 까다롭고 가상화폐 프로젝트가 만족해야 하는 조건도 상대적으로 많다 보니 신뢰성이 보증되는 방식으로서 폴리곤(Polygon)*과 엘론드(Elrond)**가 있다. 하지만 여기에서

---

* 폴리곤(이전의 매틱 네트워크)은 이더리움 확장을 위해 설계된 인프라 솔루션이다. 폴리곤 기술은 이더리움 Dapp를 이더리움 네트워크의 보안 및 생태계 이점을 동시에 유지하는 블록체인 시스템으로 이동시킨다. 즉 네트워크의 파트너십을 기반으로 해서 유명한 프로젝트의 채택 확률을 높이고, 전통적인 암호화폐 거래소와 DEX 전반에 걸친 고가용성을 기반으로 한다.
** 엘론드(Elrond)는 보안 중심의 공공 블록체인이다. 암호화 공간을 빠르게 변화시키는 혁신적인 SPoS(Secure Proof -of- Stake) 샤딩 프로토콜이다. 전통적인 금융 서비스 공간보다 개선되고 간소화된 경험을 제공하는 탈중앙화된 네트워크를 만드는 것이 목적이다.

도 상장심사에 제출해야 하는 백서의 내용상 허술한 측면이 많다. 예를 들어 가상화폐 상장 시 약속한 다양한 프로젝트들이 실질적으로 이루어지고 있는지 확인한 후에 불이행 시 그에 따른 책임을 묻는 제도가 정착되지 않고 있다.

이에 대한 보완적 기능으로 2019년에 탈중앙화거래소 DEX (Decentralized Exchange) 거래, IDO(Initial Dex Opening) 방식이 출발했다. 거래소의 중앙 컴퓨터(중앙 서버)를 거치지 않고 개인 간 거래가 가능한 거래소다. 장점은 중개 거래소 없이 유동성 풀을 통해 자본을 모을 수 있다는 점과 즉각적인 수익을 얻을 수 있다는 점 등이다.

ICO의 경우 심사가 허술해서 투자자들의 손실이 커질 수 있다는 단점이 있고, IEO의 경우 중앙화 거래소에 대한 해킹과 도난방지 시설이 취약할 경우 투자자들의 손실 역시 커질 수 있다. 이런 단점을 만회하고자 개발된 방식이 IDO다. 하지만 DEX 시장도 가상화폐 가격 조작이 가능하다. 펌프앤덤프(Pump and Dump)를 통해 가격을 일수에 대량 매수로 올렸다가 투매를 통해 큰 시세차익을 얻는 방식이다. 아울러 거래 자체가 상장 즉시 가능하기 때문에 정보의 비대칭성을 이용한 차익거래가 극성을 부릴 수 있다는 단점도 있다.

최근 대부분의 가상화폐 거래는 IDO 방식을 따르고 있다. 중요한 점은 가상화폐 거래소는 증권 거래소에 비해 감독원 기능이 사실상 없다는 것이다. 국제 간 거래에 있어서도 철저하게 탈중앙화 거래가 이루어지다 보니 자금이동에 대한 추적이 불가능할 수 있다는 점이 큰 장애요인이다.

가상화폐 혹은 암호화폐 시장에서 투자손실에 대한 정부의 대응 방식에도 '도덕적 해이(moral hazard)' 문제가 있다. 자산시장에서의 '도덕적 해이' 문제는 실물경제보다 훨씬 파급효과가 크다. 예를 들어 최근 청년 세대의 주식·가상자산 투자로 인한 채무탕감 등의 내용을 담은 '청년 특례 채무조정 제도'에 대한 문제점들이 주목을 받고 있다.

  2022년 7월 18일 금융위원회가 이에 대해 자영업자 및 소상인은 물론이고 개인 채무자들이 제기한 역차별 논란에 대해 "필요한 보완 방안을 마련하겠다"고는 하지만, 이러한 정부정책은 심각한 투자실패에 대해 '도덕적 해이'를 야기할 수 있다. 청년들의 투자실패를 달래기 위해 자본시장의 가장 근본질서인 '책임과 신뢰성'에 심각한 판단 오류를 가져올 수 있기 때문이다.

  청년층의 암호화폐 투자로 발생한 채무가 '빚투'로 촉발되었다는 점에서 개인의 투자손실을 정부가 나서서 해결한다는 정책이 과연 옳은지 의문이다. 정부가 앞장서서 개인의 투자실패와 그에 따른 채무변제를 허용할 수 있는가. 앞으로 마음놓고 투기에 가까운 주식, 가상자산 투자에 집중하라는 잘못된 메시지가 시장에 전달될 수 있다.

  이들 손실에 대해 정부가 보상할 경우 성실하게 일하며 채무를 갚아나가던 시민들의 입장은 어떻게 되나. 정부는 어떤 근거로 '빚투'의 부채를 부분적으로나마 탕감해줄 생각을 할 수 있었을까. 상식을 초월한 발상이다. 극히 일부 개인이 책임을 지고 투기적 투자를 일으키다가 손실을 본 부채를 어떻게 국민 모두에게 전가시킬 수 있단 말인가!

이런 식의 정책은 모든 자유주의 시장경제 질서를 붕괴시키는 단초가 될 것이 분명하다. 아무리 금융위의 설명대로 '신용회복위원회(신복위) 신속채무조정 청년특례'의 취지가 "저신용 청년층이 이자 상환부담으로 인해 금융채무불이행자 등으로 전락하는 것을 미연에 방지하고자 하는 것"이라고 하지만, 취지가 옳다고 해서 모든 수단과 방법이 정당화되지는 않는다. 중장기적으로 도덕적 해이는 시장 기능도 마비시키고 붕괴시킬 뿐이다.

투자나 투기는 철저하게 개인의 신용과 거래원칙을 바탕으로 이루어지는 것이고, 그 책임은 개인에게 있다. 어떠한 금융위원회의 설명도 시장을 설득할 수 없고, 시장이 받아들여서도 안 된다.[*] 만일 정말 자애로운 정부가 있어 "지금 개인이 지고 있는 부채를 모두 동시에 탕감하고 새출발하자"라는 정책을 발표하면 문제는 없을까. 부채의 크고 작음은 과연 상관이 없을까.

도덕적 해이의 기준을 어떻게 측정할 것인가. 기업의 채무는 어떻게 할 것인가. 국가 간 채무는 어떻게 조절할 것인가. 이는 자본시장에서 있어서는 안 될 정말 끔찍한 발상이다. 외국인 투자자들이 향후 국내 투자에서 손실을 볼 경우 이를 보전해줘야 한다는 명분으로 이용되기에도 충분하다.

---

[*] 디지털투데이(DigitalToday)(digitaltoday.co.kr), 2022년 7월 18일

메타버스에 대한 투자와 가치판단은 디지털 기술 및 산업 발전과 맥을 같이한다. 예술작품, 스포츠, 연예 오락, 패션과 게임 등에 NFT와 가상화폐 상품들이 무수하게 등장하는 것은 시간 문제다.

메타버스 기술과 NFT의 가장 기본적이고 실질적인 가치는 '상상력'이다. 아래의 NFT는 'CryptoPunk' 'bored ape yacht club' Nyla Hayes가 발행한 '목이 긴 여인들'이라는 NFT다.

소더비 경매에서 코로나19 상황에 맞는 마스크를 착용한 CryptoPunk 7523이 1,180만 달러에 매각되었다. BAYC의 원숭이들 중 황금 옷을 입고 레이저가 나오는 원숭이 NFT는 300만 달러에 팔렸고, 13세 소녀 Nyla Hayes가 발행한 목이 긴 여인 그림 NFT포트폴

주: NFTs: CryptoPunk, BAYC, Nyla Hayes의 목이 긴 여인들

자료: artnet news, boredapeyachtclub.com, peopleofcolorintech.com

▶ 마스크를 착용한 CryptoPunk 7523이 1,180만 달러에 매각되었고, 황금 옷을 레이저가 나오는 원숭이 NFT는 300만 달러에 팔렸고, 13세 소녀 Nyla Hayes가 발행한 목이 긴 여인 그림 NFT포트폴리오는 300만 달러에 팔리기도 했었다. 이걸 왜, 누가 샀을까.

리오는 300만 달러에 팔리기도 했다.

이걸 왜, 누가 샀을까. 이는 모두 개인의 부를 자랑하기 위해, 개인의 아이덴티티를 차별화하기 위해, 개인들 간 동호회 특성을 강조하기 위해, 트위터나 SNS에서 개인의 정체성을 강조하기 위해, 가상의 희소성을 통해 개인의 수집욕구를 충족시키는 방식이다. 블록체인 기반의 새로운 시대에 참여하고 있다는 자부심의 표출이기도 하다.

중요한 점은 NFT 발행 건수를 제한할 때 희소성과 이를 쫓는 수요가 존재한다는 것이다. 하지만 미래의 어느 시점에 더 이상 구매자가 없거나, 희소하지만 다양한 NFT가 시장에 더 많이 공급된다면, 1,180만 달러는 1만 달러나 100달러로 폭락할 수도 있다.

가상화폐와 NFT 등의 미래 자산의 가치 판단은 17세기 네덜란드의 '튤립 버블' 붕괴 같은 상황과는 다르다. 19세기 후반 금 혹은 은 본위제의 화폐제도 논의와도 다르다. 하지만 이 2가지를 혼합해 살펴보면 사실상 우리가 바라보는 가상화폐와 암호화폐 시장에 대한 시각이 자칫 왜곡되어 있지는 않은지 참고할 만하다.

현재로서는 가상화폐 혹은 암호화폐는 금과 같은 투자자산의 일종이지, 화폐는 아니다. 더구나 양자컴퓨터 시대에는 가상화폐 시장의 의미가 축소되거나 소멸될 수도 있다. 다만 메타버스의 시간과 공간에서는 NFT와 같은 또 다른 형질의 상상력 시장이 가상화폐와 다른 투자자산 시장의 하나로서 입지를 강화할 수 있을 것이다.

■ 독자 여러분의 소중한 원고를 기다립니다

메이트북스는 독자 여러분의 소중한 원고를 기다리고 있습니다. 집필을 끝냈거나 집필중인 원고가 있으신 분은 khg0109@hanmail.net으로 원고의 간단한 기획의도와 개요, 연락처 등과 함께 보내주시면 최대한 빨리 검토한 후에 연락드리겠습니다. 머뭇거리지 마시고 언제라도 메이트북스의 문을 두드리시면 반갑게 맞이하겠습니다.

■ 메이트북스 SNS는 보물창고입니다

메이트북스 홈페이지 matebooks.co.kr

홈페이지에 회원가입을 하시면 신속한 도서정보 및 출간도서에는 없는 미공개 원고를 보실 수 있습니다.

메이트북스 유튜브 bit.ly/2qXrcUb

활발하게 업로드되는 저자의 인터뷰, 책 소개 동영상을 통해 책에서는 접할 수 없었던 입체적인 정보들을 경험하실 수 있습니다.

메이트북스 블로그 blog.naver.com/1n1media

1분 전문가 칼럼, 화제의 책, 화제의 동영상 등 독자 여러분을 위해 다양한 콘텐츠를 매일 올리고 있습니다.

메이트북스 네이버 포스트 post.naver.com/1n1media

도서 내용을 재구성해 만든 블로그형, 카드뉴스형 포스트를 통해 유익하고 통찰력 있는 정보들을 경험하실 수 있습니다.

STEP 1. 네이버 검색창 옆의 카메라 모양 아이콘을 누르세요.   STEP 2. 스마트렌즈를 통해 각 QR코드를 스캔하시면 됩니다.
STEP 3. 팝업창을 누르시면 메이트북스의 SNS가 나옵니다.